HEYNE FILMBIBLIOTHEK

KIRK DOUGLAS

Seine Filme - sein Leben

von ROLAND LACOURBE

Deutsche Erstveröffentlichung

WILHELM HEYNE VERLAG
MÜNCHEN

HEYNE-FILMBIBLIOTHEK
Nr. 32/88

Deutsche Übersetzung: Sylvia Madsack
Redaktion: Cornelia Zumkeller

Inhalt

1. KAPITEL

Spuren der Vergangenheit
(1916—1945)

*Die Arbeit an einem anspruchsvollen Film
läßt die Frage nach den guten oder schlechten
Beziehungen der Künstler untereinander
nicht zu.*

Kirk Douglas

Ende der fünfziger Jahre gab der Regisseur Billy Wilder in Hollywood gern folgende Geschichte zum besten: »Als Kramer *The Defiant Ones* (Flucht in Ketten, 1958) drehen wollte und er Robert Mitchum sein Drehbuch vorlegte, antwortete dieser: ›Kommt für mich nicht in Frage, mit einem Neger zu spielen.‹ Brando, dem er es ebenfalls vorlegte, erklärte: ›Ich bin dabei, wenn ich die Rolle des Schwarzen spielen kann.‹ Kirk Douglas schließlich, dem Kramer das Drehbuch ebenfalls zeigte, akzeptierte nur unter der Bedingung, daß man ihn beide Rollen spielen ließ …«[1]

Um den Witz dieser Antwort zu verstehen, muß man allerdings das Sujet des Films *The Defiant Ones,* den der Regisseur und Produzent Stanley Kramer 1958 gedreht hat, kennen. Es geht um zwei Männer, einen Schwarzen und einen Weißen, die gemeinsam aus dem Zuchthaus fliehen und durch eine Eisenkette aneinander gefesselt sind.

Die Geschichte des Kinos hat bewiesen, daß für eine gute und interessante Verfilmung eines Romans nicht seine wortgetreue, chronologische Adaptation Voraussetzung ist, sondern eher die behutsame Loslösung vom äußeren Handlungsablauf einer Geschichte, um über den kunstvollen Umweg einer eigenen Filmsprache das Wesen und den tieferen Sinn eines Werkes sichtbar zu machen.

Ebenso verhält es sich mit dieser Geschichte, die mit Sicherheit erfunden wurde, und zwar von einem Regisseur, der in Hollywood für seine treffsicheren und glänzend formulierten Aperçus bekannt war. Sie charakterisiert hervorragend die Persönlichkeit des Schauspielers Kirk Douglas im Kreise der anderen Stars der damaligen Zeit. Sie illustriert seine eigenwillige Art – die manche sogar als etwas extravagant bezeichnen –, seine aufrichtig fortschrittliche Gesinnung und seine angeborene Vorliebe für waghalsige Unternehmungen. Kirk Douglas ist vor allem wohl der Antityp zu Robert Mitchum. Bob Mitchum, eher ein Hitzkopf, der durchaus in der Lage ist, wenn es ihm gerade in den Sinn kommt, während der Dreharbeiten, ja sogar während einer Einstellung aus einem Film auszusteigen, hat seine Karriere fast aus Versehen gemacht; seine natürliche Unbekümmertheit wie auch seine spontane, nonkonformistische Haltung, die weniger einer Ideologie entspringt als vielmehr einem wahren Lebensgefühl, finden sich in fast allen seinen Rollen wieder. Nichtsdestotrotz verfügt er aber über ein großes Talent. Selbst Kirk Douglas, der damit wieder einmal die These von den Gegensätzen, die sich anziehen, beweist, bringt ihm sehr viel Bewunderung entgegen: »Er ist für mich der Größte«, »Ich halte ihn für einen großen Schauspieler«, »Er ist ungeheuer gut!«, so äußerte er sich vor einiger Zeit in einem Interview.[2]

Kirk Douglas – und in diesem Punkt gibt es keine Meinungsverschiedenheiten – ist vor allem ein »Arbeitstier«, das mit grimmiger Verbissenheit und unerbittlichem Willen daran geht, seine Ziele zu verwirklichen. Es gibt keine Phase innerhalb eines Films, der Kirk nicht seinen ganz persönlichen Stempel aufzudrücken versucht; konsequenterweise haben ihn die Auseinandersetzungen mit den großen Studios auch schon bald dazu bewogen, seine Filme in voller Eigenverantwortlichkeit zu produzieren.

Dahinter verbirgt sich aber auch ein bedingungsloses Berufsethos und ein tiefer Respekt vor den Anforderungen seiner Kunst. Ganz anders Marlon Brando, der, als er sich für die Rechte unterdrückter Minderheiten einsetzte, seine einsame Spitzenposition als Star der amerikanischen Filmindustrie ausnützte und seinem Dasein dadurch einen Sinn verlieh. Um dieser selbstgestellten Aufgabe gerecht zu werden, ist er imstande, seine Karriere außer acht zu lassen und sein Image vollständig zu zerstören.

Für Brando ist das Kino Mittel zum Zweck.

Für Kirk Douglas dagegen ist es Selbstzweck. Außer ihm existiert für ihn nichts mehr. Selbst wenn er die gleichen Ideen und Vorstellungen wie Brando hätte, würde er sie immer innerhalb des Films, mit Hilfe seines Talents zu vermitteln versuchen.

Mehr als einmal hat er, wie wir noch sehen werden, seine Zukunft aufs Spiel gesetzt, um etwas zu realisieren, woran er glaubte, selbst auf die Gefahr eines finanziellen Mißerfolgs hin.

Kirk Douglas ist alles andere als ein Rebell. Sein Leben, anfangs mehr als bescheiden, stellt gewissermaßen den Mythos Amerika, dessen Bild fast ein halbes Jahrhundert durch die Welt geisterte, unter Beweis: der triumphale Aufstieg des »Self-made man«. Wenn der Schauspieler von seiner tief freiheitlichen Gesinnung spricht, was er immer wieder getan hat, so meint er damit Toleranz gegenüber fremden Ideen, Respekt vor dem Menschen, Liebe zur Freiheit.

Er hat nicht das geringste mit einem Träumer gemein. Er ist ein Pragmatiker. Sein Kampfgeist und sein Überlebenswille resultieren aus einer arbeitsreichen, entbehrungsreichen Jugend, die ihm keine Zeit ließ, sich und sein Schicksal zu bemitleiden. Sein Sohn Michael bestätigt dies[3]: »Kirk ist ein anständiger Mensch und ein guter Vater, aber er ist ein leidenschaftlicher Kämpfer, der auch nichts anderes im Sinn hat. Ich habe ihn selten lächeln sehen (...) Wenn es um Millionen von Dollar geht, läßt er alles stehen und liegen. Ich habe ihn immer geliebt und war ihm sehr verbunden, aber ich möchte, keinesfalls so sein wie er (...) Ich glaube nicht wie er, daß Geld das Wichtigste im Leben ist. In Wahrheit haben Größen wie er alle eine ungeheure Angst vor dem Mißerfolg ...«

In der Tat scheint die Angst ein dominierender Zug seines Wesens zu sein. Er sagt selbst, daß sie zweifellos seine größte Schwäche sei. Sein Perfektionismus bei der Arbeit ist der Grund für seinen Ruf, ein schwieriger Schauspieler zu sein. Unter Einsatz seiner starken Persönlichkeit erreicht er mit einem Minimum an Energie genau das, was er erreichen will. Melville Shavelson, der 1966 mit ihm *Cast a Giant Shadow* (Der Schatten der Giganten, 1966) gedreht hat, erinnert sich an die schwierige Zusammenarbeit:

»Ich merkte sehr schnell, daß Kirk Douglas sehr intelligent war. Normalerweise lesen die Schauspieler das Drehbuch sehr flüchtig, so daß sie kaum die Geschichte kennen, geschweige denn die Rollen der anderen Mitwirkenden. Kirk Douglas dagegen hatte nicht nur sämtliche Rollen studiert, sondern auch noch die Regieanweisungen. Das ist absolut unüblich. Ein Drehbuchautor, der sich sowieso damit abfinden muß, daß jeder Schauspieler seine Dialoge überprüft und verändert, muß wenigstens die

Sicherheit haben, daß seine Regieanweisungen, die er mit größter Sorgfalt abgefaßt hat, unangetastet bleiben. Er möchte, wenn der Film fertiggestellt ist, wenigstens etwas von dem wiedererkennen, was einmal seine Arbeit war. Mir wurde klar, daß Kirk alles las. Er diskutierte so lange über jedes Wort und jede Szene, bis er erreicht hatte, was er wollte. War eine Gegenargumentation überzeugend, so akzeptierte er sie. Man kann ihn nicht einfach als einen launenhaften Star abtun, der einem wertvolle Zeit stiehlt. Er wollte alles mit größter Perfektion tun, so daß er gezwungen war, sich ständig mit irgend etwas auseinanderzusetzen.«[4]

Die meisten Regisseure sind darüber allerdings anderer Meinung: Er wisse sehr genau, was er wolle, diskutiere ununterbrochen und versteife sich auf seinen eigenen Standpunkt. Sein Ruf, charakterlich unangenehm zu sein, liegt zweifelsohne an seiner autoritären Art. Richard Fleischer, der in *The Vikings* (Die Wikinger, 1958) mit ihm zusammengearbeitet hat, erklärt[5], er sei der einzige Schauspieler, mit dem er Probleme gehabt hätte. Robert Aldrich, der 1961 *The Last Sunset* (El Perdido) mit ihm drehte, bezeichnet ihn als »unmöglich«.[6] In beiden Fällen allerdings war Douglas Produzent …

Gerechtigkeitshalber muß Stanley Kubrick, mit dem er zweimal zusammengearbeitet hat, zitiert werden: »Bei bestimmten Stars könnte das ein Nachteil sein, aber mit Kirk, der über sehr viel Fachkenntnis, außerdem über Intelligenz und Aufrichtigkeit verfügt, kommt dabei eine ausgezeichnete Produktion zustande …«.[7]

»Egoistisch«, »unnachgiebig«, »launenhaft«, das sind die am häufigsten gebrauchten Attribute, die seine Chronisten ihm zuschreiben; die Amerikanerin Sheilah Graham behauptet, er sei »eitel, selbstherrlich und außerstande, Kritiken anzunehmen – falls überhaupt jemand wagt, ihn zu kritisieren«.

In einem vielbeachteten Artikel der Zeitschrift »Photoplay« wurde er zum »bestgehaßten Mann Hollywoods« ernannt. Tatsächlich findet man seinen Namen selten in den Listen der beliebtesten Stars, obgleich er seit ungefähr zwanzig Jahren zu den Spitzenschauspielern der Filmmetropole gehört. 1953, als er immerhin schon vier Jahre zu den großen Stars zählte, war sein Name unter den siebenundzwanzig Publikumslieblingen der Vereinigten Staaten nicht zu finden. Die ersten zehn waren Gary Cooper, Dean Martin und Jerry Lewis, John Wayne, Allan

In ›The Vikings‹ (1958). Regie: Richard Fleischer

Ladd, Marilyn Monroe, James Stewart, Bob Hope, Susan Hayward und Randolph Scott. An achtzehnter Stelle rangierte sein schärfster Konkurrent Burt Lancaster ...
Trotzdem gehörte er zweifellos Ende der fünfziger Jahre zu den zwölf Stars, die in Hollywood das Sagen hatten: Tony Curtis, Gary Cooper, Cary Grant, Burt Lancaster, Marlon Brando, James Stewart, Frank Sinatra, William Holden, Gregory Peck, John Wayne, Clark Gable ...
Betrachtet man allerdings die Charaktere, die der Schauspieler Kirk Douglas darstellt, weiß man, warum ihm die Massen nicht gerade zu Füßen liegen. Seine Figuren stören empfindlich die Ruhe einer etablierten Gesellschaft, deren Moral im Gehorchen und Sich-Anpassen besteht. Ein Gary Cooper etwa wird

11

sich immer sehr genau überlegen, wie das Image einer Figur, die er verkörpert, auf das Publikum wirkt. Fraglos würde er niemals einen Mörder oder einen Schurken spielen ... Die wenigen Rollenangebote dieser Art kann er nur als Beleidigung aufgefaßt haben. Zu jener Zeit war es zum Beispiel undenkbar, daß ein Schauspieler von der Statur Burt Lancasters in einem Film wie *Executive Action* (Unternehmen Staatsgewalt, 1973) von David Miller den Anführer der Mörderbande gespielt hätte, die für das Attentat auf Kennedy verantwortlich war, oder daß sich ein Gregory Peck für die Rolle des verbrecherischen Doktor Mengele in Franklin J. Schaffners *The Boys From Brazil* (1979) hergegeben hätte.

Kirk Douglas dagegen bevorzugt gerade solche Figuren, die von vornherein als Schurken angelegt sind. Er sagt: »Den Guten zu spielen hat mich nie interessiert ... Obwohl ich, ja, das ist merkwürdig, in meinem liebsten Film *Lonely Are the Brave* (Einsam sind die Tapferen, 1962) den anständigsten von allen gespielt habe.«[8]

Er begreift sehr früh, daß das Publikum einen ganz bestimmten Typ von ihm verkörpert sehen will.

»Der entscheidende Film für das Publikum war *The Champion* (Zwischen Frauen und Seilen, 1949). Ich spielte einen Boxer. Einen Typen also, der Probleme am liebsten mit der Faust regelt. Von da an war ich festgelegt. Ich sagte: Aber ich kann genausogut schwache Typen spielen. Doch das Publikum, das begriff ich, wollte mich nicht anders sehen. Wenn ich heute einen Schwachen spiele, versuche ich, seine starken Seiten zu betonen; spiele ich einen Starken, zeige ich seine schwachen Seiten – doch das Publikum katalogisiert dich ein für allemal: So bist du und so bleibst du!«[9]

»Ich habe den Anti-Helden schon gespielt, lange bevor es diese Bezeichnung überhaupt gab«, erzählt er Gordon Gow in einem Interview[9], »ich erinnere mich, wie Ben Hecht einmal zu mir sagte: ›Wissen Sie, Kirk, Sie besitzen eine geniale Gabe: Sie verfügen über eine Ausstrahlung, die das Publikum zwingt, Sie mit Vergnügen zu hassen.‹«

Später hört sich seine Erklärung allerdings anders an: »Ich fand die Tugendhaftigkeit immer schon unphotogen. Wenn jemand jetzt hier zu Tür hereinkommt und Sie sagen: Sehen Sie sich diesen Mann an! Ist er nicht ein wunderbarer Mensch? Er kümmert sich um seine Mutter, seine vier Schwestern und hilft jedem, der

»Der Tapferste von allen«, 1962 in ›Lonely are the Brave‹

in Not ist. – Durch dieselbe Tür kommt dann ein anderer, und Sie sagen: Sehen Sie den da? So freundlich er Sie jetzt auch anschaut, er kann Ihnen im nächsten Augenblick einen Schlag ins Gesicht versetzen. – Der Mensch, dem Sie das Ganze erzählt haben, wird sich sofort nur noch für diesen Zweiten interessieren. Fasziniert wird er fragen: ›Wirklich?‹ Ja, so ist das eben, das Böse ist grundsätzlich faszinierender als das Gute.«[9]

Nun, ob er wollte oder nicht, Kirk Douglas ist seitdem auf die harten, mitleidlosen Schurken spezialisiert … Selbst außerhalb des Films ist er peinlich darauf bedacht, dieses Image zu halten. »Vor einigen Jahren«, erzählt er lachend[10], »hat eine Journalistin in einem großen Artikel über mich geschrieben, ich sei pri-

13

Der Produzent im Gespräch mit Tony Curtis bei den Dreharbeiten zu
›Spartacus‹ (1960)

vat ganz anders, als man gemeinhin annimmt: ich sei freundlich,
sensibel, intelligent und sehr herzlich. Am nächsten Tag habe
ich ihr einen langen Brief geschrieben und ihr erklärt, wenn sie
weiterhin mein lang und mühsam aufgebautes schlechtes Image
zerstören wolle, müsse ich gerichtliche Schritte gegen sie einleiten!«

»Es stimmt, daß ich sehr hart bin. Ich bin so geboren worden,

und ich glaube, nur so kann man im Show-Busineß überleben.«
Und wie jeder Künstler, der auf ein bestimmtes Image festgelegt ist, vermag auch Kirk Douglas nicht, sich davon zu lösen.
Lediglich in den sechziger Jahren, nachdem er schon den ehrba-
ren Colonel Dax in *Paths of Glory* (Wege zum Ruhm, 1957) verkörpert hat, spielt er, wohl auch nicht ungern, verschiedene
Rollen, die den Klischeevorstellungen des breiten Publikums
nicht entsprechen: einen Gerechtigkeitskämpfer in *Spartacus*
(Spartakus, 1960) und einen weitab von der Zivilisation leben-
den Außenseiter in *Lonely Are the Brave*. In seinem zweiten eigenen Film *Posse* (Männer des Gesetzes, 1975) liefert er jedoch
wieder das glanzvolle Porträt eines Bösewichts, wie es gar nicht

Van Gogh (1956), eine Oscar-verdächtige Leistung

15

besser in die Sammlung seiner finsteren Gestalten passen könnte.

Daß er eitel ist, gesteht er gern zu. Er sagt zu Tony Thomas[11]: »Ich glaube nicht, daß ich Schauspieler sein könnte, wenn ich nicht eitel wäre. Ein ›bescheidener Schauspieler‹ zu sein interessiert mich nicht. Wenn, wie ich es vor einiger Zeit über eine große Schauspielerin hörte, jemand so beschrieben wird, fällt mir dazu bloß die klassische Antwort ein: sie wird dafür wohl ihren Grund haben.‹ Wenn ich meine Arbeit betrachte, gibt es Dinge, die mir Spaß machen und andere, die ich nicht mag. Ich habe mich zum Beispiel gefreut, mit *Champion*, *The Bad and the Beautiful* (Die Stadt der Illusionen, 1952) und *Lust for Life* (Vincent van Gogh – Ein Leben in Leidenschaft, 1956) für den Oscar nominiert worden zu sein, war aber entsetzlich enttäuscht, als ich ihn nicht bekam, vor allem, weil ich mir für *Lust for Life* eine reelle Chance ausgerechnet hatte. Gekränkt war ich auch, als ich für meine Darstellung in *Detective Story* (Polizeirevier 21, 1951), die ich wirklich für oscarreif hielt, nicht einmal nominiert wurde. Aber ich will nicht undankbar sein. Ich habe sehr viel Glück gehabt. Es gibt nur wenige Menschen, die im Leben das erreichen, was sie anstreben. Ich habe es geschafft.«

Die Tatsache, daß Kirk Douglas nie einen Oscar bekam, wirft ein bestimmtes Licht auf Hollywood. Schauspieler nämlich, die ihre Karriere selbst in die Hand nehmen und ihre Eigenständigkeit ganz offensichtlich dokumentieren, sind in diesem Milieu, wo man wie anderswo auch eher dem Herdentrieb folgt, selbstverständlich ungern gesehene schwarze Schafe, »maverick stars«, wie man sie in Hollywood nennt.

In Europa dagegen wird Douglas weit mehr geschätzt. Mit Filmen wie *Ace in the Hole* (Reporter des Satans, 1951) oder *The Arrangement* (Das Arrangement, 1969) konnte er beim intellektuellen Publikum Europas bemerkenswerte Achtungserfolge verbuchen.

Doch aus Dankbarkeit gegenüber dem Land, das ihm die Entfaltung seines Talents ermöglicht hat, reist er in der ganzen Welt herum. Auf persönliche Bitten Präsident Kennedys und später Präsident Johnsons spielt er die Rolle eines Botschafters in Sachen amerikanischer Film. »Der Sinn dieser Unternehmung war es, ein besseres Verständnis für Amerika zu erzielen«, erklärt er Tony Thomas.[11] Seine Mission führt ihn 1963 nach Südamerika,

Mit Deborah Kerr, Carol Rossen und Anne Hegira in › The Arrangement‹ (1969)

1964 in den Fernen Orient, 1965 nach Europa in den Mittleren Orient und 1966 in sechs sozialistische Staaten (Polen, Rumänien, Bulgarien, Ungarn, Tschechoslowakei, Jugoslawien). »Ich weiß zwar, daß es veraltet ist, von Patriotismus zu reden«, fährt er fort[11], »aber ich habe das Gefühl, daß ich diesem Land etwas schuldig bin. Ich finde vor allem den Dialog mit den Studenten in aller Welt sehr wichtig, denn wenn wir überleben wollen, müssen wir unsere Grenzen überschreiten und uns besser kennenlernen.« An anderer Stelle sagt er[12]: »Genau wie Musiker und Sportler, sprechen Künstler in aller Welt eine gemeinsame Sprache. Da sie den großen Vorteil haben, über den Problemen der aktuellen Politik stehen zu können, sind sie in besonderem Maße geeignet, völkerverbindend zu wirken. Sie sind gewissermaßen der Zement, der die Völker der ganzen Erde aneinanderzubinden vermag.«

Er zitiert gern John F. Kennedys Worte: »Fragt nicht, was euer Land für euch tun kann, sondern was ihr für euer Land tun könnt.« Für seine Verdienste um den amerikanischen Film wurde ihm der »Cecil B. De Mille«-Preis verliehen.

»Diejenigen, die Amerika kritisieren, kennen dieses Land nicht wirklich, sonst würden sie es nicht kritisieren. Meine Eltern waren russische Emigranten. Ich hatte nichts und bin jetzt Millionär: das ist nur in einem Land wie diesem möglich, wo der Mensch von allen Seiten dazu angetrieben wird, sein Schicksal in die Hand zu nehmen und sich sein Glück zu schmieden. Ich liebe Amerika, denn es ist das einzige Land, in dem man seine Träume verwirklichen kann.«[13]

Seine Eltern, Herschel und Bryna Demsky, russische Bauern, Juden und Analphabeten, sind, ihren eigenen Angaben zufolge, »aus dem tiefsten Mittelalter in die Neuzeit« gestolpert. Sie haben 1910 ihr kleines Dorf im Süden Moskaus verlassen, um, wie damals jährlich hunderttausend andere russische Juden, in die vielversprechende Neue Welt, die Vereinigten Staaten von Amerika, auszuwandern. Issur Danielowitsch Demsky wurde also am 9. Dezember 1916 in Amsterdam im Staate New York geboren. Von sieben Kindern ist er der einzige Knabe. Er verbringt seine schwierige Jugend in der Obhut seiner sechs Schwestern, drei älteren und drei jüngeren. Sein Vater findet nur Gelegenheitsjobs und ist nicht in der Lage, seine große Familie regelmäßig zu ernähren …

»Es war täglich ein harter Überlebenskampf! Wir wußten nie, ob wir am nächsten Tag etwas zu essen hatten oder nicht …«[13] Viel später meint er dazu: »In Armut geboren zu sein ist keine Schande. Im Gegenteil, wenn man sie hinter sich hat, ist es sogar ein Vorteil, denn man kann stolz sein, etwas erreicht zu haben …«[13]

Auch sein Sohn Michael berichtet: »Er ist in extremer Armut

aufgewachsen. Während seiner Schulzeit stand er morgens um fünf Uhr auf, um Zeitungen zu verkaufen; kaum war der Unterricht beendet, rannte er schon wieder zur Verteilerstelle, um die Abendzeitungen abzuholen. Er ging auch von Tür zu Tür und verkaufte Obst. Mit dem wenigen Geld, das er verdiente, half er, seine Familie zu ernähren.«

»Als er die Oberschule verließ, hatte er genügend Geld beiseite gelegt, um sich an der Universität einzuschreiben. Obwohl er während seines gesamten Studiums als Nachtwächter arbeitete, schaffte er sein Diplom und wurde sogar Studentenmeister im Boxen.«

»Auch nach seinem Studium lebte er am Rande des Existenzminimums. Es gibt nichts Armseligeres als einen arbeitslosen Schauspieler. Er hauste in winzigen Zimmern und arbeitete, um sich ein wenig Geld zu verdienen, als Küchenjunge in feinen Restaurants, während er sich selbst aber nur aus Dosen ernähren konnte ...«[14]

An der Wilbur Lynch High School in Amsterdam hat er sich dem Laienspiel verschrieben und steht dort zum erstenmal auf der Bühne. Er ist jetzt dreizehn Jahre alt.

1934 schreibt er sich an der Saint-Lawrence-Universität ein, wo er ein vierjähriges hartes Studium absolviert; außerhalb seiner Studien spielt er weiterhin Theater und betreibt mehrere Sportarten; drei Jahre hintereinander ist er Studentenmeister im Ringen – und nicht im Boxen, wie Michael meinte.

1939 erhält er sein Abschlußdiplom und schreibt sich nun an der A.A.D.A. – der American Academy of Dramatic Arts – in New York ein.

Der junge Isadore Demsky – so nennt er sich einige Zeit – spielt regelmäßig in der Theatergruppe der Akademie, deren Vorstellungen jeden Freitagabend in den Räumen des Carnegie Lyceum stattfinden.

In dieser Zeit lernt er Betty Perske, eine der Studentinnen kennen; sie wird später unter dem Künstlernamen Lauren Bacall weltbekannt und erzählt: »Einer der Schauspieler gefiel mir besonders gut, er war nicht nur charmant, sondern auch begabt. Zuerst sah ich ihn in einer klassischen Rolle, später dann in einer Komödie aus der englischen Restaurationszeit. An einem dieser Freitagabende nun, als ich während einer Pause mit Freunden plauderte, schaute ich zufällig von dem Treppenabsatz, auf dem wir standen, hinunter und entdeckte dort, den

Blick unverwandt auf mich gerichtet, meinen wunderbaren, angebeteten Schauspieler: blond, blaue Augen und ein Grübchen am Kinn. Name: Kirk Douglas.«[15]

So heißt der junge Mann bereits. »Douglas« zu Ehren von »Doug« Fairbanks und »Kirk«, weil er den Namen »treffend« findet. Dieses unpersönliche und zugleich sehr amerikanische Pseudonym sollte – und er mit ihm – den Gipfel des Ruhms erklimmen ... Auf die Frage, warum er einen anderen Namen angenommen habe, antwortet er verschmitzt[16]: »Ich hatte die Wahl: entweder wechselte ich den Namen oder ich ging zum Ballett.«

Lauren Bacall bezeugt ebenfalls die armselige Existenz des jungen Schauspielschülers: »Schließlich lud er mich in ein chinesisches Restaurant in Greenwich Village ein, wo er in der dritten Straße wohnte (im Village, nicht in dem chinesischen Restaurant). Er erzählte mir von sich. Seinen Unterricht finanzierte er von einem Stipendium, aber ansonsten verfügte er über keinen Cent. Eine Nacht hatte er schon im Gefängnis verbracht, weil er nicht gewußt hatte, wo er schlafen sollte; eine schreckliche Situation.«[17]

Endlich erhält der junge Kirk ein Engagement am Broadway. Er debütiert 1941 in dem Stück »Spring Again« mit Grace George und dem Engländer Sir Aubrey-Smith. In einer kleinen Rolle als Telegrammbote hat er »am Ende des zweiten Aktes sein Telegramm singend zuzustellen«. 1942 spielt er – allerdings unsichtbar, denn seine Rolle beschränkt sich auf einige Schreie aus den Kulissen – in den »Drei Schwestern« von Tschechow mit Katherine Cornell, Judith Anderson und Ruth Gordon. Im gleichen Jahr lernt er Diana Dill kennen. Sie stammt von den Bermudas, besucht wie er die Akademie und ist eine Freundin Lauren Bacalls. Ihr Vater ist ein reicher Geschäftsmann an der Ostküste. Am 2. November 1943 heiratet Kirk sie. Aus dieser Verbindung stammen zwei Kinder: Michael, geboren am 25. September 1944, heute Produzent und Film- und Fernsehschauspieler, und Joel Andrew, geboren am 23. Januar 1947.

Ende 1942 wird Kirk zum Kriegsdienst abkommandiert. Er dient zwei Jahre als Marineoffizier bei einer Kampfeinheit der U-Boot-Abwehr, bis er Anfang des Jahres 1944, nachdem er bei den Kämpfen im Pazifik verwundet worden ist und fünf Monate im Lazarett zugebracht hat, wieder heimkehrt und im Range eines Leutnants aus dem Heer ausscheidet.

Wieder zurück am Broadway, spielt er in diversen Stücken und arbeitet auch beim Rundfunk. In »Kiss and Tell« von F. Hugh Herbert, worin er die Rolle eines jungen Schauspielers, Richard Widmark, übernommen hat, spielt er mit Joan Caulfield. Danach folgt »Trio« von Dorothy Baker. Beide Stücke sind keine Publikumserfolge, bekommen aber gute Kritiken.

Von nun an geizt der Broadway nicht mehr mit Angeboten für den jungen Schauspieler, der 1945 in einem Stück nach dem anderen spielt: »Star in the Window«, »Alice in Arms«, »The Wind is Ninety« mit Wendell Corey in der Hauptrolle, das sogar bis 1946 gespielt wird.

Zu dieser Zeit passiert etwas für seine spätere Karriere sehr Wichtiges: Lauren Bacall, seine Freundin und Verehrerin aus

der Akademie, erinnert sich seiner und des starken Eindrucks, den er damals auf sie gemacht hat ...

Kirk Douglas spricht von ihr, der er die größte Chance seines Lebens verdankt, voller Rührung: »Ich werde ihr ewig dankbar sein. Als wir uns wiedertrafen, ging es mir ziemlich schlecht. Sie hat Stunden mit mir zusammengesessen und diskutiert, um mich auf andere Gedanken zu bringen. Zu der Zeit trug ich einen uralten Mantel, der mir bis zu den Knöcheln reichte. Voller Mitgefühl schenkte sie mir einen ordentlichen Mantel, den sie von ihrem Onkel bekommen hatte. Den trug ich noch zwei Jahre lang. Sie ging dann nach Hollywood, um mit Hal Wallis Probeaufnahmen zu machen. Sie erzählte Hal von mir. Er kam daraufhin nach New York und sah sich das Stück an, in dem ich gerade auftrat. Er bot mir einen Vertrag an, aber ich lehnte ab. Erst neun Monate später, als das Stück zu Ende gespielt war, rief ich Hal Wallis wieder an. Am nächsten Tag war ich auf dem Weg nach Hollywood.«[18]

Um der Wahrheit gerecht zu werden, müssen noch einige Details erwähnt werden, die dem Gedächtnis des Schauspielers offenbar entfallen sind: Lauren Bacall war Mannequin und wurde, nachdem sie auf einem Titelblatt der Zeitschrift »Harper's Bazaar« abgebildet war, von Howard Hawks für den Film entdeckt. Gleich mit ihrer ersten Rolle in *To Have and Have Not* (Haben und Nichthaben, 1944) wurde sie berühmt. Zu ihrer Popularität beigetragen hat sicherlich auch ihre Liaison mit Humphrey Bogart, den sie 1945 heiratete.

»Bogie und ich trafen Hal Wallis 1946[19] in einem Zug, als wir zur Ostküste fuhren«, berichtet Lauren.[20] »Ich erzählte Hal von einem fantastischen Schauspieler, der damals in einem Stück in New York spielte. Ich sagte ihm, daß er ein unglaubliches Talent besitze und daß er ihn sich unbedingt ansehen müsse. Zu Hals Gunsten sei gesagt, daß er meinen Rat befolgte und diesen Schauspieler unter Vertrag nahm.« Hal Wallis schaute sich also im Juni 1945 Kirk Douglas in »The Wind is Ninety« von Ralph Nelson an. Aber der junge Schauspieler kann sich nicht sofort entschließen, das Angebot des berühmten Produzenten anzunehmen. Zu jener Zeit glaubt er nicht mehr, noch eine große Theaterkarriere machen zu können, und für den Film hatte er sich bislang noch nicht interessiert. Erst als sein Theaterstück abgesetzt wird und Kirk ohne Engagement dasteht, sucht er den Agenten der Paramount in New York auf, um doch noch nach

Hollywood gehen zu können. Seine ersten Schritte in der Hauptstadt des Kinos wird er unter den Fittichen des Altmeisters Lewis Milestone machen, für eine Gage von fünfhundert Dollar pro Woche.

Nur dreimal noch betritt er die Bühne: 1946, nachdem er schon seinen ersten Film gedreht hat, in »Woman Bites Dog« von Sam und Bella Sperak; 1951 in Phoenix, wo er während der Vorbereitungen zu einem Film mit William Wyler an einem Abend in »Detective Story« spielt; und schließlich 1963 in dem Theaterstück »Einer flog über das Kuckucksnest« von Dale Wassermann nach dem Roman von Ken Kesey ...

2. KAPITEL

Wege zum Ruhm
(1946–1949)

Mit der Unterstützung seines Landsmannes Lewis Milestone, naturalisierter Amerikaner wie er und bereits mehr als zwanzig Jahre in diesem Land tätig, sammelt Issur Danielowitsch Demsky seine ersten Filmerfahrungen. Anderen Berichten zufolge, von Kirk Douglas selbst bestätigt, stand ihm für viele Szenen seines ersten Films auch Byron Haskin hilfreich zur Seite.[1]

Die Begegnung mit der riesigen Filmkamera wird für den unerfahrenen Kirk Douglas zur Tortur. Er stirbt fast vor Lampenfieber. »Nehmen Sie, wen Sie wollen«, sagt er dazu[2], »stellen Sie ihn vor ein Mikrophon oder eine Kamera, und Sie werden sehen, daß er zu keiner normalen Bewegung mehr fähig ist. Sie können ihm noch so oft sagen, er soll sich ganz normal verhalten, aber er wird trotzdem völlig verunsichert sein und mit seinen Armen und Beinen die merkwürdigsten Dinge tun. Für einen Schauspieler ist es am schwierigsten, sich ganz natürlich zu geben. Und Milestone hat das Beste getan, was man mit einem Anfänger wie mir tun konnte, um ihm die Angst vor der Kamera zu nehmen.« Lewis Milestone hat einen alten Regietrick angewandt, um Kirk zu entspannen. »Nach der Probe war ich sehr nervös«, erinnert sich der Schauspieler[3], »da sagte er zu mir: ›Kirk, wir proben noch einmal, damit Sie Ihre Nervosität verlieren, und dann drehen wir.‹ Wir wiederholten also noch einmal die ganze Szene, die ungefähr fünf Minuten dauerte, und dann fragte er mich: ›Sind Sie jetzt bereit?‹ Ich sagte: ›Ja!‹ und er antwortete: ›Gut, dann gehen Sie nach Hause. Wir haben bereits alles gedreht.‹«

Dieser erste Film *The Strange Love of Martha Ivers* (Die seltsame Liebe der Martha Ivers, 1947) gehört heute zu den Klassikern des Film Noir. Er hatte zunächst den Arbeitstitel *Love Lies Bleeding* (etwa: Wie die Liebe langsam verblutet) ... Erzählt wird die Geschichte dreier Menschen, die in einem düsteren Provinznest leben. Das Ehepaar O'Neil, bestehend aus Walter (Kirk Douglas), einem jungen Anwalt, und Martha (Barbara

Mit Van Heflin und Barbara Stanwyck in ›The Strange Love of Martha Ivers‹ (1946)

Stanwyck), einer reichen Erbin, ist durch ein Verbrechen schicksalhaft aneinander gekettet. Martha ist schuldig am Tod ihrer Tante, die sie die Treppe hinuntergestoßen hat. Martha versucht nun, ihrem Schicksal zu entfliehen, indem sie ihren Jugendfreund Sam Masterson (Van Heflin) zum Mord an ihrem Mann anstiftet, um mit ihm gemeinsam die Stadt zu verlassen ... Der Film besticht vor allem durch die hervorragende Barbara Stanwyck, die ein vortreffliches Porträt einer »evil woman« liefert: eine Figur, die sicherlich in Anlehnung an die teuflisch-kaltblütige Phyllis Dietrichson aus *Double Indemnity* (Frau ohne Gewissen, 1943) von Billy Wilder entstanden ist.

Links: Kirk Douglas 1947

Neben dieser brillanten Partnerin hatte Kirk Douglas natürlich einen schweren Stand. Dennoch überzeugte seine Darstellung eines schwachen, antriebslosen, von der starken Persönlichkeit seiner Frau beherrschten Mannes. Eine Rolle übrigens, die das glatte Gegenstück zu dem Rollentypus darstellt, den er einige Jahre später verkörpern wird und der zu seinem Markenzeichen wird: die Verkörperung des Erfolgsmenschen, des gnadenlosen Machers – des Karrieretyps, wie wir heute sagen würden.

Zusammenfassend kann man sagen, daß dieser Film die unverkennbaren Merkmale der Gattung Film Noir aufweist: Realismus in der Beschreibung der Sitten und Moralvorstellungen, psychologisch schlüssige Darstellung vor allem der negativen Charaktere und pessimistisch-resignativer Grundton. Der Film verdankt seinen Erfolg zu guten Teilen dem Drehbuch von Robert Rossen, der damals noch nicht selbst Regie führte.

Als der Film Ende des Sommers 1946 in den Vereinigten Staaten herauskommt, wird er von Publikum wie Kritik sehr gut aufgenommen. Man ist sich einig darüber, daß Kirk Douglas angesichts einer in ihrer Ausstrahlung und ihrem Talent alles erschlagenden Partnerin aus seiner Rolle als schwacher, unauffälliger Walter immerhin noch das Beste herausgeholt hat. Einige Kommentare heben »Die merkwürdige innere Kraft« (Manny Farber) hervor, andere die zynische Sichtweise des Drehbuchautoren, der die moderne Gesellschaft als einen Sumpf menschlicher Leidenschaften beschreibt (eine Meinung, die erst in den amerikanischen Sozialfilmen der Zukunft akzeptiert wird). Die einhellige Meinung aller jedoch ist, daß dieses Werk mehr als ein simpler Thriller ist.

In Frankreich ist Jacques Manuel der einzige, der in weiser Vorausahnung das vielversprechende Talent des jungen Schauspielers und die Kraft seiner Darstellung beschreibt: »Kirk Douglas ... ein Neuling, ist gleichermaßen hassenswert, abstoßend und mitleiderregend. Er hat keinerlei Hemmungen, die Gemeinheit seiner Figur hervorzukehren und führt sie uns uneingeschränkt vor. Wie wenige Schauspieler haben wir doch, die keine Angst davor haben, ihr Publikum zu verstören ...«[4]

Obwohl Kirk bei der Paramount unter Vertrag steht, wird er für zwei Filme an die R.K.O. »ausgeliehen«. Der erste der beiden wird ebenfalls zu den Klassikern des Kriminalfilms gerechnet. *Out of the Past* (Goldenes Gift, 1947) von Jacques Tourneur wird oft als eine seiner besten Arbeiten bezeichnet, er selbst zählt diesen Film zu seinen drei bevorzugten (neben *I Walked With A Zombie* und *Stars in My Crown*).

Jacques Tourneur gehört für viele Cineasten zu den faszinierendsten Regisseuren des amerikanischen Nachkriegskinos. Als Vorlage für diesen Film diente ein Kriminalroman von Daniel Mainwaring (Pseudonym Geoffrey Homes), ein enger Freund und ehemaliger Presseagent Humphrey Bogarts. Das Sujet des Buches sprüht nicht gerade vor Originalität, aber Jacques Tourneur verleiht dem Ganzen mit seiner ihm eigenen Denkweise –

Mit Robert Mitchum in ›Out of the Past‹ (1947)

29

eine Art mystischem Determinismus – eine verblüffende Tiefe. Er erklärt: »Es gibt die Vergangenheit und die Zukunft. Alles, was wir in der Zukunft tun werden, ist schon in der Vergangenheit dagewesen, nur haben sich die äußeren Bedingungen verändert.«[5]

Diese Art Fatalismus findet sich in seinen Werken als Allgegenwärtigkeit des meist tragischen Schicksals immer wieder. *Out of the Past* macht dabei keine Ausnahme. Tourneur beurteilt die in Zusammenarbeit mit Mainwaring entstandenen Dialoge mit größter Zufriedenheit als »sehr brillant, sehr eindringlich und für die Zeit sehr modern«.[6]

Der junge Kirk Douglas, dessen Rolle in diesem Film sich kaum von den vorherigen unterscheidet, rangiert jetzt immerhin an dritter Stelle im Abspann. Er spielt einen Gangster, der in einigen Szenen mit Robert Mitchum – der bereits vier Filme im selben Jahr gedreht hat und auf dem besten Weg ist, ein Star zu werden – schon das anklingen läßt, was später den durchschlagenden Erfolg seiner Figuren ausmachen wird: einen Hauch von Verschlagenheit im Blick und einen gewissen Sadismus im Verhalten; man spürt, daß er Ekel und Abscheu zu erregen vermag. Doch das Ganze hat noch zu wenig Profil, der Schauspieler hat noch nicht zu seinem Idealcharakter gefunden ...

Der nächste Film bietet ihm dazu auch nicht gerade Gelegenheit. *Mourning Becomes Electra* (Trauer muß Elektra tragen, 1947) ist für die Schauspieler ebenso wie für den Zuschauer ein erdrückendes, schwermütiges und beklemmendes Werk, außerdem miserabel verfilmtes Theater! Die Trilogie von Eugene O'Neill, die dem Film zugrunde liegt, hat das griechische Familiendrama des Atridengeschlechts in die Neuzeit übertragen: 1865, Ende der Sezessionskriege, Ort: Massachussetts ...

Dudley Nichols, begabter und anerkannter Drehbuchautor der Filme *The Informer* (Der Verräter, 1935), *Stagecoach* (Höllenfahrt nach Santa Fé, 1939), beide von John Ford, *Man Hunt* (Gehetzt, 1937) von Fritz Lang und *For Whom the Bell Tolls* (Wem die Stunde schlägt, 1943) von Sam Wood, hatte schon seit langem den Wunsch, dieses Thema zu verfilmen ... Der aktiven Unterstützung von Raymond Massey und Rosalind Russel ist es zu verdanken, daß der Film endlich zustande kam. Die Produktionsgesellschaft R.K.O. versprach sich damit einen Prestigegewinn. Obwohl man gleich am Anfang die Länge des Stücks (Aufführungsdauer: sechs Stunden!) auf die Hälfte reduzierte,

Mit Rosalind Russell in ›Mourning Becomes Electra‹ (1947)

schnitt man, als der Film in den Vereinigten Staaten herausge-
kommen war und sich ein kommerzieller Mißerfolg abzeichne-
te, zunächst weitere zwanzig, dann fünfundzwanzig Minuten
heraus ... Die verbliebenen zwei Stunden bestanden nur mehr

aus Konfusion, da jede der zahlreichen Kürzungen einer Amputation gleichkam.

Das Unternehmen war in jeder Hinsicht zum Scheitern verurteilt, denn die dargestellten Zusammenhänge boten für die Amerikaner überhaupt keine Identifikationsmöglichkeiten. Das Vorhaben, Theater bloß abzufilmen und nicht filmisch umzusetzen, führt zwangsläufig zu einer stilisierten Ausstattung, zu theatermäßigen Auf- und Abtritten der Schauspieler vor der Kamera und zu Lichteinstellungen, die weit davon entfernt sind, im Sinne des Expressionismus innere Vorgänge sichtbar zu machen.

Überdies leiden die Charaktere an einer eklatanten Unverhältnismäßigkeit von Ursache und Wirkung. In der griechischen Tragödie erfährt das leidenschaftliche Agieren der Personen seinen Sinn durch die sie lenkenden göttlichen Gesetze und Forderungen. Hier dagegen, wo sich das Geschehen ausschließlich im Diesseits abspielt, verlieren die Figuren ihre Glaubwürdigkeit und agieren im leeren Raum. Selbst wenn man sich mit einem solchen Vorhaben Mühe gibt, kann das Ergebnis nicht anders als kalt, nichtssagend, steril ausfallen. Trotz allem aber erhält der Film von der ausgesprochen intellektuellen Jury in Biarritz den Prix du Film Maudit.

Kirk Douglas tritt nur vereinzelt als unscheinbar-farbloser Liebhaber der Lavinia-Elektra auf. Schon allein durch die Aufmachung des Plakats (Rosalind Russell, Michael Redgrave, Raymond Massey, Leo Genn und Katina Paxinou) hatte er keinerlei Chance, auf sich aufmerksam zu machen. Doch zweifellos wird er daraus seine Lehren gezogen haben ...

Ende 1947 kehrt er zur Paramount zurück und, für ein letztes Mal, zum Film Noir. Dabei trifft er auf einen jungen Schauspieler, der ihm in mehr als nur einer Hinsicht gleicht: Burt Lancaster. Lancaster ist ihm bereits um einige Längen voraus: Schon in seinem ersten Film *The Killers* (Rächer der Unterwelt, 1946) von Robert Siodmak durfte er eine tragende Rolle spielen. Und in *I Walk Alone* (Vierzehn Jahre Sing-Sing, 1947), der ersten »offiziellen« Regiearbeit Byron Haskins, spielt er seine fünfte Hauptrolle.

Burt und Kirk stehen damals noch beide bei Hal Wallis unter Vertrag. Aber Kirk Douglas, der sich unterbezahlt fühlt, kündigt nach Abschluß dieses Films. (Fünf hatte er im ganzen bei der Paramount gedreht.) In der Folgezeit überschneiden sich

Mit Burt Lancaster und Wendell Corey in ›I Walk Alone‹ (1947)

ihre Karrieren mehrere Male. Sie verkörpern beide den typischen Star der Nachkriegszeit: einflußreich, unnachgiebig, teilweise sogar rücksichtslos und wild entschlossen, ihr Schicksal selbst in die Hand zu nehmen – die Rollen, die sie spielen wollen, suchen sie sich selbst aus, und die Filme, die sie drehen wollen, realisieren sie in Eigenproduktionen, ganz darauf bedacht, mehr als nur ein Interpret zu sein …

Burt Lancaster verkörpert in diesem Film *I Walk Alone* einen eben aus der Strafanstalt Entlassenen, der seinen früheren Komplizen Kirk Douglas aufsucht, um den ihm zustehenden Teil der Beute von damals abzuholen. Dieser ist mittlerweile Nachtclubbesitzer geworden und weigert sich, auch nur einen Cent herauszurücken …

Das Drehbuch, alles andere als brillant, stammt offiziell von Charles Schnee und Martin Rackin, wobei behauptet wird, Martin Rackin sei der eigentliche Verfasser. Man ist versucht,

Mit Lizabeth Scott und Burt Lancaster in ›I Walk Alone‹ (1947)

daran zu glauben, denn Charles Schnee hat für *Red River* (Panik am roten Fluß, 1948) von Howard Hawks, einige Jahre später für *The Bad and the Beautiful* (Die Stadt der Illusionen, 1952) und für *Two Weeks in Another Town* (Zwei Wochen in einer anderen Stadt, 1961), beide von Vincente Minelli, glänzende Bücher geliefert. Andererseits hat Martin Rackin wenig später das hervorragende Buch zu Raoul Walshs *The Enforcer* verfaßt ... Wer auch immer verantwortlich sein mag, die Charaktere sind auf jeden Fall blaß und profillos angelegt und besitzen keinerlei psychologische Tiefendimension. Noll Turner, der von Kirk

Douglas verkörpert wird, ist in seiner Gemeinheit und Niedertracht von makelloser Glätte. Der Streifen wird nur dann interessant, wenn es hart auf hart geht oder wenn der ausgezeichnete Wendell Corey – ein Schauspieler, der in erster Linie Theater spielte und im Film meist schlecht eingesetzt wurde – die Szene betritt. Aber abgesehen von diesen positiven Momenten bleibt kaum etwas im Gedächtnis haften. Byron Haskin zeichnet sich erst in den fünfziger Jahren durch einige eher unpersönlich inszenierte Science-Fiction-Filme aus.

Mit Linda Darnell und Cornell Wilde in ›The Walls of Jericho‹ (1948)

Nachdem Kirk Douglas die Paramount verlassen hat, arbeitet er für diese und jene Produktion, je nachdem, was ihm angeboten wird. Für die 20th Century-Fox steht er in John M. Stahls *The Walls of Jericho* (1948) vor der Kamera. Darin geht es um »die Geschichte einer Stadt, die zu klein ist, um die Leidenschaften ihrer Einwohner aufzufangen«, wie es im Presseheft heißt. Das Drama findet im Jahre 1908 in einem kleinen Ort in Kansas statt, dessen Name »Jericho« eine völlig unzutreffende biblische Anspielung enthält ...

Wieder einmal geraten zwei Männer und eine Frau in Konflikt: Cornel Wilde spielt einen Provinzstaatsanwalt und Kirk Douglas den Chefredakteur der Lokalzeitung: Linda Darnell, seine Frau, will sich an Wilde, den sie vergeblich zu verführen versucht hat, rächen und stachelt ihren Mann Kirk Douglas dazu an, ihn in der Presse schlecht zu machen. Das Drama erreicht seinen Höhepunkt, als Douglas sich zur Wahl zum Senator aufstellen läßt und in den Wahlkampf zieht. Am Ende aber trennt sich der frischgebackene Politiker von seiner rachsüchtigen Gattin und versöhnt sich wieder mit seinem Jugendfreund ...

John M. Stahl, der 1950 starb, hatte 1944 den erfolgreichen Film *Keys of the Kingdom* (Schlüssel zum Himmelreich, 1944), gedreht nach einem Bestseller von Cronin, herausgebracht. Seitdem hofierten ihn die New Yorker Kritiker. Diesmal jedoch fällt das Urteil der Presse extrem hart aus. Um diesen Film braucht man offensichtlich keine Träne zu vergießen. Kirk Douglas selbst zählt ihn zu seinen uninteressantesten Arbeiten ...

Der nächste Film ist auch nicht viel besser, jedenfalls alles andere als dazu geeignet, die Karriere eines Bösewichts einzuleiten: *My Dear Secretary,* produziert von United Artists und realisiert von einem Unbekannten namens Charles Martin.

Es ist eine mittelmäßige Komödie, die Cary Grant in erprobter und bewährter Manier vor dem Untergang gerettet hätte. So aber gerät das Ganze zu einer abgeschmackten Hollywoodkomödie, deren Held Kirk Douglas, ganz offensichtlich Opfer einer Fehlbesetzung, sich vollkommen verloren fühlt und dem Zuschauer bei all seinen Aktionen größtes Unbehagen bereitet.

Beachtenswerter dagegen ist *A Letter to Three Wives* (Ein Brief an drei Frauen, 1948), obwohl Kirk Douglas immer noch nicht in seinem Rollenfach eingesetzt ist. Aber das Werk garantiert Qualität, denn für Buch und Regie zeichnet Joseph L. Mankie-

Mit Keenan Wynn in ›My Dear Secretary‹ (1948)

wicz verantwortlich, ein Name, der für Charme und Originalität steht. Die Besetzung ist grandios (Jeanne Crain, Linda Darnell, Ann Southern, Paul Douglas), und die Themen sind für eine Komödie ungewöhnlich ambitioniert: es geht um die Frau mit ihrer Gefühlswelt, ihrem Selbstverständnis und ihrer Art des Daseins und um die daraus resultierenden Beziehungsprobleme mit ihrem Partner. Kirk Douglas, verheiratet mit einer der drei Heldinnen (Ann Southern), verkörpert einen einfachen Volksschullehrer, der die Tätigkeit seiner Frau beim Rundfunk aus verschiedenen Gründen mißbilligt.

Die Rolle ist wieder etwas blaß, doch gelingt es ihm in dieser

Mit Ann Southern und Jeanne Crain in ›A Letter to Three Wives‹ (1948)

Komödie à la Hollywood, dem Klischee zu entkommen und der Figur einiges Profil zu verleihen. Das geschieht vor allem anläßlich einer Einladung, bei der sich der junge Erzieher mit hinreißender Aggressivität über das Wirtschaftssystem der Rundfunkanstalten ausläßt.

Das Drehbuch sah zu Anfang vier Frauen vor, doch Zanuck hat eine davon gestrichen ... Jedes Paar verkörpert – symbolisiert – einen Aspekt des »American way of life«, der jeweils offensichtlich wird, wenn die unterschiedlichen kulturellen Hintergründe der Ehepartner aufeinanderprallen: das schüchterne Mädchen vom Lande, das sich mit dem unnatürlichen Leben in der Stadt konfrontiert sieht; die unzufriedene Frau, die ihre persönlichen Möglichkeiten nicht voll ausschöpfen kann, weil sie einen mittelmäßigen Job hat; das junge Mädchen, das sich von einem reichen Mann angezogen fühlt, der wiederum Angst davor hat, nur wegen seines Geldes geliebt zu werden ...

Man spürt in dieser Chronik, so zärtlich und pathetisch, so leicht und lustig sie sich auch ausnehmen mag, die Zwangsvorstellungen der amerikanischen Gesellschaft von Sitte und Anstand. Der Film gewinnt zwei Oscars, einen für das Drehbuch und einen für die Regie, beide wohlverdient. Die Schauspieler allerdings gehen leer aus, sie sind nicht mehr als bunte Steinchen eines glänzenden Mosaiks ...

Erst zwanzig Jahre später wird Kirk Douglas wieder mit dem gefeierten Regisseur Joseph L. Mankiewicz zusammenarbeiten. Jetzt zieht er zunächst einmal eine kurze Bilanz seines bisherigen Wirkens: Mit keiner Rolle konnte er einen nennenswerten Erfolg verbuchen. Er hat endgültig keine Lust mehr, in Slapstick-Komödien oder »soap operas«, wie die Amerikaner diese Art von melodramatischen Filmen bezeichnen, mitzuwirken und im Bereich der unteren Mittelmäßigkeit steckenzubleiben … Doch schon wartet ein neuer Film auf ihn: *The Great Sinner* (Der Spieler, 1949), Regie Robert Siodmak, Produktion Metro-Goldwyn-Mayer, eine sehr freie Adaptation des Romans »Der Spieler« von Dostojewski, ein typischer Kostümfilm à la Hollywood, in dem Gregory Peck und Ava Gardner genug Gelegenheit haben werden, sich in Szene zu setzen …

Da aber geschieht die erste entscheidende Wende in Kirks Karriere: Douglas lehnt diese Rolle, die mit einer Gage von fünfzigtausend Dollar verbunden ist, zugunsten eines wesentlich bescheideneren Angebots des unabhängigen Produzenten Stanley Kramer ab. Er soll in einem Low-budget-Projekt (das weniger als sechshunderttausend Dollar kosten sollte) eines total unbekannten Regisseurs, Mark Robson, für fünfzehntausend Dollar mitwirken. Das ist weniger als ein Drittel dessen, was der Riese Metro-Goldwyn-Mayer ihm gezahlt hätte; aber er hat einen guten Riecher und setzt auf diesen Film, der »eine gute Sache« zu werden verspricht. Kirk sollte Recht behalten: Das Schicksal katapultiert ihn mit einem Schlag und einer einzigen Rolle an den amerikanischen Filmstarhimmel …

3. KAPITEL

Erster Sieg
(1949–1951)

»Als Stanley Kramer mich für *Champion* wollte«, erzählt Kirk Douglas[1], »meinte er, ich hätte nicht genug Muskeln! Wahrscheinlich, weil ich vorher in *A Letter to Three Wives* einen Volksschullehrer gespielt hatte! Außerdem, meinte er, sähe ich nicht wie ein Boxer aus. Ich fragte ihn: Soll ich mich ausziehen? Als ich mein Hemd auszog, war er, glaube ich, ziemlich beeindruckt. Schließlich war ich im College Meister im Ringen, und ich wußte ganz genau, daß ich die Figur eines Boxers hatte!«

»Ich habe dieses Angebot eigentlich nur angenommen, weil ich noch nie eine ›körperliche‹ Rolle wie diese gespielt hatte. Danach – weiß Gott, danach konnte man sich Kirk Douglas überhaupt nicht mehr anders als sportlich vorstellen ...«

Der Film *Champion* wurde nach einer bekannten Novelle von Ring Lardner jun. gedreht. Er zeigt kritisch und eindringlich den außergewöhnlichen Aufstieg eines Boxers, dem der Ruhm zu Kopf gestiegen ist. Rücksichtslos räumt er alles aus dem Weg, was seine Position gefährden könnte.

Es gibt Kritiker, die nicht gezögert haben, eine täuschende Ähnlichkeit zwischen der glänzenden Karriere des Boxers Midge Kelly in *Champion* und dem ruhmreichen Aufstieg seines Interpreten festzustellen ... Gewiß hat Douglas niemals einen Hehl daraus gemacht, daß er ehrgeizig ist; und gewiß hat Berechnung in seinem Leben ab einem bestimmten Zeitpunkt eine Rolle gespielt. Da Douglas diese Züge auch in seine Rollen einarbeitet, ist man verständlicherweise leicht geneigt, Privatperson und Filmfigur miteinander zu verquicken ... Doch das ist schlichtweg zu oberflächlich. Kirk Douglas hatte lediglich bestimmte Vorstellungen und traf, dank seiner starken Persönlichkeit, jeweils zur rechten Zeit die richtigen Entscheidungen. Dieses intelligente Vorgehen hat nichts, aber auch gar nichts mit berechnender Rücksichtslosigkeit zu tun.

1949, als er ›Champion‹ drehte

Champion ist ein Film, der die unbedingte Abhängigkeit der Menschen von ihrem sozialen Umfeld mit großer Eindringlichkeit herausarbeitet[2]; Midge Kelly konnte nur durch die Verhaltenszwänge seines Milieus zu dem werden, was er geworden ist. Schon seit frühester Kindheit mußte er seinen Bruder verteidigen, der behindert war; irgendwie befand er sich immer in einer Umgebung voller Aggressivität, in der er gezwungen war, sich durchzusetzen.

Eine der ersten Szenen des Films zeigt ihn (in der Rückblende, kurz bevor Midges Kampf um den Weltmeistertitel beginnt), wie er und sein Bruder in einem Zug von einer Gruppe »Tramps« angegriffen werden. Die Szene ist für sein weiteres abenteuerliches Leben bezeichnend: Immer wieder gibt es Kämpfe und Auseinandersetzungen, bei denen es darauf ankommt, den eigenen Willen gegen die anderen durchzusetzen, um einen Platz an der Sonne zu ergattern. In dem Moment, als die Gesellschaft Midge selbst eine Waffe an die Hand gibt, nämlich den Boxkampf, dreht sich der Spieß um: Midge ist nun nicht mehr das Opfer.[3] Doch Ruhm und Macht verkraftet er nicht, seine Verhaltensweisen werden immer brutaler. Während seine Ex-Frau (Ruth Roman) sich mehr und mehr von ihm zurückzieht, hat er, bevor er seinem eigenen Manager die Frau ausspannt, eine skandalträchtige Affäre mit dem Flittchen Grace Diamond (Marilyn Maxwell); vor allem aber verschlechtert sich sein Verhältnis zu seinem Bruder, dargestellt von dem Ewig-Erfolglosen des amerikanischen Kinos, dem wunderbaren Arthur Kennedy.

Der Film ist in mehr als nur einer Hinsicht wichtig. Abgesehen von seiner formalen Perfektion, enthält er einige absolut antikonformistische Grundideen, die später in einer Reihe sozialkritischer Filme systematisch weiterentwickelt werden. Neulinge wie Elia Kazan, Billy Wilder, Vincente Minelli, Stanley Kubrick oder Altmeister wie William Wyler nehmen nach und nach alle Bereiche des öffentlichen Lebens kritisch unter die Lupe: die Syndikalisten, den Journalismus, die Politik, die Polizei, die Armee und sogar das Kino selbst. Schauspieler wie Marlon Brando, Burt Lancaster und Kirk Douglas beteiligen sich daran. Gleichzeitig ist *Champion* für die meisten der an diesem Film Beteiligten der Beginn einer bedeutenden Filmkarriere. Vor al-

Mit Arthur Kennedy in ›Champion‹ (1949)

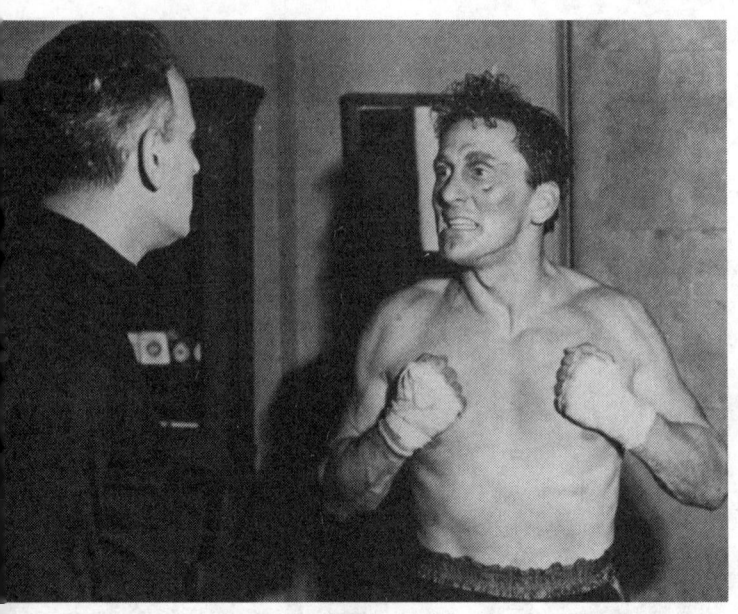

Als Star im Boxring mit Paul Stewart in ›Champion‹ (1949)

lem für seinen Produzenten Stanley Kramer. Bislang hatte er nur wenig Beachtenswertes in die Lichtspielhäuser gebracht, unter anderem die Verfilmung von Somerset Maughams *The Moon and Six Pence* (Der Besessene von Tahiti, 1942) mit George Sanders und Herbert Marshall unter der Regie von Albert Lewin, oder Richard Fleischers *So This Is New York* (1948) mit Rudy Vallee und Henry Morgan. Doch der eigentliche Produktionsstil Stanley Kramers hatte mit diesen leichten Komödien, die er als gehaltlose Unterhaltungskost betrachtete, überhaupt nichts gemein. Ihn reizten vielmehr kraftvolle, problemträchtige Stoffe, die geistreich und angriffslustig umgesetzt wurden. *Champion* ist die erste Etappe auf einem Weg, den Kramer selbst als eine Art Kreuzzug bezeichnet. Seine Filme scheuen nicht vor Tabus wie Rassismus oder Kriminalität zurück, greifen schonungslos die Laschheit des Menschen an, bringen Bewußtseinsprozesse in Gang, indem sie Mißstände aufdecken wie zum Beispiel die Lage der Kriegsversehrten. Die nächsten Erfolgsfil-

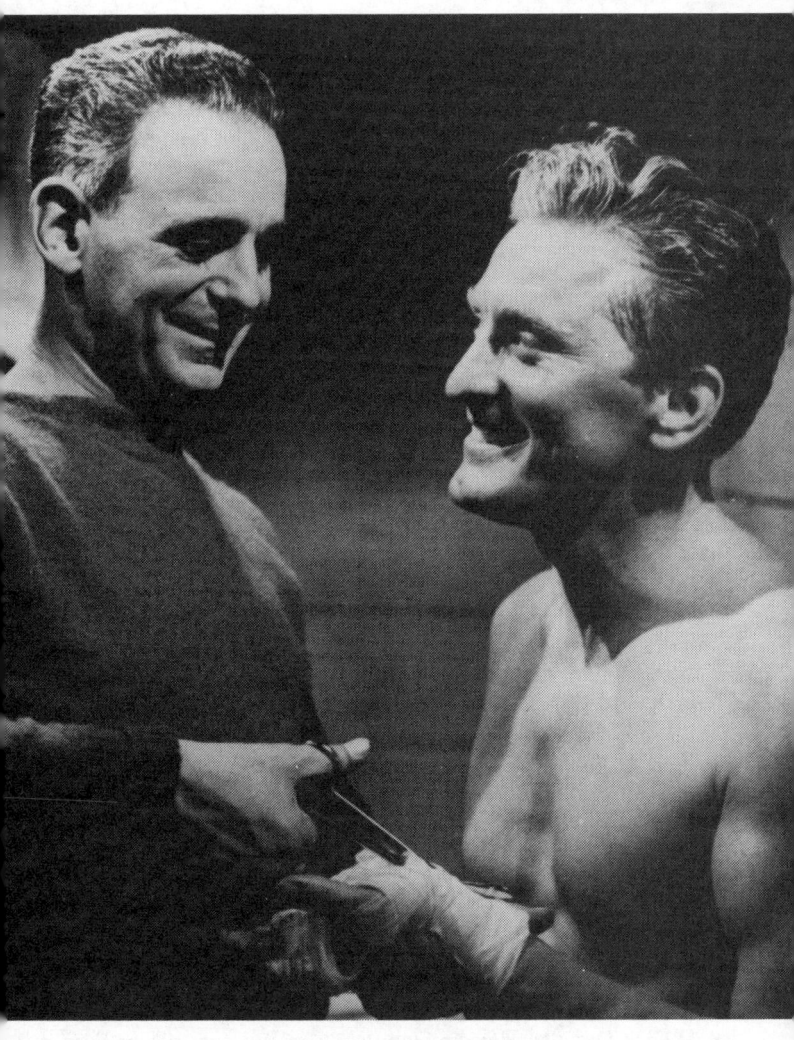

me Kramers lassen auch nicht lange auf sich warten: *Home of the Brave,* 1949, *The Men* (Die Männer, 1950), *High Noon* (Zwölf Uhr Mittags, 1951) und *The Sniper,* 1952. Er schreckt aber auch nicht vor so heiklen Adaptationen wie *Cyrano of*

Bergerac (Der letzte Musketier, 1950) oder Arthur Millers *Death of a Salesman* (Tod eines Handlungsreisenden, 1951) zurück. Dann folgen *The Juggler* (Der Gehetzte, 1953), wieder mit Kirk Douglas, The Caine Mutiny (Die Caine war ihr Schicksal, 1954) und *The Wild One* (Der Wilde, 1954), alles Filme, die seine Spitzenposition als unabhängiger Produzent festigen. Dieses Vorgehen war sicher vernünftiger, als seine Kraft darauf zu verschwenden, unbedingt selbst Regie führen zu wollen, obwohl er, wie *Champion* gezeigt hatte, große Lust dazu hatte. Carl Foreman, sein Drehbuchautor[4], berichtet, daß Kramer eigentlich für den kraftvollen, mitreißenden Stil des Films verantwortlich sei. Er hatte diese schnelle und dynamische Abfolge von Bildern ohne intellektuelle Schnörkel angeregt, um dem Publikum keinen Augenblick Zeit zu lassen, aufzuatmen und sich auszuruhen. Er war der Meinung, nur so könne man den Zuschauer wirklich fesseln. Der Film erhielt übrigens den Oscar für den besten Schnitt.

Regisseur Mark Robson, der vorher für Val Lewton, einen ebenfalls berühmten, unabhängigen Produzenten, gearbeitet hat und gewohnt war, ruhig und bedächtig vorzugehen, hatte nach *Champion* seinen Stil vollkommen verändert. Er entwickelte sich zu einem ausgezeichneten Regisseur, der allerdings mit der Schauspielerführung erhebliche Probleme hatte.

Carl Foreman, der auch später noch mit Kramer zusammenarbeiten wird (bis einschließlich *High Noon,* 1952), hatte für diesen Film sein erstes bemerkenswertes Drehbuch verfaßt. Sein Talent bestand vor allem darin, typisch amerikanische Mißstände zu beschreiben. Ihn interessierte insbesondere »das Verhältnis des Individuums zu der ihn umgebenden feindseligen Gesellschaft ...« Verständlich, daß er – sowie einige andere fortschrittlich denkende Autoren wie Michael Wilson und Dalton Trumbo – im Zuge der MacCarthy-Hetzjagd für einige Jahre aus der Filmszene verschwinden mußte ...

Insgesamt gesehen, kann man sagen, daß Produzent, Regisseur und Drehbuchautor dieses Films auf der Erfolgsleiter ein entscheidendes Stück höher geklettert sind.

Für Kirk Douglas, der die Hauptrolle spielte, war dieser Film ein Triumph ohnegleichen. Die Kritiker lobten ihn uneingeschränkt. Er hatte sich aber auch mit aller ihm zur Verfügung stehenden Kraft in dieses Abenteuer gestürzt; monatelang trainierte er, um sich die Gewohnheiten und Tricks eines Berufsboxers einzuprägen. Seine Darstellung trifft Typus und Milieu hundertprozentig; unvergeßlich seine Augen und sein Lächeln, als Midge Kelly sich auf die letzte Runde des entscheidenden Kampfes vorbereitet! Ein Blick, der alles enthält: Haß, Gewalt, unbefriedigten Ehrgeiz und Angst; Angst, den so schwer errungenen Ruhm wieder zu verlieren. Es ist der Gesichtsausdruck eines Mannes, der entschlossen ist, alles auf eine Karte zu setzen!

In Frankreich schreibt der Rezensent Roger-Marc Théroud sehr treffend[5]: »In *Champion* wurde ein großer Schauspieler entdeckt: Kirk Douglas. Kirk Douglas ist mit seinem vorspringenden Kinn und seiner etwas ungewöhnlichen Nase zwar keine Schönheit, aber wie er angeberisch seine Schultern zu rollen vermag oder sein Gesicht zu einer undurchsichtigen, eiskalten Maske werden läßt, das ist unglaublich gekonnt und überzeugend. Er hat das, was der mittelmäßige Schauspieler nicht besitzt: Präsenz. Er hat die Ausstrahlung eines Humphrey Bogart und den ›Appeal‹ von Burt Lancaster. Von ihm wird man in Zukunft noch hören.«

In Hollywood heißt es: Ein untrügliches Zeichen für den Erfolg ist, wenn die Leute, die du vorher hundertmal vergeblich versucht hast anzurufen, plötzlich von sich aus versuchen, dich zu erreichen ...

Nach *Champion* ist Kirk Douglas der allseits gefragte, neue Star. Er wird sogar für den Oscar nominiert, muß aber zugunsten Broderick Crawfords zurückstehen. Dieser wird für seine Leistung in *All the King's Men* (Der Mann, der herrschen wollte, 1949), einem Film von Robert Rossen, ausgezeichnet. Doch die Flut von Filmangeboten ist nicht mehr aufzuhalten ...

Die Fox möchte ihn für ein Projekt über Rommel gewinnen, das ihm eine Gage von zweihunderttausend Dollar einbringen soll. Aber er entscheidet sich für die Warner Bros., die ihn für die nächsten sieben Jahre mit neun garantierten Filmen unter Vertrag nehmen, Gage neunhunderttausend Dollar! Einen Film pro Jahr, das hat er sich ausbedungen, darf er für eine andere Gesellschaft drehen.

Schon bald wird der erste Film in Angriff genommen: *Young Man with a Horn* (Der Mann ihrer Träume, 1950), Co-Autor auch diesmal Carl Foreman. Dessen ursprüngliche Idee besteht darin, wie bereits bei *Champion,* die korrupten Machenschaften

Rechts: Bei den Dreharbeiten zu ›Young Man with a Horn‹, rechts Michael Curtiz

Links: Mit Lauren Bacall in ›Young Man with a Horn‹ (1950)

eines Milieus aufzudecken. War es dort die Welt des Box-kampfs, soll es hier die Welt der Jazzmusik sein. Doch was letzt-lich bei diesem Vorhaben herauskam, war enttäuschend, und Foreman fühlte sich sogar verraten.

Michael Curtiz, der zweifellos ein kraftvoller Regisseur sein konnte, verzettelte sich gern. Außerdem fehlte seinen Werken jegliches soziale Engagement. Von daher war er für dieses Pro-jekt von vorneherein nicht der ideale Mann. »Er hat ausgezeich-nete Sachen gemacht«, sagt Foreman[6], »aber er prostituiert sich … Er hat überhaupt kein Berufsethos und macht, wenn es sein muß, den größten Mist …«

Anfänglich sollte Bretaigne Windust, ein Theatermann, Regie führen. Bretaigne Windust war zu einem etwas fragwürdigen

Ruhm gekommen, als er sich während der Dreharbeiten zu *The Enforcer* durch Raoul Walsh hatte ersetzen lassen. Der gleiche Windust hatte seinerzeit den Schauspieler Kirk Douglas in einem Stück, für das er verantwortlich zeichnete, nicht einsetzen wollen. Retourkutsche: Kirk Douglas, endlich ein Star, verweigert die Zusammenarbeit mit Bretaigne Windust ...

Young Man with a Horn erzählt die Geschichte des Jazztrompeters Bix Beiderbecke, der in den zwanziger Jahren ein recht farbenfrohes Leben geführt hat. Der Musiker starb 1931 als Alkoholiker, im Alter von achtundzwanzig Jahren. Als Drehbuchvorlage diente der Roman von Dorothy Baker, dessen Rechte Warner schon 1945 erworben und seitdem vergeblich nach einem Schauspieler für die Hauptrolle gesucht hatte. Als Part-

ner für Kirk Douglas wählte man Bix Beiderbeckes Textschreiber Hoagy Carmichael aus, der im Film, sozusagen als »authentischer Faktor«, das Leben des Musikers in der Rückblende schildert.

Kirk Douglas bereitete sich in legendär gewordener, wilder Entschlossenheit auf seine Rolle vor. Drei Monate lang übte er unter der Anleitung von Larry Sullivan wie ein Besessener Trompete, er zwang sich immer wieder zur richtigen Handhaltung, zur vorgeschriebenen Körperposition und zu den entsprechenden Lippenbewegungen ... Im Film wird er sinnigerweise gedoubelt ... von Harry James! Diese glänzende Idee kann nur von Michael Curtiz stammen. Verständlicherweise empörten sich die Puristen: Es sei eine der typischen Verirrungen Hollywoods, daß man einen angesehenen Schauspieler, der Beiderbecke darstellt, von Harry James doubeln läßt. Das Ganze gliche einem Film über den großen Caruso, dessen strahlenden Tenor man mit Hilfe der Mundbewegungen Mario Lanzas zum Klingen bringen würde ... Aber solche halbseidenen Lösungen kennt man schließlich zur Genüge von Hollywood ...

Michael Curtiz hatte die Angewohnheit, jedes Drehbuch zu überarbeiten und gegebenenfalls zu verändern. Das tat er auch diesmal unter Hinzunahme von Edmund H. North[7], der Carl Foremans Vorlage »bereichern« durfte. Der Film wurde leider ausgesprochen geschwätzig und langatmig. Carl Foreman berichtet[8], daß während einer internen Vorführung bei Warner die Leute reihenweise den Saal verlassen hätten. Der verbliebene Rest allerdings war des Lobes voll und wollte, daß man die bereits herausgeschnittenen Szenen wieder hinzufüge. Worauf Foreman nicht umhin konnte, ihnen unverblümt seine Meinung zu sagen: »Am besten, Sie schneiden auch die restlichen zwei Filmrollen weg!« Eisernes Schweigen! Der Film erschien trotzdem und wurde ein kommerzieller Mißerfolg.

Wenn man sich den Streifen heute ansieht, entbehrt er nicht eines gewissen nostalgischen Charmes. Die Schwarz-Weiß-Effekte erzeugen eine unbeabsichtigte Symbolträchtigkeit, die das Geschehen in die Nähe der Allegorie rückt. Kirk Douglas, jedem Zuschauer noch von seinem vorherigen Film, *Champion,* in Erinnerung, versucht auch hier wieder, einen Emporkömmling darzustellen. Seine Ansätze dazu bleiben aber eher in den ursprünglichen Intentionen des Foremanschen Buches stecken.

Young Man with a Horn bietet zwei Schauspielern Gelegenheit, nach mehreren Jahren der Trennung ein Wiedersehen zu feiern: Kirk Douglas und Lauren Bacall stehen gemeinsam vor der Kamera ...

Die Schauspielerin erinnert sich mit Vergnügen an die Dreharbeiten[9]: »Wir haben uns ausgezeichnet verstanden, viel über die Vergangenheit und die Gegenwart geredet und natürlich – in aller Unschuld selbstverständlich – miteinander geflirtet. Leider wurde der Film nicht so gut, wie er hätte werden können ...«

Im Film selbst ist das Verhältnis des Paares weniger harmonisch. Eine Szene bleibt besonders im Gedächtnis haften, nämlich wie Lauren als junge Ehefrau ihren Mann fürchterlich beschimpft, ihm seine kostbaren Schallplatten zerschmeißt und ihn verläßt. Danach beginnt sein tragischer Verfall, den der Film mit einer gewissen Genüßlichkeit vorführt. Auch Kirk Douglas scheint sich in diesem Zustand zu gefallen ...

Mit demselben Produzenten, Jerry Wald von Warner, entsteht das nächste Projekt: *The Glass Menagerie* (Die Glasmenagerie, 1950). Für dieses Stück wurde der junge Dramatiker Tennessee Williams (als Sechsunddreißigjähriger) mit dem New Yorker Kritikerpreis ausgezeichnet. Es ist sein erstes Werk, das er auf die Leinwand bringt: Zwölf weitere werden ihm noch bis 1970 folgen. *The Glass Menagerie* macht bei ihrem Erscheinen wenig von sich reden, so daß Tennessee Williams erst zwei Jahre später mit *A Streetcar Named Desire* (Endstation Sehnsucht, 1952) von Elia Kazan zum gefeierten Autor wird. Wesentlichen Anteil daran hat der faszinierende Marlon Brando.

Genauer besehen verdient *The Glass Menagerie* diese Mißachtung eigentlich nicht. Mit sehr viel Einfühlungsvermögen beschreibt Tennessee Williams, angelehnt an die Entwicklung seiner eigenen Schwester, das Verhältnis einer sehr besitzergreifenden Mutter zu ihrer körperbehinderten Tochter, auf die sie ihre eigenen unerfüllten Sehnsüchte projiziert. Laura, jung und hypersensibel, flüchtet sich lieber in die imaginäre Welt ihrer Glastiere, »zerbrechliches Symbol ihrer verlorenen Träume«. Um seine Schwester auf andere Gedanken zu bringen, lädt Tom, der Sohn der Familie, einen Arbeitskameraden zu sich nach Hause ein. Jim ist für Laura der Prinz aus dem Märchenland …, aber leider hat er schon seine Prinzessin gefunden. Damit bricht für Laura eine Welt zusammen … Kirk Douglas ist der Darsteller des netten, anziehenden Jim. Da man die Figur »aufgepäppelt« und versucht hat, sie auf ihn zuzuschneiden, erscheint er in den ersten Szenen in der Fabrik als ein ehrgeiziger, junger Mann. Die später notwendige Wandlung, als Laura sich in ihn verliebt, gelingt ihm natürlich nur schwer, so daß er wenig überzeugend wirkt … Arthur Kennedy, schon in *Champion* aufgefallen, verkörpert mit sehr viel Feingefühl den Bruder. Jane Wyman erscheint ebenso zart und zerbrechlich wie die Tiere ihrer Glasmenagerie. Gertrud Lawrence, ein gefeierter Star englischer Revuen und bekannt für ihr Mitwirken in Stücken von Noël Coward, spielt die Mutter. Es sollte ihre letzte Rolle sein, sie starb 1952.[10]

Der Film glich einer trüben, psychologischen Studie, die »grau in grau« gehalten, nicht dazu angetan war, die Gemüter zu erregen; es fehlten zweifellos die Hingabe und Sinnlichkeit eines Marlon Brando, der *A Streetcar Named Desire* zum Erfolg führte … Und Kirk Douglas, so überzeugend er auch war, wirkte

Mit Jane Wyman in ›The Glass Menagerie‹ (1950)

letztlich zu brav, zu sanft, zu charmant: sein äußeres Erschei-
nungsbild paßte eben überhaupt nicht zu der Figur, die er verkörpern sollte ...
Trotz alledem ist Kirk Douglas der neue Hollywoodstar! Nur
zwei Jahre und sieben Filme hat er gebraucht, um diese Spitzenposition einzunehmen. Seit er sein Talent unter Beweis gestellt
hat, führt er die Besetzungslisten aller großen Filmprojekte an.
So offensichtliche Fehlbesetzungen wie in *The Glass Menagerie*
kommen in den folgenden sieben oder acht Jahren kaum mehr
vor.

Mit Arthur Kennedy in › The Glass Menagerie‹ (1950)

Im privaten Bereich hat er sich von seiner Frau Diana Dill getrennt und läßt sich 1951 scheiden. Seine veränderte berufliche Situation ist allerdings nicht dafür verantwortlich. Diana Dill arbeitete seit einiger Zeit auch im Filmgeschäft, und, so meint Kirk Douglas, wenn beide Schauspieler sind, sei die Ehe unweigerlich dem Untergang geweiht.
Der Schauspieler befindet sich jetzt am Anfang einer vielversprechenden Karriere. Es ist bereits die Rede von der Gründung einer eigenen Produktionsgesellschaft. Ein Projekt, das allerdings erst 1955 Wirklichkeit werden soll. Einstweilen profitiert er von dem Recht, auch mit einer anderen Filmgesellschaft als der Paramount drehen zu können und bereitet sich auf die Zusammenarbeit mit einem der begnadetsten Cinéasten Hollywoods vor. Diese Produktion wird ihm endlich Gelegenheit bieten, an seinen Erfolg in *Champion* anzuknüpfen.

4. KAPITEL

Teufelskreis
(1951–1952)

Ace in the Hole oder *The Big Carnival* (Reporter des Satans, 1951) gehört zu einer Serie neuer amerikanischer Filme, die teilweise mit leidenschaftlicher Vehemenz die Unzulänglichkeiten einer Zivilisation zu entlarven suchen. Zielscheibe dieses Films ist der Journalismus, von dem einige leicht ironisch behaupten, er sei »die schönste Berufssparte, die man sich denken könne ...« Nun, Billy Wilder, Drehbuchautor, Produzent und Regisseur dieses Streifens, muß es als ehemaliger Reporter am besten wissen.

Der Aufhänger für sein Projekt ist ein tragischer Unfall aus dem Jahre 1925. Floyd Collins, Touristenführer, wurde in Kentucky in der Grotte »Sand Cave« von einem herunterstürzenden Felsbrocken eingeklemmt, wobei er sich zunächst nur das Bein brach.

William Burke, genannt »Skeets« Miller, Journalist einer kleinen Zeitung in Louisville, eilt herbei und hilft aktiv bei den Rettungsarbeiten mit.

Sie dauern achtzehn Tage; achtzehn Tage voller Anstrengungen, Ungewißheiten, Ängsten und Hoffnungen ... achtzehn Tage lang auch ausführliche Berichte in Amerikas Zeitungen über den jeweiligen Zustand des Eingeschlossenen. Doch Floyd Collins kann nicht gerettet werden, er stirbt, und »Skeets« Miller erhält für seine Berichterstattung den Pulitzer-Preis.[1]

Billy Wilder sagt dazu[2]: »Man kann Web Miller keinen Vorwurf machen, er hat getan, was er konnte. Er hat nicht ein einziges Mal versucht, die Geschehnisse im eigenen Interesse hochzuspielen.«

Diese Geschichte, die über mehrere Jahre die Presse in den Vereinigten Staaten beschäftigt hat, soll hier noch einmal wiedergegeben werden.

Floyd Collins liegt in zwanzig Meter Tiefe eingeklemmt in einer sehr engen Spalte. Die Zeitungen schreiben: »Er steckt fest wie ein Korken in einem Flaschenhals.« Der Zugang ist äußerst

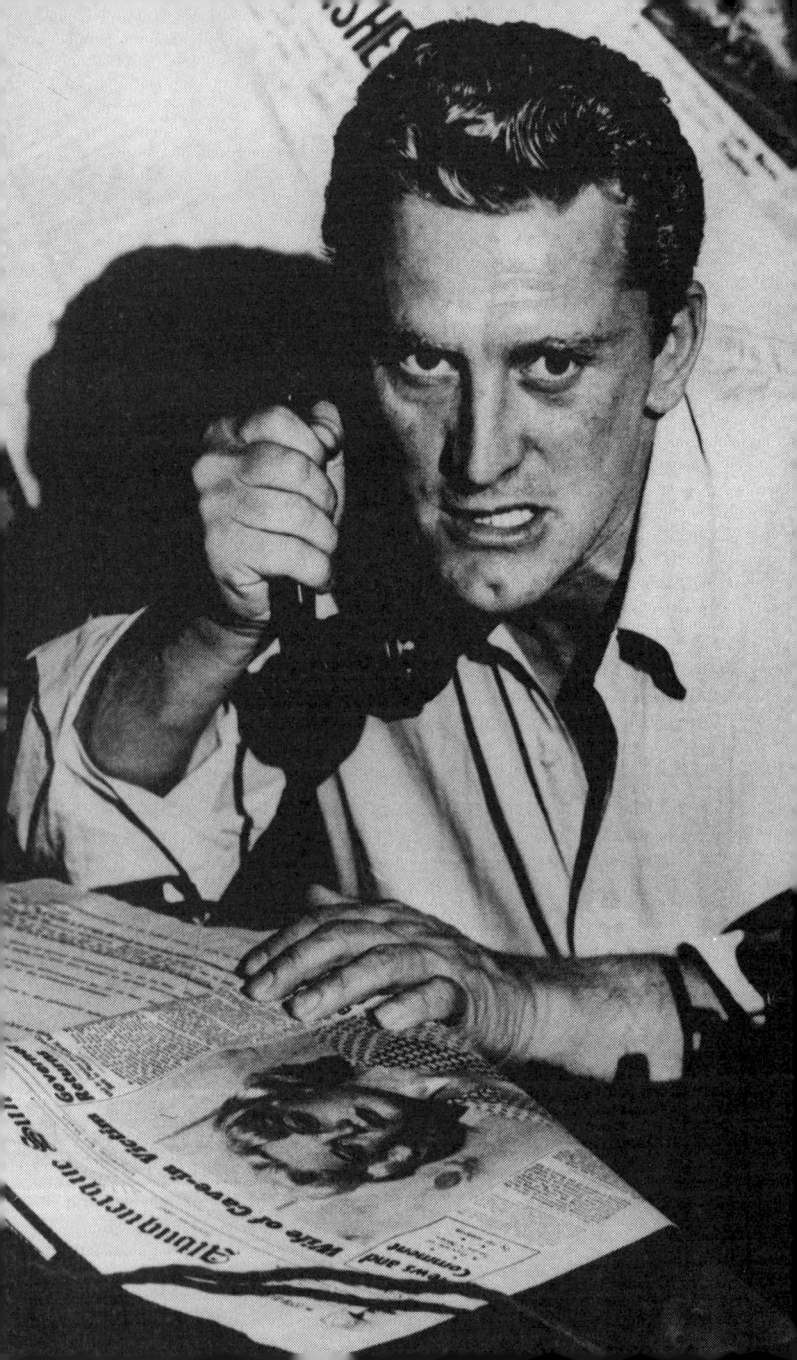

schwierig, und nur Miller ist aufgrund seiner schlanken Figur in der Lage, ihn zu erreichen. Eine Bergung Collins' durch diesen engen Spalt ist jedoch nicht möglich, woraufhin man von oben her einen vertikalen Schacht bohrt. Die Aufgabe Millers besteht im wesentlichen darin, Collins mit Nahrung zu versorgen und ihm moralischen Beistand zu leisten. Unglücklicherweise kommt es in diesen Tagen zu einem weiteren Erdrutsch, so daß der Verunglückte einige Tage vollkommen von der Außenwelt abgeschlossen ist. Als man am 16. Februar wieder Kontakt zu ihm aufnehmen kann, ist er bereits tot. Selbst den Leichnam kann man nicht bergen, da es nicht möglich ist, bis zur Unglücksstelle vorzudringen. Erst einige Monate später kann er herausgezogen und beerdigt werden!

»Skeets« Miller, der aufgrund dieser traurigen Berichterstattung zu nationalem Ruhm gelangt war, sah sich mehrfach zu Rechtfertigungen veranlaßt.[3] Aus seinen detaillierten Schilderungen geht unmißverständlich hervor, daß er persönlich überhaupt nichts an der fatalen Lage des Eingeschlossenen verändern oder den Verlauf der Ereignisse beeinflussen konnte.

Diese lange Vorgeschichte muß man erzählen, um zu zeigen, wie sehr Billy Wilders Version von den tatsächlichen Geschehnissen abweicht, und daß diese lediglich als Aufhänger dienen, um eine bestimmte Form von Sensationspresse anzuprangern. Folglich zeigt Kirk Douglas in der Rolle des Charles Tatum – alias Skeets Miller – einen Journalisten von unübertroffener Härte und Abgebrühtheit; seine Amoralität und seine kalkulierte Kaltschnäuzigkeit ersticken jede menschliche Regung. »Billy Wilder schuf ganz bewußt einen extrem widerwärtigen ›Helden‹, der die Korruptheit und Unlauterkeit einer Berufsgruppe in sich vereinigt, die ihrerseits für ein Massenphänomen steht: nämlich die krankhafte Neugierde des gemeinen Volks.«[4] Charles Tatum ist also weniger eine reale Person als vielmehr das personifizierte Abbild von Niedertracht und Gemeinheit.

»Nimm hundert in der Tiefe Eingeschlossene«, sagt Tatum zu Herbie, einem jungen Photographen, »kein Mensch wird sich für sie interessieren. Aber gib mir einen, nur einen einzigen, und laß ihn hier eine Woche verschüttet sein! Ich garantiere dir, daß ich damit die Schlagzeilen der gesamten Presse in den Vereinigten Staaten füllen werde. Die Leute wollen genau wissen,

Ein Desperado in Sachen Berichterstattung in ›Ace in the Hole‹ (1951)

wer er ist, was er macht und was er denkt! Gib mir diesen einen für eine Woche, und die ganze Nation leidet mit ihm in dieser miserablen, dreckigen Höhle!«

Tatum, besessen von seiner verwerflichen Leidenschaft und süchtig nach Ruhm und Ehre, verzögert die Rettungsarbeiten, um Zeit für seine eigennützigen Recherchen zu schinden. Nur der eintretende Tod des unglücklichen Minosa kann ihm Einhalt gebieten ...

Unter den Filmen, die sich kritisch mit der Rolle der Presse auseinandersetzen[5], gibt es kaum einen ehrlicheren, offeneren,

Der »Jahrmarkt« in ›Ace in the Hole‹ (1951)

Mit Jan Sterling und Bob Arthur in ›Ace in the Hole‹ (1951)

kompromißloseren als diesen. Und genau darin, in dieser bedingungslosen Aufrichtigkeit, verbunden mit fast naivem Streben, alles bis zum Letzten aufdecken zu wollen, liegt sein Fehler. Billy Wilder und seine Mitarbeiter – allen voran Kirk Douglas – glaubten treuherzig, ein gutes Werk zu tun … Doch damit unterlagen sie einer Täuschung, denn sie konnten kaum erwarten, daß eine Institution wie die Presse sich einerseits in einem Film aufs heftigste attackieren läßt, andererseits aber für eben diesen Film die nötige Publicity liefert!

Schon allein der Titel *Ace in the Hole* (etwa: Ein As im Ärmel) wurde von der Kritik als beleidigend empfunden, so daß man den Streifen 1952 in den Vereinigten Staaten *The Big Carnival* nannte, was aber auch keine größere Zustimmung fand, obwohl der neue Titel weniger auf die üblen Machenschaften der Presse, als vielmehr auf die Dummheit und Sensationslust der breiten Masse anspielt. Einer Masse, die sich vor allem durch unermeßliche Neugier, die bis zur Blutrünstigkeit geht, auszeichnet: Zu Hunderten pilgerten sie täglich an den Unglücksort, ließen sich dort nieder, lachten, aßen, sangen, beteten – taten alles, um das »Ereignis gebührend zu würdigen«. Blinde Sensationsgier! Wenn man einen von ihnen interviewte, »baute er sich wichtigtuerisch vor dem Mikrophon auf und stellte seine kleinen, persönlichen Erlebnisse in den Vordergrund, wenn er nicht sogar Reklame für seine Geschäfte machte«.[6] Kirk Douglas, der diesen Film immer als »exzellent« beurteilt hat, bezeichnet dieses »Verhalten als typisch für den Durchschnittsamerikaner«.[7]

Das amerikanische Publikum hat Billy Wilder dieses gnadenlose Plädoyer nie verziehen. Bei der Oscarverleihung wird sein Werk total ignoriert. Nur in Europa, das zu jener Zeit die Dinge noch unbelasteter sah, erhielt es seine ihm gebührende Anerkennung: den internationalen Preis der Biennale in Venedig 1951. Diese Auszeichnung steigerte selbstverständlich in Europa den Berühmtheitsgrad des Hauptdarstellers Kirk Douglas.

Im April 1952 rühmt Lo Duca auf seine Art die Qualität der Interpretation: »Da man die Gesichter der Schauspieler vorher kaum kannte, hatte man den Eindruck, daß sie gar keine sind. Ein größeres Lob kann man ihnen kaum spenden.«[8] Gilbert Salachas dagegen schreibt: »Kirk Douglas entspricht äußerlich genau dem Typ, den er darzustellen hat, ist aber zusätzlich ein vortrefflicher Schauspieler. Seine Darstellung – obwohl Charles Tatum schon fast zu widerlich ist, um wahr zu sein – ist ebenso ergreifend wie seine früheren Interpretationen des Boxers (in *Champion*) oder des Jazztrompeters (in *Young Man with a Horn*)«[9] ... Raymond Borde und Etienne Chaumeton vermuten ihrerseits, daß »zwanzig Jahre früher die Zensur das Erscheinen dieser grausamen Chronik, die vom wahren Geschehen entscheidend abweicht, verhindert hätte ...«[10]

Die einzige Schwäche dieses Films ist sein theatralisches Ende: Tatum wird von der Witwe des tödlich Verunglückten durch einen Stich mit der Schere in den Bauch schwer verletzt, bereut sein Vorgehen und stirbt. Das ist ein offenkundiges Zugeständnis an die herrschende Moral. Walter Neuman, Co-Autor des Films, bestätigt das in einem Interview mit Rui Nogueira[11]: »Der Mord an Douglas durch Jan Stirling ergab sich, soweit ich mich erinnern kann, aus der damaligen Logik des Kinos: Tatum hatte einen schlechten Charakter, also mußte er sterben; die einzige Möglichkeit, ihn sterben zu lassen, die uns einfiel, war die vorliegende ...«

Abgesehen von diesem fast unvermeidlichen Nachteil, verdient dieses filmische Pamphlet vor dem Hintergrund des McCarthyismus, der Amerika in den fünfziger Jahren heimsuchte, größte Bewunderung.

In den folgenden Jahren gewannen Billy Wilders Arbeiten ebenso an Subtilität hinzu, wie sie an unbeirrbarer Bissigkeit verloren. Keinesfalls aber ging er dazu über, seine Anklagen durch allzuviel schwarzen Humor gegenstandslos zu machen. »Wenn ich etwas mehr hasse, als nicht ernst genommen zu werden«, erklärt er einmal[12], »dann ist es, zu ernst genommen zu werden.« Wilder hat eigentlich nie aufgehört, auf die »verdächtige Anziehungskraft schmutziger Geschäfte«, wie Gilbert Salachas es nennt, aufmerksam zu machen.

Wenn *Ace in the Hole* auch nicht die ihm zustehende Anerkennung findet, so verzeichnet immerhin Kirk Douglas einen neuen persönlichen Erfolg.

Aufgrund seines »natürlichen Zynismus«, wie einige Rezensenten schreiben, läßt er keinen Augenblick Zweifel an der schier unvorstellbaren Unmenschlichkeit seiner Figur aufkommen, er zeigt einen »Desperado in Sachen Berichterstattung«, wie er kälter und berechnender nicht sein könnte. Kirk Douglas scheint prädestiniert für Charaktere, die im Grenzbereich des Möglichen agieren. Das Mittelmäßige liegt ihm ebensowenig wie Nuancierungen. Charles Tatum galt lange Zeit als Prototyp des grausam-durchtriebenen, fanatischen Menschenverächters. Kirk, der seit *Ace in the Hole* ein Protokoll führte, in dem er Anmerkungen zum Drehbuch, aber auch persönliche Vorschläge niederschrieb, vermerkte hinsichtlich seiner Rollengestaltung, daß er Tatum anfänglich gern weicher gestaltet hätte, um seine spätere Schamlosigkeit krasser hervorkehren zu können.

Doch Wilder hat dem offenbar keinerlei Beachtung geschenkt, so daß Kirk sich in späteren Filmen die Erfüllung seiner Wünsche vertraglich garantieren ließ.

Am Rande sei berichtet, daß im Jahre 1977 in den Vereinigten Staaten ein Höhlenforschungsbericht erschien, der im Zusammenhang mit *Ace in the Hole* eine Anzeige wegen Plagiats gegen die Paramount und gegen Billy Wilder erwähnte. Die Anzeige war von einem Autor namens Victor Desny erstattet worden, der im Prozeß, der 1956 vor dem Obersten Gerichtshof von Kalifornien stattgefunden hatte, recht bekommen hatte. Die Geschichte Floyd Collins' war in der Tat am 27. Mai 1951 als Fernsehspiel in der Serie »Philco Playhouse« der N.B.C. über die Bildschirme geflimmert. Kein heute erreichbares Dokument enthält allerdings den Namen seines Autors. Ob es sich um denselben handelt?

Richard Benedict, in Wilders Film der Darsteller des Eingeschlossenen, wurde später beim amerikanischen Fernsehen Regisseur.

Nach den Filmen von Jacques Tourneur, Joseph Mankiewicz und Billy Wilder wechselt Kirk Douglas das Genre und macht mit einer ganz anderen Art von Film Bekanntschaft: Er dreht mit Raoul Walsh einen Western. Er lernt deshalb reiten und schießen; Qualifikationen, die in Zukunft für ihn noch sehr wichtig werden sollten. Diese Sparte nämlich wird schon bald sein bevorzugtes Betätigungsfeld sein.

Das Drehbuch zu *Along the Great Divide* (Den Hals in der Schlinge, 1951) entstammt ganz offensichtlich der Trivialliteratur: Ein Sheriff (Kirk Douglas) erhält den Auftrag, einen alten Mann (der köstliche Walter Brennan), der im Verdacht steht, den Sohn eines Farmers getötet zu haben, in die Stadt zu bringen, wo man ihm den Prozeß machen will. Ann (Virginia Mayo), die hübsche Tochter des Alten, legt Wert darauf, ihn zu begleiten, da sie von seiner Unschuld überzeugt ist. Auf ihrem schwierigen Weg durch die Wüste gerät der Gesetzeshüter in einen persönlichen Zwiespalt: Er fühlt sich von der scheuen Ann angezogen, ist aber gleichzeitig verpflichtet, ihren Vater der Justiz zu übergeben. Liebe oder Pflichterfüllung? Der Film, eine leicht verwässerte Variante des »Cid«, löst das Problem wie erwartet und deshalb wenig überzeugend: Ein plötzlich auftretendes Indiz ermöglicht es dem Sheriff in letzter Minute, den wahren Schuldigen zu entlarven und den zu Unrecht verurteilten Alten zu retten. So kann er sich getrost und glücklich in die Umarmungen seiner Angebeteten schmiegen.

Mit Walter Brennan, Virginia Mayo und Ray Teal in ›Along the Great Divide‹ (1951)

Der Streifen, dessen Absichten viel zu hoch angesetzt sind, lebt im wesentlichen von seinen Bildern und der Ausstattung. Er bestand nur aus Außenaufnahmen. Die Mohavewüste, die als Kulisse für die Aufnahmen diente, ermöglicht eine seltene Authentizität des Ortes: Die drückende Hitze des Tages und die beißende Kälte der Nacht sind gleichsam körperlich spürbar. Dieser Aspekt hat den Regisseur wohl auch am meisten herausgefordert[14]: »In *Along the Great Divide* weht der Wind, fliegt der Staub hoch, wird vom Wind weggeweht, in fast jeder Einstellung ...«

Zweifellos fühlte sich Kirk Douglas im Dienste einer photogenen, reizvollen Landschaft »verheizt« und lehnt deshalb diesen Film noch heute ab. Seine Frustration ist verständlich, wenn man bedenkt, daß er vorher *Ace in the Hole* gedreht hat.

Nachdem Kirk Douglas seinen Vertrag mit Warner erfüllt hat, kann er unbeschwert ein wesentlich anspruchsvolleres Projekt bei der Paramount angehen: *Detective Story* (Polizeirevier 21, 1951). Das gleichnamige Theaterstück von Sidney Kingsley war am Broadway, mit dem ausgezeichneten Ralph Bellamy in der Hauptrolle, ein großer Erfolg. Dreißig Personen agieren in diesem Schauspiel, das minutiös eine Handlung nachzeichnet, die etwa zwischen halb sechs und acht Uhr angesiedelt ist. Die Kinoversion übernimmt bis auf eine kleine Ausnahme (eine kurze Szene in einem Polizeifahrzeug) diese Einheit von Zeit, Ort und Handlung, wobei die Umsetzung äußerst raffiniert ist. Teilweise überschneiden sich innerhalb einer Einstellung zwei Szenen von unterschiedlicher Tiefenschärfe, freilich technisch so brillant gemacht, daß die Konzentration des Zuschauers keinesfalls beeinträchtigt wird. Auf dem Regiestuhl saß bei dieser Produktion einer der größten und anspruchsvollsten Regisseure Hollywoods: William Wyler.
Auf der Leinwand erscheinen größtenteils dieselben Schauspieler wie auf der Bühne: allen voran Joseph Wiseman, der hier seine erste Filmrolle spielt, sich in der Folgezeit aber, obwohl immer noch dem Theater verbunden, im Filmgeschäft vielfach profilieren kann. Lee Grant wird für ihre Darstellung einer Taschendiebin in Cannes für die beste Nebenrolle ausgezeichnet. Sie wird auch für den Oscar nominiert, muß ihn jedoch Kim Hunter für ihre Rolle in *A Streetcar Named Desire* (Endstation Sehnsucht, 1952) überlassen.
Ruhm und Ehre haben Kirk Douglas noch nicht verführt, von seiner strengen Berufsauffassung abzuweichen. Getreu seinen Gewohnheiten, verbringt er mehrere Tage in einem New Yorker Polizeirevier und macht sich mit der dortigen Atmosphäre vertraut.
Die Vorbereitungen im Studio sind langwierig und kompliziert. Endlose Proben finden vor Drehbeginn statt, denn Wyler will Szene für Szene des gesamten Ablaufs minutiös »durchstellen«. Die dichte und kompakte Handlung des Bühnenstücks muß auf einhundertfünf Filmminuten komprimiert werden. Zufälligkei-

ten sollen von Anfang an ausgeschaltet werden. Bis zum Umfallen wird jeder Gang und jede Bewegung wiederholt, jede Bildeinstellung wird überprüft und millimetergenau festgelegt, die Beweggründe für die Handlungsweise der einzelnen Schauspieler werden systematisch herausgearbeitet. Die »Generalprobe« findet an einem Abend in Phoenix statt, wo Kirk Douglas an Stelle von Ralph Bellamy spielt. Wyler sitzt im Zuschauerraum und schaut mit größter Aufmerksamkeit zu. Danach wird ge-

Mit Virginia Mayo in ›Along the Great Divide‹ (1951)

›Detective Story‹ mit Horace MacMahon und William Bendix

dreht; in nur vier Wochen ist der Film fertig, eine extrem kurze Zeit für den Mann, von dem man seit *The Best Years of Our Lives* (Die besten Jahre unseres Lebens, 1946) Drehmarathone gewohnt war.

Detective Story ist die grandiose Demonstration eines Kinos, das seine Ursprünge nicht verleugnet, sondern sie im Gegenteil akzeptiert und das Beste davon übernimmt: Das Ergebnis ist beispielhaft verfilmtes Theater, wie man es sonst nur noch von Laurence Olivier und Joseph Mankiewicz kennt.

Rechts: Mit Eleanor Parker in ›Detective Story‹ (1951)

66

In ›Paths of Glory‹ mit Georges Macready und Richard Anderson

folgten nicht dem üblichen Hollywood-Schema, das die harte
Männlichkeit, die unbedingte Pflichterfüllung und den Haß der
Feinde hervorkehrte, sondern entpuppten sich als ein grausiges
Spiel mit dem Leben anderer. Hier ist »das Gesicht des Krieges
nicht von jener Begeisterung und Heldenhaftigkeit des Soldaten
gekennzeichnet, der stolz ist, für sein Vaterland zu sterben, sondern von der nackten physischen Angst und Verzweiflung angesichts einer sinnlosen Schlächterei …«[9]
Dieses Werk ist nicht nur eine bloße Feststellung, sondern vor
allem ein Plädoyer. Ein rebellischer Aufschrei gegen die Ungerechtigkeit, und die Ungleichheit, gegen das Elend der Unteren
und die Privilegien der Oberen. Seine Aussage hat überhaupt
nichts mehr mit den kriegstreibenden Produkten Hollywoods zu
tun, die Ende des Zweiten Weltkrieges entstanden sind. Die
Auseinandersetzung findet nicht mehr mit dem deutschen oder
japanischen Feind statt, sondern wird innerhalb der Armee,

129

zwischen den einfachen Soldaten und den Befehlshabern, ausgetragen. Das eigentliche Thema dieses Films ist der Klassenkampf.

Ursprünglich wollte Kubrick, um die Thematik zu verallgemeinern, sein Sujet in einer imaginären Armee ansiedeln. Aber letztendlich hat er mit der französischen Armee eine kluge Wahl getroffen, denn nach Zeugenaussagen sollen im Ersten Weltkrieg an die zweitausend Soldaten »aus Abschreckungsgründen« erschossen worden sein. Zweitausend Männer wurden hingerichtet, um die Dummheit und Inkompetenz einer Handvoll Generäle zu vertuschen! Zweitausend Männer ermordet und einige Jahre später von der Regierung rehabilitiert! Die Witwen erhielten einen Franc (!) Schadenersatz (was den Tatsachen entspricht), was für den Staat keine große Ausgabe war, aber die aufgebrachten Gemüter beruhigte ...

Dadurch, daß Kubrick seine Geschichte geographisch fixierte, ging er das Risiko einer bestimmten konkreten Aussage ein. Und in der Tat haben einige Kritiker dies mit offensichtlicher Böswilligkeit zum Anlaß genommen, das übergeordnete Anliegen dieses Films und dessen Tragweite einfach zu negieren, so William K. Zinser in der »New York Herald Tribune«: »Man kann doch nicht im Ernst glauben, daß diese charakterlosen Männer soviel Macht gehabt haben sollen und daß die französische Militärgerichtsbarkeit derartig korrupt gewesen sein soll! *Paths of Glory* ist nicht mehr als ein unwahrscheinliches Drama von sehr beschränkter Aussagekraft.«[10] Es ist nicht ganz einfach, sich eine so offensichtliche Vogel-Strauß-Politik zu eigen zu machen!

Kubrick wäre unwidersprochen geblieben, wenn er behaupten würde, »der Erste Weltkrieg hätte nur dazu gedient, den Zweiten Weltkrieg vorzubereiten«. Das Werk erreicht seine Allgemeingültigkeit da, wo es, wie Freddy Buache[11] schreibt, »mit bestimmten falschen Prinzipien aufräumt, die Krieg, Militarismus und chauvinistischen Patriotismus zum Dogma erheben«.

Der Film ist nicht nur, wie Jean-Pierre Coursodon und Bertrand Tavernier[12] schreiben, »eine wahre Augenweide für Kameraspezialisten«, sondern auch und vor allem ein hervorragendes Zusammenspiel von Inhalt, Stil und darstellerischer Leistung. Man muß *Paths of Glory* als Gesamtwerk betrachten, dessen

Als Colonel Dax in ›Paths of Glory‹ (1957)

drei Elemente ungewöhnlich harmonisch aufeinander abgestimmt sind. Die berühmten langen Kamerafahrten in den Schützengräben – die technisch gesehen zweifellos die einzig mögliche Methode waren – haben aber darüber hinaus den Sinn, das Elend der Soldaten und die Gleichgültigkeit des Generalinspektors zu beschreiben. Die weiche Kamera entlarvt die tiefe Verachtung des Generals, seine Gleichgültigkeit und Arroganz gegenüber dem kleinen Soldaten. Die brillante Technik täuscht nicht ein einziges Mal über das karge, nüchterne Anliegen der Geschichte hinweg oder verselbständigt sich gar. Selbst der Angriff von Fourmillière, einer der dramatischen Höhepunkte des Films, wirkt trotz zahlreicher Kameraeinstellungen wie eine Szene aus einem Dokumentarfilm: selten war eine Kriegsszene undramatischer und zugleich realistischer als diese. Auch Joseph Losey bedient sich in *King and Country* (King and Country – Für König und Vaterland, 1964), der ein ähnliches Thema behandelt, dieses nüchternen, kargen Stils, der bei ihm zeitweilig an die starren Szenenabläufe auf der Bühne erinnert. Zweifellos wird dadurch das Dargestellte besser hervorgehoben, auf die Dauer aber wirken diese Bildfolgen ermüdend und einschläfernd.

Die europäische Premiere von *Paths of Glory* findet am 2. Februar 1958 in Brüssel und Antwerpen statt. Von Anfang an finden Auseinandersetzungen zwischen dem Publikum und Kriegsveteranen statt, die mit dem Bild vom französischen Soldaten im Ersten Weltkrieg, wie es hier gezeigt wird, nicht einverstanden sind und den Film deshalb als »skandalös und ehrenrührig« abkanzeln, wobei interessant ist, daß nicht die Haltung des französischen Soldaten im Film angeprangert wird, sondern vielmehr die Art und Weise, wie die Generäle und Befehlshaber mit ihnen umgehen. Eine Flut von anonymen Protestanrufen bricht über den Brüsseler Kinobesitzer herein; man droht ihm an, sein Kino in Brand zu stecken, wenn er den Film nicht absetze. Die französische Botschaft interveniert beim Außenminister, und die belgischen Behörden fordern die Absetzung des Films, um weitere Ausschreitungen zu verhindern … Der Kinobesitzer kann sich diesem öffentlichen Druck nicht länger widersetzen und nimmt den Film aus dem Programm.

Aber damit ist der Fall noch nicht ausgestanden. Die allgemeine Studentenvereinigung der Freien Universität Brüssel organisiert unmittelbar anschließend eine Privatvorstellung und verteilt zu diesem Zweck Flugblätter (Zeugen sprechen von 2000 Besuchern bei nur 500 Plätzen). Nach der Vorführung findet vor dem Rathaus auf dem Großen Platz in Brüssel eine Demonstration gegen die »Repressionsversuche des Militärs« und für das Recht auf freie Meinungsäußerung statt. Die Versammlung geht allerdings in eine Schlägerei über, so daß die Polizei eingreifen muß. Die Berufsvereinigung des Belgischen Filmdienstes veröffentlicht ein Ersuchen um die Wiederaufnahme des Films *Paths of Glory*. Als man ihn wieder ankündigt, wird er durch ein Telegramm der United Artists erneut gestoppt. Das französische Außenministerium hatte über die amerikanische Botschaft in Paris vom Verleih verlangt, noch einmal zu »überdenken«, ob es sinnvoll wäre, diesen Streifen in frankophonen Ländern zu zeigen ... Die französische Botschaft und das Nationale Filminstitut haben, wie man sich denken kann, gegen diese Lügen energisch protestiert. Erst nach einem wiederholten Start in Brüssel lief der Film, unterstützt durch die vorangegangene unfreiwillige Publicity, in den Kinos erfolgreich an.

Ab diesem Zeitpunkt war sein Aufstieg nicht mehr aufzuhalten. Beim Internationalen Filmfestival von Brüssel 1958 gewann er den Prix Chevalier de la Barre[13] und im selben Jahr den Großen Preis der belgischen Filmkritik. Im März 1959 wird er wegen seines »Angriffs auf Frankreichs Justiz und Armee« in der Schweiz verboten. In Frankreich selbst wagt man es nicht, ihn den Zensurbehörden zu präsentieren. Hunderte von Cineasten strömen deshalb nach Brüssel, um ihn dort zu sehen.

In einem Interview mit »Ciné-Revue«, das Kirk Douglas damals gegeben hat[14], bringt er sein Erstaunen über diese Vorgänge zum Ausdruck: »Die Reaktion in Europa auf *Paths of Glory* war für mich völlig unverständlich. Ich war im guten Glauben, daß sich niemand durch diese Dinge, die schließlich seit dem Ersten Weltkrieg bekannt sind, angegriffen fühlen konnte. Davon sind wir bei unserer Arbeit ausgegangen und waren der Überzeugung, ein wichtiges Thema aufgegriffen zu haben. Aber Sie sehen, man darf sich niemals einer Sache zu sicher sein, schon gar nicht im Kino.«

1970 äußert er gegenüber Michel Ciment und Bertrand Tavernier[15]: »*Paths of Glory* liegt mir sehr am Herzen und ich wünschte, er könnte in Frankreich gezeigt werden. Es ist doch merkwürdig, daß ich als Amerikaner ohne Schwierigkeiten den Film *Seven Days in May* (Sieben Tage im Mai, 1964)[16] produzieren konnte, und Sie nicht einmal einen Film ansehen dürfen, der sich mit Ihrer Geschichte befaßt.

In *Seven Days in May* geht es um rechtsgerichtete Generäle, die die Macht ergreifen wollen, und zwar auf ziemlich grausame Art und Weise. Aber der Film ist gezeigt worden. Natürlich haben die Militärs ihn nicht gerade freudig begrüßt, aber immerhin konnte er gespielt werden ...

Was gibt es bei Ihnen über den Ersten Weltkrieg? ...«

Dieser »Sturm im Wasserglas« fand aber am 26. März 1975 sein endgültiges Ende, als in Paris die offizielle französische Uraufführung stattfand.

Kirk Douglas hat allen Grund auf seine Darstellung des Colonel Dax stolz zu sein. Man könnte versucht sein, den Dax für eine wunderbare Rolle zu halten. Aber die Schwierigkeit liegt in seiner Konzeption begründet: Dax verkörpert das, was wir, die Zuschauer, über die Vorgänge im Film denken; er ist weniger eine eigenständige Person als vielmehr eine moralische Instanz. Als solche steht er unentwegt im Zentrum des Geschehens und genießt unsere bedingungslose Sympathie, denn er ist »unser Mann«. Eine Aufgabe, die einem Schauspieler nicht unbedingt zum Vorteil gereicht, denn er ist verführt, sie für sich und seinen persönlichen Erfolg unehrenhaft auszunützen. Nicht Kirk Douglas! Obwohl Dax von Haß, Wut und Ohnmacht erfüllt ist, gibt der Schauspieler seine zurückhaltende Spielweise nicht auf, um die wahren Helden dieses Dramas, die drei verzweifelten Soldaten, nicht in den Hintergrund zu drängen ...

Douglas, der in seinen früheren Rollen gern über das Ziel hinausschoß und sich nicht gerade unbescheiden in Szene setzte, verdient für dieses außergewöhnliche Maß an Disziplin und Beherrschung großes Lob. Erst nach der Hinrichtung der drei Verurteilten, als er sich der widerwärtigen Gerissenheit des Generals Broulard ausgesetzt sieht, »leiht er seine Stimme der ohnmächtigen Wut des Zuschauers«[17], wie Gordon Grow formuliert. Abscheu, Ekel, Widerwille gegenüber einer Welt voller Ungerechtigkeiten und Ungleichheiten finden jetzt ihren sichtbaren Ausdruck, wo Douglas/Dax im wahrsten Sinne des Wortes explodiert und Broulard seinen Haß und seine Verachtung entgegenschleudert.

Außerdem gebührt Douglas Dank und Anerkennung für die Förderung dieses großen Regisseurs, dessen skandalträchtigem Unternehmen er seinen Namen geliehen hat.

Nach dieser verdienstvollen Leistung bleibt Kubrick noch einige Monate bei der Bryna unter Vertrag und schlägt verschiedene Projekte vor.

I Stole 16.000 Dollar, die Geschichte eines Bankraubs, und *The German Lieutenant,* das Porträt eines deutschen Offiziers im Ersten Weltkrieg, waren zwei davon, aber Kirk Douglas lehnte sie ab, weil die für ihn in Frage kommenden Rollen »unzureichend« waren. Vermutlich wollte er nicht immer das gleiche spielen!

Er fühlte sich schon seit einiger Zeit mehr und mehr zu einem Genre hingezogen, das er noch nicht kannte: dem Monumentalfilm. Der Anlaß war wohl *Ben Hur* (Ben Hur, 1959), für den er einige Zeit als Titelfigur zur Debatte stand. Die Aussicht, mit William Wyler ein zweites Mal zusammenzuarbeiten, erschien ihm verlockend. Schließlich entschied man sich aber für Charlton Heston und bot Kirk die Rolle des Messala an. Verärgert lehnte er ab und nahm sich vor, selbst einen großen historischen Unterhaltungsfilm zu drehen! Möglicherweise hatte er damals Anfang 1958 schon *Spartacus* (Spartakus, 1960) im Kopf, aber dieses Projekt hätte viele Monate der Vorbereitung benötigt.

So ging er ein anderes, etwas bescheideneres Großfilmprojekt an, das zwar ein Experiment war, aber dennoch zu einem Meisterstück seiner Art wurde. Nachdem der Vertrag mit Kubrick am 1. Mai 1958 in beiderseitigem Einvernehmen aufgelöst worden war, begann Douglas, die Gelder für einen der spektakulärsten Abenteuerfilme zusammenzutragen: für Richard Fleischers *The Vikings* (Die Wikinger, 1958).

Im Vergleich zu *Paths of Glory* mit seinem moralischen Engagement ist *The Vikings* fast ein Ferienfilm. Er will nichts anderes, als unterhalten – unterhalten allerdings mit ungeheurem Aufwand!

Man sagt, *The Vikings* sei eine einzigartige Herausforderung für Douglas gewesen. Seiner Liebe zum Risiko würde er hier vollends frönen können. Alles, was er besitzt, steckt er in diese Produktion, die in jeder Hinsicht grandios und imposant werden soll. Nach der halben Drehzeit merkt er plötzlich, daß er mit dem vorhandenen Geld nicht auskommt. Es fehlen ihm noch eine Million Dollar! Er stoppt alles, um nach neuen Quellen Ausschau zu halten, nimmt Anleihen auf, verschuldet sich hoch …, aber nimmt die Arbeit wieder auf und führt sie ohne weitere Zwischenfälle zu Ende. Der Film sollte ursprünglich

Der Endkampf zwischen Tony Curtis und Kirk Douglas in ›The Vikings‹ (1958)

drei Millionen kosten, überschritt schließlich aber die Fünfmillionengrenze! Es war einer der teuersten Filme in jenem Jahr, und ein kommerzieller Mißerfolg hätte seinen Hersteller total ruiniert.

»Als ich mit *The Vikings* anfing«, erzählt er Jo Van Cottom[18] im September 1958, »sagte man mir häufig, es sei alles viel zu bombastisch. Aber Mike Todd, der eine außergewöhnliche Persönlichkeit war, beruhigte mich: ›Laß dich nicht von diesen Angsthasen einschüchtern! Es wird immer genug Leute geben, die grandiose Filme mögen! ...‹«[19]

Daraufhin haben Kirk Douglas und sein Regisseur Richard Fleischer, mit dem er vier Jahre vorher *20000 Leagues under the Sea* gedreht hatte, keine Ausgabe gescheut, um ein nach Sensationen und Mammutspektakeln hungerndes Publikum zufrieden-

zustellen. Die Geschichte selbst, nach einem ausgezeichneten
Roman von Edison Marshall entstanden, vermag es, den Zuschauer über zwei Stunden zu fesseln, was in diesem Genre selten der Fall ist, denn meist ist der Handlungsfaden dünn und ohne Verästelungen und Überschneidungen.
Hier wird eine Geschichte erzählt, die sich über zwanzig Jahre
erstreckt, die zahllose überraschende Wendungen nimmt, der

Widersprüchlichkeit von Menschen gerecht wird und persönliche Bezüge aufrollt, ohne deshalb spektakuläre Aktionen und
Waffenkämpfe, wie zum Beispiel die kinematographisch bemerkenswerte Schlußszene auf dem Schloßturm, zu vernachläs-
sigen.
Die Wikingerschiffe wurden den Originalschiffen, die im Osloer
Museum stehen, nachgebaut. Die Außenaufnahmen wurden in
norwegischen Fjorden und an der englischen Küste gedreht; die
Schloßszenen in der Nähe von Dinard/Bretagne auf Fort La
Lotte, die Studioszenen in München. Für die Schiffsbesatzung
engagierte man dänische und norwegische Ruderer. Der historische Hintergrund der Geschehnisse wird in einem Animations-
film vorweggenommen, der in Anlehnung an die Tapisserien
von Bayeux in den Studios U.P.A. entstanden ist. Die Kamera-

führung oblag dem damals »weltweit besten Kameramann«
Jack Cardiff[20], und die Musik komponierte Mario Nascimbene,
dessen glänzende Einfälle den epischen Charakter der Handlung noch verstärkten. Besonders gelungen sind die glorifizie-
renden Klänge, die das Wikingerschiff begleiten, als es in den
Fjord einläuft. Es geht das Gerücht, Sergio Leone habe als Regisseur des zweiten Produktionsstabes mit Fleischer zusammengearbeitet. Wenn man allerdings Robert Aldrichs Ausführun-
gen über die beruflichen Fähigkeiten des obengenannten[21] liest,
erscheint dessen Mitwirkung an diesem Projekt zweifelhaft.

Das Resultat ist auf jeden Fall ein herrliches, abwechslungsreiches Epos, das den Zuschauer optimal zu fesseln vermag und es ihm ermöglicht, seine Alltagssorgen zu vergessen. Es ist gleichzeitig eines der überzeugendsten Dokumente jener Zeiten, von denen man relativ wenig weiß. Obgleich die Story sehr geschickt aufgebaut ist und der klassische Ritterroman deutlich seine Spuren hinterlassen hat, ist eine historische Authentizität höchst wahrscheinlich. Allerdings fällt es aus unserer heutigen gesellschaftlichen Warte heraus schwer, sich eine menschliche Gemeinschaft vorzustellen, in der so viel Grausamkeit und Sadismus geherrscht haben soll. Die Bilder wiederum vereinigen alles samt sinnlicher Urwüchsigkeit zu einem harmonischen Ganzen. Michel Mardore war einer der ersten, der Fleischers geschickte Ausnutzung des Breitwandformats[22] erkannt hat.

Kirk Douglas verkörpert Einar, den Sohn des Wikingers Ragnar. Dieser wird von Ernest Borgnine dargestellt. Douglas ist der einzige Wikinger – der Dialog belegt es –, der keinen Bart trägt. Der Schauspieler hatte immer schon eine gewisse Abneigung, sein berühmtes Grübchen unter einer Behaarung zu verstecken. Wenn er sich in seinem Leben einen Bart wachsen ließ, dann immer nur im Zusammenhang mit einer Rolle: in *Ulysses, Lust for Life, The Light at the End of the World* und *Scalawag* (1973). Selbst einen Schnauzbart legte er sich verhältnismäßig selten zu: im dritten Teil von *The Bad and the Beautiful,* als Doc Holliday in *Gunfight at the O.K. Corral,* dann in *The Brotherhood* (1969), *A Gunfight* (1971) und in *Posse* (Männer des Gesetzes, 1978).

Für die *Wikinger* hat sich Kirk Douglas eine wesentlich spektakulärere Entstellung einfallen lassen: In seiner zweiten Szene verliert er ein Auge. In diesem Zusammenhang stellt sich die Frage nach einem gewissen Masochismus dieses Schauspielers, der, nachdem es ihm anscheinend noch nicht genügt, mit seinen Rollen den Haß und die Verachtung des Zuschauers auf sich zu ziehen, mit einer stattlichen Anzahl von physischen Behinderungen in seinen Filmen aufwarten kann: in *Champion* wartete er nach seinem Kampf um den Weltmeistertitel mit einem entsetzlich angeschwollenen Gesicht auf; Howard Hawks hatte ihm einen Finger in *The Big Sky* amputiert; in *The Juggler* war er ein

Vergeltungsmaßnahme in ›Last Train from Gun Hill‹ (1959), auf der Schulter Earl Holliman

an Leib und Seele geschädigter Überlebender eines Konzentrationslagers; in *Man without a Star* war seine Brust von Narben übersät, die von einem Stacheldrahtzaun herrührten; nach einem Autounfall in *The Racers* konnte er sich nur noch auf Krücken fortbewegen; als van Gogh schnitt er sich vor dem Spiegel mit dem Rasiermesser ein Ohr ab, und nicht zu vergessen Doc Holliday in *Gunfight at the O.K. Corral,* der an Tuberkulose und Alkoholismus leidet.

In der Folgezeit verliert sich diese Vorliebe zugunsten effektvoller Todesarten: in *Spartacus* wird er gekreuzigt, in *Lonely Are the Brave* von einem Lastwagen überrollt, in *The List of Adrian Messenger* (Die Totenliste, 1963) aufgespießt, in eine Schlucht gestürzt in *The Way West* (Der Weg nach Westen, 1967), in *There Was a Crooked Man* (Zwei dreckige Halunken, 1970) von einer Klapperschlange gebissen und schließlich in mehreren Filmen von Feuerwaffen niedergestreckt: in *The Last Sunset,* in *Cast a Giant Shadow,* in *The Brotherhood* und in *A Gunfight.* Nicht erwähnt wurden bisher seine psychischen Qualen: in *Last Train from Gun Hill* (Der letzte Zug von Gun Hill, 1959) wird seine Frau erschlagen, in *Two Weeks in Another Town* und *The Arrangement* (Das Arrangement, 1969) leidet er an Depressionen und versucht, sich umzubringen.

Dieser Katalog ist eindeutig: Der Schauspieler gründet seinen Ruf nicht allein auf seine Darstellung vom »Bösen«, sondern bezieht darüber hinaus die Attraktivität von Sadismus und Bestialität, die auf die breiten Massen eine besondere Anziehung ausüben, in sein Spiel mit ein.

Zugegebenermaßen, der einäugige Wikinger Einar besitzt eine unwiderstehliche Faszination. Seine Rolle hebt sich deutlich von der seines Halbbruders Eric (Tony Curtis) ab, der die schöne Prinzessin Morgane heiratet, nachdem ihm der hitzköpfige König Aella die Hand abgeschlagen hat ... Kirk Douglas gefällt sich offenbar in seiner Grausamkeit und Häßlichkeit, die ihm beim Zuschauer Abneigung und Widerwillen einbringen. Nachdem er im Schwertkampf gegen Eric glorreich unterlegen ist, finden Bestattungsfeierlichkeiten von grandioser Schönheit statt.

Als Produzent und Hersteller dieses Films ist Kirk Douglas ausnehmend stolz auf diesen Film. Dazu hat er auch, das muß man wieder einmal feststellen, allen Grund. *The Vikings* zählt zu seinen fünf bevorzugten Filmen.

Nach dem großen Erfolg von *Gunfight at the O.K. Corral* vereinigt Hal Wallis das Team dieses Streifens erneut zu einem Western: *Last Train from Gun Hill*. Die Regie führt wieder John Sturges; Kamera, Musik, Schnitt und Ausstattung besorgen dieselben, schon bewährten Männer, und Kirk Douglas spielt zum drittenmal neben Anthony Quinn. Obwohl »sämtliche Klischees des modernen Western verwendet werden«, obwohl in schamloser Weise *3:10 to Yuma* (Zähl bis drei und bete, 1956) kopiert wird und obwohl in »sehr aufgesetzter Manier«[23] das Thema des Antirassismus eingeschoben wird, kann man den Film als redlich und anständig bezeichnen.

Abgesehen von diesen Einschränkungen beziehungsweise trotz dieser Nachteile, handelt es sich um einen spannenden Film, der durch seine kraftvolle Regie, seine eindringlichen Dialoge und seine klar umrissenen Charaktere auffällt. Ein ausgezeichnetes, für einen Western vielleicht zu intellektuelles Drehbuch vereinigt in gekonnter Weise die verschiedensten Themenbereiche: Rassismus, Gerechtigkeit und Rache sowie die bedingungslose Liebe eines starken Vaters zu seinem schwachen Sohn. James Poe, und das erklärt die Qualität des vorliegenden Buches, ist gleichzeitig Autor so hervorragender Bücher wie *The Big Knife* (Hollywood-Story, 1957; Regie Robert Aldrich) und *Cat on a Hot Tin Roof* (Die Katze auf dem heißen Blechdach, 1958; Regie Richard Brooks). Vor allem aber gelingt es John Sturges, die von Angst und Furcht gezeichnete Atmosphäre einer kleinen Stadt zu beschreiben, die von einem Großgrundbesitzer gnadenlos beherrscht wird. Zum Schluß hin wird die Spannung auf den absoluten Höhepunkt getrieben. Kirk Douglas hat es neben Anthony Quinn, der seine Rolle nuanciert und maßvoll gestaltet, nicht leicht, sich zu behaupten. Wie schon in früheren Filmen rennt er mit haßerfülltem Blick und schmerzverzerrtem Gesicht gegen alles an, was sich ihm und seiner Rache in den Weg stellt. Wieder einmal verkörpert er eine ihm verwandte Figur, deren Verhalten, von Zorn und Verzweiflung gekennzeichnet, sich im Grenzbereich des Normalen bewegt und deren Interpretation ihm dank seiner Veranlagung leichter fällt.

1954 schließen sich Burt Lancaster und Kirk Douglas zu einer Coproduktion zusammen, um eines der erfolglosesten Stücke von G. B. Shaw für den Film zu adaptieren: *The Devil's Disciple* (Der Teufelsschüler, 1959).

In ›The Devil's Disciple‹ (1959) mit Janette Scott und Harry Andrews

Der Dramatiker war 1897 selbst so unzufrieden mit diesem Werk, daß er es in London nicht aufführen ließ. Es kam lediglich in den USA auf die Bühne. In *Variety* ist dagegen nachzulesen: »*The Devil's Disciple* gehört sicher nicht zu den Prunk-Stücken G. B. Shaws, ist aber allemal besser, als der Film es vermuten läßt.«
In der Tat, dem Projekt waren eine Reihe von unglücklichen Umständen vorausgegangen: Burt Lancaster hatte Laurence Olivier die Regie in *Seperate Tables* (Getrennt von Tisch und Bett, 1958) übertragen, sah sich aber kurze Zeit später wieder alleingelassen, da Olivier samt seiner Frau Vivian Leigh, die die Hauptrolle spielte (in der späteren Version spielen David Niven und Deborah Kerr, unter der Regie von Delbert Mann), die Dreharbeiten abgebrochen hatte.

144

Daraufhin bat Burt den britischen Schauspieler, für ihn in einer anderen Produktion mitzuwirken. Vermutlich sind sie dabei auf *The Devil's Disciple* gestoßen, und Sir Laurence, ein Landsmann Shaws, hat eingewilligt.

Alexander MacKendrick, der zunächst als Regisseur vorgesehen war, überließ diese Aufgabe sehr bald dem unscheinbaren

Mit Burt Lancaster in ›The Devil's Disciple‹ (1959)

Während der Dreharbeiten zu › The Vikings‹ (1958) mit Ernest Borgnine, Janet Leigh und Tony Curtis

Guy Hamilton. Das Drehbuch stimmt mit seiner Vorlage vollkommen überein, was darauf hinausläuft, daß der Film ganz eindeutig zu viele Theaterelemente aufweist. Die Mitwirkung des Trios Douglas – Lancaster – Olivier spricht dennoch für sich …

Laurence Olivier bringt seine Schäfchen am sichersten ins trockene. Die Leistung der amerikanischen Akteure kann man eher vergessen: Mit Ruhm haben sie sich nicht eben bekleckert.

Das einzige Lob in diesem Zusammenhang gebührt der Produktionsgesellschaft, die in englischsprachigen Ländern eine originelle Werbung für diesen Film parat hatte: »Burt, Kirk, Larry are coming – by George!«

8. KAPITEL

»Spartakus«
und andere Abenteuer ...
(1960–1961)

Nach der riskanten, aber überaus erfolgreichen Produktion *The Vikings* kann sich Kirk Douglas an das gigantischste Unternehmen seiner Laufbahn heranwagen ...»Meine Firma, die Bryna, hat viel vor«, vertraut er J. V. Cottom 1958[1] an. »Aus zweierlei Gründen genieße ich meine Unabhängigkeit als Produzent: Erstens kann ich mir meine Rollen selbst aussuchen, und zweitens verdiene ich mehr Geld. Und wenn ich mehr Geld verdiene, kann ich auch größere Risiken eingehen, wie ich es zum Beispiel bei *The Vikings* tun mußte, als das Budget überschritten war. Ich habe alles aufs Spiel gesetzt, mein Geld, mein Haus, sogar meine zwei Autos. Und ich schulde aus genau denselben Gründen der United Artists noch drei Filme. Aber der Einsatz hat sich gelohnt, und ich bin froh, daß mein Film ein Erfolg geworden ist.«

»Mein nächstes großes Abenteuer wird *Spartacus* (Spartakus, 1960) sein«, erzählt er in der gleichen Zeitschrift.[1] »Das kann sensationell werden. Ich bin leidenschaftlich gern Produzent! Man muß zwar ungeheure Risiken auf sich nehmen, muß mit Geld umgehen können und wissen, wie man jeden Dollar möglichst gewinnbringend anlegen kann, aber das Ganze ist sehr lohnend. Schließlich braucht ein Schauspieler von Zeit zu Zeit freie Hand, um das tun zu können, was ihm gefällt.«

Aber Kirk Douglas weiß noch gar nicht, was ihn erwartet. Er schätzt die Produktionskosten auf vier Millionen Dollar, doch während der Dreharbeiten sollte sich die Summe verdreifachen! ... Sie sollte sich auf ca. 13 Millionen Dollar erhöhen. (*Ben Hur* hat 16 Millionen gekostet!)

»Wagen«, sagt er[2], »ich weiß, was dieses Wort bedeutet. Doch wer wagt, gewinnt! Das ist eben der Preis für ein reiches, ausgefülltes Leben. Wenn man Schauspieler ist, muß man Akrobat, Jongleur und Spieler in einem sein. Man riskiert ein Maximum, um ein Maximum zu erreichen.«

Die Vorbereitungen zu *Spartacus* erforderten eine Menge Entscheidungen und deshalb viel Zeit und Geduld. In der Zwischenzeit produzierte Douglas ein weniger anspruchsvolles Unternehmen, in dem er auch die männliche Hauptrolle spielte: *Strangers When We Meet* (1960) von Richard Quine nach einem Buch von Evan Hunter, eines der schönsten Melodramen damals und wohl das beste Werk seines Autors.

Diese detaillierte Beschreibung eines Ehebruchs, der sich im Vorort einer großen amerikanischen Stadt ereignet, zeugt vom Freimut seines Autors, der fern von Hollywoods gekünsteltem Getue dieses »Tabu« behandelt. Der Film, oft an der Grenze dessen, was schicklich ist, entmythologisiert den »American dream« vom »happy end« und den »fürchterlichen Puritanismus« (des Regisseurs eigene Worte), der den Geist Amerikas zersetzt ...

Die bezaubernde Kim Novak gestaltet das subtile Porträt einer schönen, empfindsamen Frau, die sich aus Angst, keinen Mann mehr zu bekommen, viel zu früh gebunden hat. Als sie nun verspätet ihrer großen Liebe begegnet, empfindet sie Scham und Bedauern ...

Larry Coe, Architekt, dargestellt von Kirk Douglas, soll für einen bekannten Schriftsteller (von Ernie Kovacs exzellent gespielt) ein Haus bauen. Parallel zur Errichtung dieses Gebäudes entwickelt sich die Beziehung zwischen Larry und Maggie. Als das Haus steht, stirbt die Beziehung: Larry folgt einem verlockenden Angebot ins Ausland.

Richard Quine ist der Geschichte und vor allem seiner Protagonistin zu sehr verbunden, als daß er diesen simplen Symbolismus in Banalität hätte abgleiten lassen.

Die beiden Hauptdarsteller Novak und Douglas waren während des Drehens in ständige Auseinandersetzungen verwickelt. Ihre Vorstellungen über das Ende der Geschichte und die damit verbundene Entwicklung der Frau gingen völlig auseinander. Kirk Douglas sagt dazu:

»Es gibt sehr subtile, sehr sensible Momente in diesem Film, aber das Ende ist enttäuschend. Kim Novak hat es so gewollt. Ich habe versucht, es abzuwenden, mußte aber letzten Endes nachgeben. Anstelle dieser romantischen Trennung, wo sie den Kragen ihres Mantels hochschlägt und davongeht, wollte ich ein

Als rebellischer Gladiator in ›Spartacus‹ (1960)

Mit Kim Novak in ›Strangers When We Meet‹ (1960)

brutaleres Ende. Da sie nicht mehr zusammen sein konnten, hätte sie sich einen anderen Mann nehmen müssen, nach Möglichkeit den nächstbesten, den Fleischer an der Ecke zum Beispiel. Das wäre spannender gewesen und vor allem stimmiger ... Eine Frau wie diese ist nach einer solchen Liebesgeschichte doch völlig fertig und am Ende ... Ich bedauere diesen Schluß um so mehr, als der Film ganz ausgezeichnete Passagen hat ...«[3]

Die Meinung des Schauspielers sei dahingestellt, wir jedenfalls teilen sie nicht. Endlich einmal hat es ein amerikanischer Film, der mutig genug war, ein heikles Thema aufzugreifen, geschafft, ohne große Worte und ohne große Gesten auszukommen. Viele Kritiker vergleichen ihn wegen seines zurückgenommenen, behutsamen Stils mit einem der Klassiker unter den Melodramen, dem hervorragenden *Brief Encounter* (Begegnung, 1945) von David Lean. Ein größeres Lob könnte man ihm wohl kaum spenden. Nur ein kleiner, typisch amerikanischer Unterschied hat hier über Erfolg und Mißerfolg entschieden: *Brief Encounter* rühmt die mutige Haltung der beiden Liebenden, ihre sozialen Bindungen mit Rücksicht auf die anderen nicht aufgeben zu wollen. Fünfzehn Jahre später tut *Stranger When We Meet* genau das Gegenteil. Der Film verurteilt denjenigen als lax und feige, der nicht in der Lage ist, sich von seiner gesellschaftlichen Angepaßtheit freizumachen und seinen eigenen Weg zu gehen. Die Tatsache, daß Kirk Douglas einer der Beteiligten dieses finanziellen Fiaskos war, wirft ein interessantes Licht auf eine seiner späteren Rollen, die er in *The Arrangement* (von Elia Kazan) spielen wird: Seine Figur widersetzt sich den gesellschaftlichen Gepflogenheiten und Normen aufs äußerste, ohne dabei die Liebe, die ihn mit seiner Freundin verbindet, in Frage zu stellen.

Zum zweitenmal sieht man, nach *The Indian Fighter,* Walter Matthau mit Kirk Douglas zusammen auf der Leinwand. In seiner kleinen Rolle eines frechen, unverschämten Nachbarn, zeigt er Charakterzüge, die für seine Interpretationen typisch werden: Ironie, Nonchalance und eine gewisse Dreistigkeit.

Die Vorbereitungen zu *Spartacus* neigen sich ihrem Ende zu, und Kirk Douglas wird bald zu den »teuersten« und aufwendigsten Produzenten Hollywoods gehören. Sein Sujet richtet sich an ein »intellektuelles, liberales Publikum«, dem sich der Schauspieler selber auch zurechnet.

Der Roman von Howard Fast schildert den Aufstand des Spartakus gegen die römischen Legionen im Jahre 73 vor Christus. Spartakus, Sklave wie sein Vater, wiegelt mit seinen 78 Leuten alle übrigen Leidensgenossen im Land gegen die Obrigkeit auf und entfacht einen wahren Sklavenaufstand im gesamten Römischen Reich. Innerhalb von zwei Jahren stellt er eine Armee mit neuntausend Mann zusammen, die an den Flanken des Vesuv ihre Stellungen beziehen. Mehrere Schlachten enden mit der

Kapitulation beziehungsweise Auflösung römischer Truppen. Erst als der Senat drei Legionen gleichzeitig schickt, werden die Aufständischen von allen Seiten eingekreist und niedergeschlagen. Die sechstausend Überlebenden werden entlang der Apennin-Straße gekreuzigt. Spartakus bleibt unentdeckt. Wahrscheinlich ist, daß er während des Kampfes gestorben ist, aber die genauen Umstände seines Todes werden ewig verborgen bleiben. Seitdem ist sein Name auf der ganzen Welt ein Symbol für Widerstand und Revolte.

Der Roman von Howard Fast ist in einer Hinsicht ungewöhnlich: Spartakus, von dem unentwegt die Rede ist, tritt selber niemals in Erscheinung. Seine Gestalt wird durch das Zeugnis derer heraufbeschworen, die ihn begleiten. Durch diesen literarischen Trick erhält Spartakus eine mythische Dimension. Selbst-

Die brillante Besetzung von ›Spartacus‹ (1960). Von links nach rechts: John Gavin, Joanna Barnes, Tony Curtis, Kirk Douglas, Jean Simmons, Laurence Olivier, Peter Ustinov, Nina Foch und John Dall

Der Aufstand der Sklaven in ›Spartacus‹ (1960). Im Hintergrund (teilweise vom Schwert verdeckt): John Ireland und Harold J. Stone

verständlich war die filmische Umsetzung nicht möglich, ohne dieses Prinzip aufzugeben, schließlich brauchte Spartakus ein Gesicht; am besten das des Star-Produzenten selber ...

Dieses in vielerlei Hinsicht kolossale Werk wird durch mancherlei Umstände zu einer Art Manifest der »amerikanischen Progressiven«. Die Tatsache, daß Kirk Douglas sich dieses Stoffs bemächtigt hat, beweist seine bereits bekannte idealistische Einstellung: Howard Fast hatte sein Buch Ende des Krieges geschrieben, im Eigenverlag herausgebracht und unter der Hand verteilt. Die Presse hatte es totgeschwiegen, denn ... Howard Fast war Kommunist!

Doch nicht genug damit, Douglas geht noch weiter: Er vertraut

Ein Kampf auf Leben und Tod mit Woody Strode in ›Spartacus‹ (1960)

das Drehbuch einem Mann an, der an oberster Stelle auf der »schwarzen Liste« des Senators McCarthy stand: Dalton Trumbo. Trumbo arbeitete seit 1958 für Douglas und seinen Produzenten Edward Lewis. Die Verleihgesellschaft Universal akzeptierte zwar seine Aktivität, untersagte aber seine Namensnennung im Vorspann. Sie bestand auf einem Pseudonym. Das Versteckspiel wurde während der Dreharbeiten von Peter Ustinov aufgedeckt, der in seiner Autobiographie folgendes dazu sagt: »Es war unmöglich, über die wahre Identität des Drehbuchautoren Sam Jackson offen zu reden und zu sagen, daß es kein anderer als Dalton Trumbo war. Ich erfuhr es vom Regisseur Anthony Mann, der das Ganze für eine lächerliche Geheimnistuerei hielt und mich zu Dalton Trumbo mitnahm, der sozusagen im Exil, in einer abgelegenen Straße in Pasadena lebte ...«[4]

Ustinov und Laughton informierten unmittelbar danach die Presse. Um einen Skandal zu vermeiden, gab die Universal nach, und Dalton Trumbo erschien mit voller Namensnennung im Vorspann des Films. Noch vor Ende der Dreharbeiten wurde Dalton von Otto Preminger für *Exodus* engagiert: Dieser Auftrag brachte ihn offiziell und endgültig wieder in die erste Garde amerikanischer Drehbuchautoren. Erst jetzt erfuhr man, daß er unter verschiedenen Pseudonymen in den vergangenen zehn Jahren nicht weniger als dreißig Filmvorlagen geschrieben hatte![5]

Spartacus war von Anfang an mit Problemen belastet. Die Universal hatte Anthony Mann, den großen Westernspezialisten, als Regisseur verlangt, und Kirk Douglas war damit nicht einverstanden. »Ich habe nichts gegen diesen Regisseur«, sagte er[6],

Mit Jean Simmons in ›Spartacus‹ (1960)

»aber ich fand, daß er für dieses Projekt nicht der richtige Mann war. Da die Studiogesellschaft auf seiner Mitwirkung bestand ...«

Nach einer Woche gemeinsamer Arbeit obsiegte die Macht des Produzenten. »Kirk Douglas ging es vor allem um die Vermittlung bestimmter Inhalte, darauf bestand er«, erklärt Anthony Mann.[7] »Ich fand, daß ich die Schrecken der Sklaverei am wirkungsvollsten körperlich-sinnlich vermitteln konnte. Ein Film muß durch seine Bilder beeindrucken und nicht durch eine Vielzahl von Dialogen, die ihn bloß abtöten. (...) Seitdem kamen wir auf keinen gemeinsamen Nenner mehr, und ich ging schließlich.«

Kirk Douglas kommentiert die Umstände, die zu Anthony Manns Abgang führten, so: »Es war klar, daß er gehen mußte, nur keiner wagte es ihm zu sagen. Da habe ich mich bereit gefunden ...«[8] Beide haben sich trotzdem in gutem Einvernehmen voneinander getrennt. Douglas fügt hinzu: »Er hat sich wirklich hervorragend verhalten, und ich fühlte mich verpflichtet, die Sache wieder gutzumachen. Deshalb spielte ich einige Jahre später in seinem Film *The Heroes of Telemark* (Kennwort »Schweres Wasser«, 1965) mit ...«[8]

Nachdem man zu Beginn Joseph L. Mankiewicz als Regisseur abgelehnt hatte, versuchte Kirk Douglas jetzt noch einmal, ihn vorzuschlagen. Doch wieder ohne Erfolg – dieses Mal hatte Mankiewicz anderweitig zu tun. Um die Dreharbeiten nicht länger hinauszuzögern, mußte in aller Eile jemand gefunden werden. Da fiel dem Produzenten Stanley Kubrick ein, dessen außergewöhnlichen Stil er bei *Paths of Glory* schätzen gelernt hatte. Außerdem war Kubrick, der immer noch keinen Produzenten für seine Projekte gefunden hatte, wahrscheinlich auch abkömmlich. Douglas telefonierte also an einem Freitagabend mit Kubrick, bat ihn, das Drehbuch zu lesen und fragte ihn, wann er mit der Arbeit anfangen könne. »Montag« war die Antwort, und tatsächlich begann man dienstags zu drehen. Kubrick hatte seine Chance zu nutzen gewußt!

Als der junge Regisseur am Drehort erschien, waren Ustinov, Laughton und Olivier über seine jugendliche Erscheinung, gelinde gesagt, verblüfft. Wie konnte man ein derartiges Unternehmen einem »Grünschnabel« wie diesem anvertrauen? Peter Ustinovs Kommentar: »... ein junger Mann mit großen Augen, unbefangen und unbelastet wie ein Kind, fern von Gut und Bö-

Im Gespräch mit Stanley Kubrick während der Dreharbeiten zu ›Sparta-cus‹ (1960)

se, der aber in Wahrheit – wir wissen es heute – ganz ruhig und bewundernswert pragmatisch sein Talent im Minenfeld der Kompromisse erprobt hat, um später eine der brillantesten Karrieren zu machen ...«[9]

Im Einvernehmen mit Kirk Douglas wird die Figur der Varinia neu besetzt: Statt der deutschen Schauspielerin Sabine Bethmann engagiert man Jean Simmons.

Die ersten Kontakte zwischen Kubrick und Dalton Trumbo werden als »sehr kühl« bezeichnet. Sie haben völlig unterschiedliche Konzepte, was die Titelfigur anbelangt. In diesem Film scheint keiner mit keinem einer Meinung zu sein. Dieser Um-

157

In ›Spartacus‹ mit Laurence Olivier

stand wird durch persönliche Animositäten noch verschärft. Trumbo und Howard Fast zum Beispiel sprechen seit Monaten kein Wort mehr miteinander. »Obwohl ich der Regisseur war, war ich doch nur einer von vielen, die Kirk Douglas anhörte«, beklagte sich Kubrick.[10] »Dieser Film war für mich enttäuschend. Ich hatte alles, was ich brauchte, nur keine gute Geschichte.«

Douglas war offenbar der einzige, dem es gestattet war, Trumbos Ideen ablehnen zu können. Kubricks Unbehagen, das Buch in keiner Weise beeinflussen zu dürfen, was ihm später nie mehr passiert ist, ist sicherlich der Grund, weshalb er diese Arbeit ungern als Bestandteil seines Gesamtwerks ansieht. Folgt man allerdings Dalton Trumbos Vorwürfen, so erscheint Kubricks Kritik wiederum in einem anderen Licht: »Im Roman und im Drehbuch fällt Spartakus im Kampf und wird später ans Kreuz genagelt. Kubrick dagegen läßt Spartakus am Kreuz sterben und macht dadurch eine Anspielung auf etwas, was überhaupt nichts mehr mit dem Sklavenaufstand zu tun hat ...«[11]

Photo von den Dreharbeiten zu ›Spartacus‹ (1960).

Hundertsiebenundsechzig Tage verbringt man in den kalifornischen Studios. Die Schlachtszenen werden mit Unterstützung von achttausend spanischen Soldaten in der Nähe von Madrid gedreht. So wie sich Kubrick vor zwei Jahren Respekt und Freundschaft der deutschen Techniker erworben hatte, wird ihm auch jetzt aufgrund seiner persönlichen Ausstrahlung und seiner brillanten Arbeitsweise Anerkennung und Bewunderung entgegengebracht. Nach dieser harten Probe steht ihm auf dem Weg zur Erlangung internationalen Ansehens nichts mehr im Weg!

Als der Film fertig ist, kürzt man ihn noch einmal um eine halbe Stunde: Man entfernt einige Gewaltszenen und die homosexuelle Annäherung zwischen Lawrence Olivier und Tony Curtis, um die Zuschauer der damaligen Zeit nicht zu schockieren; Bilder, die heute sicher kein Ärgernis mehr wären. Der Film, anfangs als Flash-Back gedacht, wurde jetzt, um das Publikum in einen größeren Spannungszustand zu versetzen, dahingehend verändert, daß man den erfolglosen Endkampf auch wirklich an den Schluß des Filmes setzte.

Der glanzvollen Galapremiere des Films im RKO Pantage Theatre folgte mit zweihundert geladenen Gästen im Beverly Hilton Hotel ein prunkvolles Dinner, das die vergangene, glorreiche Epoche Hollywoods heraufzubeschwören schien. Die Einnahmen von rund hunderttausend Dollar kamen dem »Hôpital des Cèdres« im Libanon zur Unterstützung behinderter Kinder zugute.

Kaum daß dieser Monsterfilm an die Öffentlichkeit gelangt, wird er zum überwältigenden Erfolg bei Publikum und Presse. Letztere hebt die Besonderheit dieses Streifens hervor, der zwar ein effektvoller Ausstattungsfilm ist, nichtsdestotrotz aber relativ progressives Gedankengut beinhaltet, ohne das Hauptmerkmal eines großen Schauspiels aufzugeben. Den Vergleich mit seinem wenig vorher erschienenen, gigantischen Konkurrenten *Ben Hur* braucht er nicht zu scheuen: Er ist nicht nur großzügiger und vom Thema her breiter angelegt, sondern verfügt, abgesehen von der exzellenten Regie, über ein Staraufgebot, wie man es seit Mankiewicz' *Julius Caesar* (Julius Cäsar, 1953) nicht mehr gesehen hat. Laurence Olivier spielt einen machtbesessenen, ehrgeizigen, bösen Tyrannen; Peter Ustinov, als heuchlerischer, feiger Sklavenhändler, hebt die Falschzüngigkeit in den Stand einer Kunst; Charles Laughton, ein mit allen Wassern gewaschener, scharfsinniger Senator, verteidigt seine demokratische Überzeugung bis zum Tod; John Gavin verkörpert den gerade erwachsen gewordenen Julius Cäsar, der trotz seiner offensichtlichen Ungeschicklichkeiten schon einen unerschütterlichen Willen erkennen läßt; Nina Foch macht als »anmutige Helena« die ganze Perversion ihrer Klasse sichtbar, wenn sie voll sadistischer Freude zusieht, wie sich die Gladiatoren gegenseitig töten. Als Gast Tony Curtis, der einerseits seinem Freund Kirk Douglas eine Freude machen wollte, andererseits aber auch seinen Vertrag mit der Universal erfüllen mußte. Er zeigt einen sensiblen, poetischen Antonius. Last not least Jean Simmons, eine anbetungswürdige, schöne, empfindsame Varinia, der unser ganzes Mitgefühl gehört.

Mit einem Einspielergebnis von vierzehn Millionen Dollar rangierte *Spartacus* 1962 in Nordamerika (USA einschließlich Kanada) an zweiter Stelle gleich hinter *West Side Story* (West Side Story, 1961).[12]

Der Film wurde für sieben Oscars vorgeschlagen, erhielt davon aber nur vier: Peter Ustinov wurde für die beste männliche Nebenrolle ausgezeichnet. Russel Metty für die beste Kameraführung, sowie Ausstattung und Kostüme.

Abgesehen von einigen Liebesszenen zwischen Kirk Douglas und Jean Simmons, die durch ihren penetranten Studiomuff und ihre ausgeprägte Schwülstigkeit nicht so recht zum übrigen Rahmen passen wollen, wirkt der Film heute noch ebenso imposant und spektakulär wie damals.

Spartacus ist ein Opus, dessen Effizienz auf Fleischer schließen läßt, der straffe Bildteil könnte von Wise stammen, Niveau und Reife des Films lassen an Mankiewicz denken, und die zeitweilig aufblitzende Angriffslust erinnert an Billy Wilder. Unter den großen Hollywood-Unternehmungen mit historischem Hintergrund ist dies, zusammen mit *El Cid* von Anthony Mann, der wenig später herauskommt, ganz ohne Zweifel die intelligenteste Ausführung dieser Art von Film.

Mit großem Erstaunen vermerkt man, daß diese Superproduktion ein Thema enthält, das gemeinhin in diesem Genre keinen Platz hat: »Sozialismus« als freiwilliger Versuch einer Gemeinschaft! Die Sequenz, die das Lager der Sklaven am Vesuv beschreibt, ist nicht nur von ihrer inhaltlichen Aussage her revolutionär, sondern beschwört unverzüglich in ihrer schwärmerischen Form sowjetische Muster herauf. – Gleichermaßen verblüffend und wenig allgemein ist die graphische Konzeption der letzten, entscheidenden Schlacht, deren Verlauf sich wie ein sorgfältig choreographiertes Ballett ausnimmt.

Die Senatsszenen scheinen nach gründlicher Analyse eines »extremistischen« Staatsstreiches entstanden zu sein. Dies ist heutzutage wohl der interessanteste Aspekt an diesem Film. Dank zweier hervorragender Schauspieler (Laughton und Olivier) und ebenso treffender Dialoge werden mit bemerkenswertem Scharfsinn die Schwächen eines politischen Systems entlarvt, das im Zerfall begriffen ist. Sicherlich liegt darin auch ein Hinweis auf zeitgenössische Erscheinungen.

Die Personen dieses Spektakels sind ideal besetzt; Kirk Douglas verleiht seinem Spartakus eine ihm angemessene Brutalität. Tony Thomas schreibt: »... zahlreiche Kritiker haben boshaft bemerkt, Kirk Douglas sei von seinen Kollegen Laurence Olivier, Peter Ustinov und Charles Laughton an die Wand gespielt worden. Nun, darüber läßt sich diskutieren! Unbestreitbar sind die drei Briten erstklassige, ausdrucksstarke Schauspieler, aber ob sie in der Lage gewesen wären, die Titelrolle mit dieser brutalen, männlichen Intensität auszufüllen, wie nur Kirk Douglas sie hat, ist fraglich.«[13]

Gérard Legrand gibt die einhellige Meinung aller vortrefflich wieder: »Es ist erfreulich, über einen Produzenten etwas Gutes sagen zu können, aber Kirk Douglas hat sich wahrlich einen Ehrenplatz verdient! In Hollywood gibt es zur Zeit wohl keinen, der diese Rolle so perfekt hätte verkörpern können und gleichzeitig den Mut und die Kraft besessen hätte, dieses Unternehmen zu realisieren ...«[14]

Nach der sehr befriedigenden Zusammenarbeit mit Dalton Trumbo engagiert Douglas ihn erneut für seinen nächsten Film: *The Last Sunset,* der in Mexiko gedreht werden soll. Robert Aldrich wird Regie führen, und Trumbo soll nach einer Romanvorlage von Howard Rigsby das Drehbuch verfassen.

Das Trio Aldrich – Douglas – Trumbo verleitet zu der leichtsinnigen Annahme, gutes Kino erwarten zu dürfen. Weit gefehlt! Unsicher, ob *Spartacus* die Produktionskosten wieder einspielen würde, war der Starproduzent darauf angewiesen, einen erfolgversprechenden Film mit geringem Budget herzustellen. Zwei Kassenmagneten in den Hauptrollen, er selbst und Rock Hudson, sollten ihm den Zulauf des Publikums garantieren.

1961 in ›The Last Sunset‹

Trumbo war also gehalten, die Geschichte auf die Konfrontation der beiden Stars hin zu konzipieren. – Das Ergebnis war niederschmetternd: weder kommerziell noch kinematografisch hielt der Film das, was man sich von ihm versprochen hatte. Es war übrigens für die Bryna das letzte Projekt mit Mehrheitsbeteiligung.[15]

In einem Interview, das Dalton Trumbo Rui Noguéira für »Cinéma 71«[16] gewährt hat, erzählt er einiges über die Entstehung dieses Streifens, die viel der Inspiration Kirk Douglas' verdankte: »Es fiel mir nicht schwer, für Kirk Douglas zu schreiben«, aber mit Rock Hudson, den er als fade bezeichnet, wußte er überhaupt nichts anzufangen. Die Figur Joseph Cottens »wurde überhaupt nie richtig entwickelt«. Um Dorothy Malone für die Handlung »verfügbar« zu machen, mußte sie erst einmal Witwe werden. Aus diesem Grund mußte Cotten im Verlauf einer Schlägerei in einer mexikanischen Spelunke sterben!

Trotz dieser Kritikpunkte ereignet sich in diesem Film etwas merkwürdig Interessantes: Es trifft nämlich genau der entgegengesetzte Effekt ein, den man erwartete. Nicht Dana Stribling, der Gute, gewinnt die Sympathie des Zuschauers, sondern O'Malley, der ganz in Schwarz gekleidete Böse (Kirk Douglas natürlich). Rock Hudson hatte sich vertraglich abgesichert, daß seine Rolle auf ihn zugeschnitten sein müsse. Da Aldrich und Trumbo immer schon eher eine Vorliebe für Negativhelden hatten, fehlte es Hudson/Stribling an Einheitlichkeit und innerer Logik: Das Interesse für diese Figur war einfach sehr gering.

Obwohl Trumbo diesen Film, »dessen Entstehung von permanenten Krisen begleitet war«, überhaupt nicht mag, ist er dennoch sehr stolz auf die positiven Kritiken in Europa.

Die amerikanische Presse vermerkt mit großer Skepsis eine »merkwürdige Mischung aus Konventionellem und Unkonventionellem« (»unusual materials«). Die entscheidende Schwäche dieses Films liegt darin, daß er in erster Linie vom Drehbuch lebt und nicht von der Regie. Robert Aldrich verteidigt sich mit dem Hinweis auf Kirk Douglas, der den Schnitt bestimmt, und dadurch den Film verdorben habe. Er bezeichnet[18] es als ein »komplettes Desaster«, wenn der eigene Produzent auch noch als Schauspieler agiert. »Das ist eine unmögliche Konstellation. Sie können nicht Ihren eigenen Chef für sich arbeiten lassen! Ich sehe keine Lösung für dieses Problem, es sei denn, man arbeitet mit diesen Schauspielern überhaupt nicht mehr zusammen ... Aber«, fügt er humorvoll hinzu, »so schlimm war's auch wieder nicht: nur Tuberkulose, kein Krebs ...«

Trotz allem ist *The Last Sunset* aufgrund seiner originellen Ideen, seines emotionalen Potentials und seiner Lebensphilosophie kein uninteressanter Fehlschlag. Erstaunlich auch, daß eine Thematik wie »Inzest« in einen Western gelangen konnte: Kirk Douglas/O'Malley macht der schönen Missy den Hof und erfährt kurz vor dem tödlichen Zweikampf, daß er dem Charme seiner eigenen Tochter erlegen ist!

Ein weiteres Plus dieses Streifens ist O'Malley selbst, eine Figur, die an Dempsey Rae, »The Man without a Star«, erinnert. Er wirkt zunächst zynisch-blasiert und hinterhältig (er versteckt

Mit Dorothy Malone in ›The Last Sunset‹ (1961)

eine kleine Pistole im Inneren seines Gürtels), entfaltet aber nach und nach seinen wahren Charakter: sensibel und humorvoll, unbeholfen zärtlich wie ein Kind, der Natur verbunden – kurz: ein sympathischer Abenteurer und Draufgänger.

Marcel Oms schildert ihn folgendermaßen: »... Kirk Douglas verkörpert wieder einmal einen dieser Helden, die, einer inneren Unruhe folgend, ständig auf der Suche nach dem Absoluten sind und deshalb immer wieder in Konfliktsituationen geraten. Es ist eine der Figuren, denen Aldrichs ganze Sympathie und Zuneigung gehört; einer dieser endlos umherirrenden Desperados, auf der Flucht vor der ungerechten Gerechtigkeit; eine dieser Prometheus-Gestalten, vor denen sich durch den Druck falscher moralischer Werte unüberwindliche Hindernisse aufbauen. Vor allem aber einer dieser Männer, denen nur die ungeheure Weite eines Landes einen Hauch von Freiheitsgefühl zu vermitteln in der Lage ist ...«[18]

Im Verlauf des Films wird punktuell immer wieder auf die Marginalität dieses »Helden« hingewiesen, bis er sich schließlich im letzten Duell in selbstmörderischer Absicht umbringen läßt. – Erschöpfung und Einsamkeit … Die Bilder gleichen sich. Der Autor des O'Malley war im vorigen Jahrhundert ein Abenteurer im Wilden Westen – der Produzent dieses Films ist ein Abenteurer in Sachen Film, jeder reizt auf seine Weise seine Freiheit aus, doch für alle gilt: Einsamkeit ist der Preis der Tapferen …

9. KAPITEL

Einsam sind die Tapferen: Fast ein Glaubensbekenntnis
(1961–1964)

Kirk Douglas hält sich für einige Wochen in Deutschland auf, um die deutsch-amerikanische Co-Produktion *Town without Pity* (Stadt ohne Mitleid, 1961) in der Regie von Gottfried Reinhardt zu drehen.

Es ist die Geschichte eines Sexualverbrechens, das von GIs der Besatzungsarmee verübt worden ist und in einer kleinen Stadt außerordentliche Unruhe gestiftet hat. Douglas spielt den Verteidiger, der ein leidenschaftlicher Gegner der vom Staatsanwalt geforderten Todesstrafe ist.

Ein vielversprechendes Thema, das aber weder durch die Personen noch durch den Stil der Erzählung zu einem packenden Kinoereignis wurde. »Letztlich«, so schreibt Tony Thomas[1], ist »das Geschehen in soziologischer Hinsicht wesentlich interessanter als in kinematographischer.«

Lobenswert erwähnen muß man Kirk Douglas, der den moralischen Zwiespalt des Anwalts, dessen Plädoyer schließlich zum Selbstmord des Opfers führt, mit gnadenloser Sicherheit darstellt.

Das Duo Douglas – Trumbo begegnet uns ein drittes und letztes Mal in dem ungewöhnlichen Streifen *Lonely are the Brave* (Einsam sind die Tapferen, 1961), ein Film, den heute viele Kritiker als besonders fesselnd und spannend beurteilen.

David Miller, der sich nach Dalton Trumbos Aussage viel zu sehr an die Drehbuchvorlage klammerte, führte offiziell Regie, inoffiziell aber schaltete sich Kirk Douglas wieder einmal ein. Der Film schildert voll einfühlsamer Bitterkeit die Situation eines Cowboys, der seinen eigenen Maßstäben gemäß in einem modernen Amerika zu überleben versucht. Obgleich die Prärie von Bulldozern übersät ist und am »weiten Himmel« die Helikopter herumschwirren, handelt es sich um einen Western, dessen Thematik die aktuellen Probleme Amerikas widerspiegelt.

Während der Dreharbeiten zu ›Lonely are the Brave‹. Von links nach rechts: Gena Rowland, Kirk Douglas und David Miller (in Sandia Mountains in der Nähe von Albuquerque in Neumexiko)

Gleich zu Beginn sieht man Jack Burns – alias Kirk Douglas – die Stacheldrahtzäune durchschneiden, für jeden Filmkenner ein Zitat aus *Man without a Star*. Jack Burns ist kein anderer als Dempsey Rae, der zu seinem letzten Abenteuer antritt. Der romantische Rebell wird zum Anarchisten, der die Annahme moderner Gesetze und neuer Lebensweisen strikt verweigert. Seine Haltung führt zwangsläufig in den Tod. Er wird mitsamt seinem Pferd, das sein einziger treuer Freund ist[2], auf einer Autobahn von einem Lastwagen überrollt. Der »Highway« symbolisiert den »zielstrebigen, blinden Weg eines neuen Amerika, das für einen ›lonely cowboy‹ keinen Platz mehr hat …«[3]

Rechts: Ein verfolgter Einzelgänger in ›Lonely Are the Brave‹ (1962)

Jack Burns, stolz, gefühlvoll und ursprünglich wie ein Tier, ist
innerhalb eines absolut unpersönlichen Systems der einzige
Mensch, der noch eine Identität besitzt. Sein einziger »positi-
ver« Gegner ist der Sheriff (Walter Matthau), ein Mann, der
sich irgendwo noch einen letzten Rest von Menschlichkeit be-
wahrt hat und angesichts der eigenen Schwäche den Mut und die
wilde Entschlossenheit seines Opfers voller Bewunderung re-
spektiert.

Walter Matthau ist zum dritten und letzten Mal Kirks Partner.
Diesmal noch rangiert er im Vorspann an zweiter Stelle, künftig
wird er nur noch den ersten Platz einnehmen.

Mit dem Ergebnis ist man allgemein sehr zufrieden. Dalton
Trumbo: »Ein Traum, ein wahrer Genuß!« – »... einer meiner
besten Filme.«[4]

Kirk Douglas: »Ich habe wahnsinnig gern an diesem Film gearbeitet. Er ist mir wie ein eigenes Kind, ich mußte ihn machen ...«[5]

Auch aus anderen Gründen fühlt er sich diesem Film sehr verbunden und ist stolz auf ihn: Er wußte genau, daß dieser Film

kein Kassenschlager werden konnte, weil sein Thema heikel und undramatisch war, hat es aber trotzdem geschafft, ihn zu produzieren. Außerdem ist ihm diese Rolle wie keine andere auf den Leib geschrieben und liegt ihm besonders stark am Herzen. Seine Überzeugungen und Erfahrungen als Produzent haben sehr viel mit den Vorstellungen und Zielen dieses Cowboys gemein. Nur mit dem einen fundamentalen Unterschied, daß Jack Burns ein Verlierer und Kirk Douglas, dank seines Berufs und seiner Waghalsigkeit, ein Gewinner ist. Die amerikanische Kritik hat ihn mit Recht »Maverick Movie Star« genannt (»ma-

In ›Lonesome are the Brave‹ (1962)

verick« ist in *Man without a Star* ein junges Tier, dem noch kein Zeichen eingebrannt worden ist).

Nach all diesen Feststellungen ist es an der Zeit, die politische Einstellung des Schauspielers zu präzisieren. Dalton Trumbo meint dazu: »Seit dem Tod von John Garfield und Humphrey Bogart sind Kirk Douglas, Robert Mitchum und Frank Sinatra für mich sehr gute Leute, aber wissen Sie, die ›Linke‹ in den Vereinigten Staaten, das ist so eine vage Angelegenheit ...«[5]

Der Betroffene selbst definiert sich folgendermaßen: »Ich bin kein Liberaler. Ich hasse Etikettierungen aller Art. Ich kann nur eins sagen, ich weigere mich, anders zu reden, als ich denke. Ich bewundere diejenigen, die den Mut haben, das zu sagen, was sie denken, auch auf die Gefahr hin, daß ich eine andere Meinung habe.«[6]

Der nun folgende Film *Two Weeks in Another Town* (Zwei Wochen in einer anderen Stadt, 1962) vereinigt nicht nur erneut Kirk Douglas und Vincente Minnelli, sondern gleichzeitig auch andere Teammitglieder des vor zehn Jahren gedrehten *The Bad and the Beautiful:* Produzent, Drehbuchautor und Komponist. Es wird sogar in diesem Film eine Szene aus Minnellis früherem Film zitiert.

Dieser ungewöhnliche Vorgang war keine Selbstbeweihräucherung, sondern hatte sich zwangsläufig ergeben, da man die Benutzungsrechte für eine Szene aus *Champion,* die man ursprünglich einsetzen wollte, nicht erhalten hatte.

Die »andere Stadt«, das ist Rom, wohin der Schauspieler Jack Andrus (Kirk Douglas), der »wie ein vom Leben gezeichneter, leicht ergrauter Shields«[7] wirkt, eingeladen wurde, um mit dem Filmemacher Maurice Kruger zu arbeiten. Andrus hatte sich in einer psychiatrischen Klinik aufgehalten und will nun in der Filmbranche wieder Fuß fassen.

Wie in *The Bad and the Beautiful,* wo die Mechanismen Hollywoods beschrieben werden, geht es auch in *Two Weeks in Another Town* um die Welt des Films, diesmal aber spielt sich das Ganze in einer fremden Stadt, in Rom, ab. Die beiden Filme unterscheiden sich in ihrer Machart gewaltig. Während ersterer den typisch sensiblen Minnelli-Touch aufweist, scheint letzterer stark von Fellini beeinflußt zu sein. In einigen Szenen geht es arg laut und hektisch zu, so daß des Schauspielers Porträt nicht selten an eine Karikatur erinnert. Insgesamt gesehen ist dieser

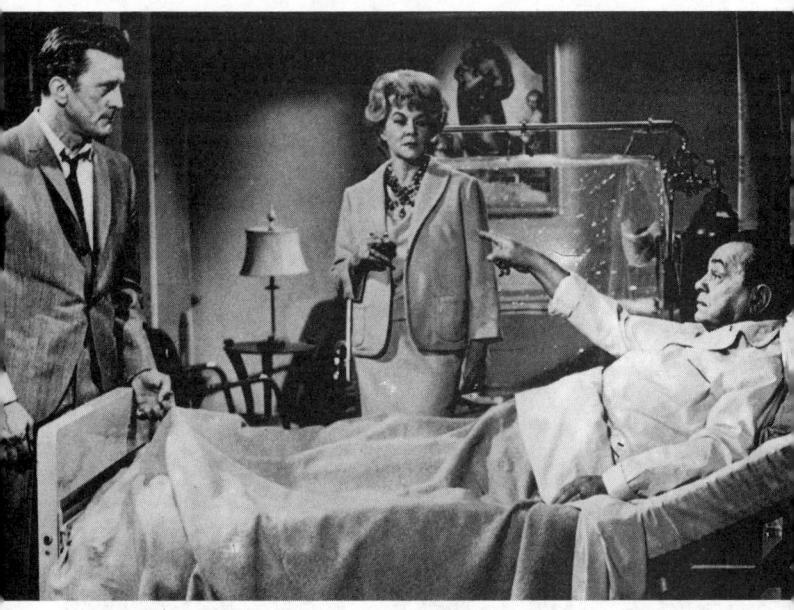

Mit Claire Trevor und Edward G. Robinson in ›Two Weeks in Another Town‹ (1962)

Film gefälliger und, was die Schilderung der eigenen Branche angeht, klischeehaft und konventionell.

Beide, Minnelli und Douglas, geben zu, daß das Endresultat unscheinbar und mißlungen ist. Doch ihren Erzählungen zufolge wurde der Film während ihrer Abwesenheit – sie hielten sich noch in Europa auf – in Eigenregie von der MGM geschnitten. Wichtige Szenen, vor allem etwa zwanzig Minuten mit Cyd Charisse, wurden einfach herausgenommen, des weiteren eine Art Orgie, die der Gesellschaft vermutlich zu ausgelassen und zu anstößig war. Der Schaden war nicht wieder gutzumachen. »… und glauben Sie mir«, versichert Kirk Douglas, »ohne diesen verheerenden Schnitt wäre der Film ein zweites *Dolce Vita* geworden!«[8]

Obwohl der für diese Tat Verantwortliche zwei Monate nach der Katastrophe entlassen wurde, war nichts mehr zu ändern.

173

Mit Mitzi Gaynor in ›For Love or Money‹ (1963)

Es folgen jetzt zwei weniger gute Streifen, die im Vergleich zu ihren Vorgängern eher unauffällig zu nennen sind. *The Hook* (Männer, hart wie Eisen, 1963), entstanden nach einem Roman von Vahé Katcha, wirft ein moralisch tiefgreifendes Problem auf, dessen Behandlung für den kleinen Bildschirm des Fernsehens, aber keinesfalls für die große Kinoleinwand geeignet gewesen wäre: Drei amerikanische Soldaten geraten 1953 in Korea in quälende Gewissenskonflikte, als sie einen Gefangenen, mit dem sie mehrere Tage auf einem Schiff zugebracht haben und den sie gut kennengelernt haben, töten sollen.

Die Dialoge sind platt, und die Regie (George Seaton) saft- und kraftlos. Allein die Schauspieler, vor allem der völlig unbekannte, aber vortreffliche Enrique Magalona (er spielt den Gefangenen, der kein einziges Wort Amerikanisch versteht und sich in eisernes Schweigen hüllt), vermögen der Geschichte noch ein wenig Spannung zu verleihen.

Kirk Douglas zeichnet, der großen Tradition seiner früheren Rollen folgend, das Porträt eines widerlichen, extrem bösartigen Sergeant.

Philippe Pilard schreibt[9]: »... diese Figur ist in keiner Hinsicht uninteressant. Sergeant Briscoe rühmt sich, ein echter Soldat zu

Mit Robert Walker jr. in ›The Hook‹ (1963)

sein, der jeden Befehl, ohne nachzudenken, befolgt. Er tötet und wird dafür bezahlt; Nachdenken gehört nicht zu seiner Aufgabe. Bei der Befehlsausführung schreckt er vor nichts zurück: Gewalt, Erpressung, Lüge, Alkohol, alle Mittel sind ihm recht. Gefühle behandelt er wie eine lästige Krankheit: Er unterdrückt sie ...«

Unmittelbar danach folgt eine Komödie vom Typ *Pillow Talk* (Bettgeflüster, 1959) von Michael Gordon. Dieser Regisseur gehörte zu den Opfern der »schwarzen Liste« und konnte zehn Jahre nicht arbeiten. Erst 1959 kehrte er mit dem überaus erfolgreichen *Pillow Talk* ins Geschäft zurück.

1963 war Michael Gordon ein unerwartet zu Ruhm gekommener Regisseur, der mit *For Love or Money* (1963) an dessen Vorläufer aber leider nicht anknüpfen konnte. Obwohl dieser Streifen nicht die gleiche humorvolle Leichtigkeit besitzt wie *Pillow Talk,* sind einige köstliche Szenen wegen ihrer Drolligkeit doch recht vergnüglich anzuschauen. Da der Film eigentlich auf Rock Hudson ausgerichtet war, war Kirk Douglas darin eher fehl am Platz. Ihn hatte wohl allein die Tatsache gereizt, daß es sich um eine Komödie handelte. Zumindest ist dies, neben *Top Secret Affair,* eine seiner wenigen guten Lustspielrollen.

Wahrscheinlich hatte Kirk Douglas guten Grund, sich nach zehn Jahren Filmerei wieder einmal dem Theater zuzuwenden. Der Anlaß war ein Roman von Ken Kesey über die Aufenthaltsbedingungen in einer Nervenheilanstalt: »Einer flog über das Kuckucksnest«. Kirk war davon sehr angetan und erstand die Film- und Theaterrechte. Das Stück wurde 1963 in der Adaptation von Dale Wassermann am Broadway von Alex Segal inszeniert, einem Fernsehregisseur, der zwischen 1956 und 1966 vier mittlerweile vergessene Filme gedreht hat. In den Hauptrollen sieht man Kirk Douglas und Joan Tetzel als Krankenschwester Rathed; unter den Nebendarstellern fällt ein Anfängergesicht auf: Gene Wilder.

Kurz vor dem Attentat hatte Präsident Kennedy Kirk Douglas den Vorschlag gemacht, gewissermaßen als Botschafter in Kulturangelegenheiten östliche Länder zu bereisen. Da Kirk vom Erfolg seines Theaterstücks überzeugt war, lehnte er Kennedys Angebot ab. Um so enttäuschter war er, als die Vorstellungen schlecht besucht waren und das Stück sehr schnell vom Spielplan verschwand.

Anschließend versuchte er sechs Jahre lang mit nicht nachlas-

In der Hauptrolle der Theateraufführung von ›One Flew Over the Cuckoo's Nest‹ (1963) mit Joan Tetzel als Krankenschwester.

sender Hartnäckigkeit, einen Regisseur für die Filmversion von »Einer flog über das Kuckucksnest« zu finden. Aber niemand zog mit, entmutigt legte er das Projekt beiseite. Zwölf Jahre später überließ er es seinem Sohn Michael, der Milos Foreman engagierte ... und, wie man weiß, einen internationalen Erfolg damit errang. »Als ich es versuchte, war die Zeit noch nicht reif; manchmal hat man einen sicheren Instinkt für etwas, muß aber den günstigsten Zeitpunkt erst noch abwarten.«[10]

Zum wiederholten Male hatte Kirk Douglas seinen sicheren Geschmack und seinen außergewöhnlichen Weitblick unter Beweis gestellt, und zwar nicht nur das Sujet betreffend, sondern auch im Hinblick auf den tschechischen Regisseur Milos Foreman, den er auf seiner schließlich doch durchgeführten Kulturreise in die Ostblockstaaten kennengelernt hatte.

Milos Foreman dazu: »Kirk Douglas hat also doch noch diese Reise unternommen und kam auch nach Prag, wo wir uns getroffen haben. Er schaute sich *Cerný Petr* (Der schwarze Peter, 1963) an und ein Jahr später in Los Angeles *Lásky Jedné Plavorlásky* (Die Liebe einer Blondine, 1965). Daraufhin schickte er mir das Buch zu *One Flew over the Cuckoo's Nest* (Einer flog über das Kuckucksnest, 1975), das aber niemals bei mir angekommen ist. (...) Zehn Jahre später erhielt ich das gleiche Buch von seinem Sohn Michael, der die Rechte von seinem Vater erworben hatte, nachdem niemand diese deprimierende Geschichte finanzieren wollte. Er hat es mir angeboten, ohne zu wissen, daß sein Vater zehn Jahre vorher das gleiche getan hatte!

Ähnliches war mit Nicholson passiert: Er hatte bereits 1963 den Roman gelesen und wollte unbedingt die Rechte dafür aufkaufen, als er erfahren mußte, daß Kirk Douglas sie schon erworben hatte. Dennoch spielte er später in der Filmversion die Hauptrolle!«[11]

Nach einjähriger Unterbrechung bringt die Joel Production ein merkwürdiges Lichtspiel auf den Markt: *The List of Adrian Messenger* (Die Totenliste, 1963), zusammengebraut von dem findigen John Huston. Die Mehrzahl der Kritiker ist über diesen Film und seine an den Haaren herbeigezogene Spannung nicht sehr erfreut, dennoch wird *The List of Adrian Messenger* dank seines einmaligen Staraufgebots zu einem kommerziellen Erfolg. Frank Sinatra, Burt Lancaster, Robert Mitchum und Tony Curtis waren als Gäste von Kirk Douglas für kurze, maskierte Auftritte eingeladen worden. Der eigentliche Star dieses Streifens aber ist der Maskenbildner Bud Westmore: Er kreiert eine ganze Galerie von seltsam erstarrten Horrorgesichtern, deren Anblick allein einen unsäglichen Schrecken einjagt; durch die schaurig-magische Musik von Jerry Goldsmith wird die bereits bestehende morbide Atmosphäre vollends abgerundet.

Am Ende des Films nehmen die Stars ihre Maske vom Gesicht, damit der Zuschauer sie erkennen kann. Diese Demaskierung ist eine Anspielung auf die zahlreichen Verkleidungen, derer sich Kirk Douglas als eiskalter Mörder bedient, um seine Verbrechen auszuführen: Priester, Geschäftsmann, Landstreicher ... Dieser George Bruttenholm, ein wahrer Meister des Verbrechens, läßt auf diese Art und Weise einhundertfünfzig

Personen verschwinden, um sich in den Besitz einer Erbschaft zu bringen! In jeder dieser kurzen Verhüllungen fesselt der Schauspieler als Dämon von unfaßbarer Boshaftigkeit und unglaublicher Perversion. Wenn er seine grenzenlose Dreistigkeit auf die Spitze treibt und mit einem Glas in der Hand und einem maliziösen Lächeln auf den Lippen meint: »Man muß an das Böse glauben, es existiert!«, dann spürt man deutlich den Genuß des Darstellers, diese Rolle gestalten zu dürfen. Das Eigenlob auf seine geniale Intelligenz und sein unermeßliches Selbstvertrauen versetzen ihn auf mystische Weise in ein Art Freudentau-

Michael und Kirk

mel. Die Farce wäre komplett, wenn dem Ganzen ein ernsthaftes Anliegen zugrunde liegen würde. So aber lösen sich die Effekte in nichts auf und hinterlassen ein schales Gefühl.

Für John Huston bildete das ganze Unternehmen die Erfüllung eines langgehegten Wunsches: Selbst ein glühender Anhänger der Fuchsjagd, wollte er immer schon eine solche verfilmen. Der Film entstand in der herrlichen Landschaft Irlands unter Mitwirkung einer stattlichen Anzahl englischer Schauspieler. Eine wichtige Rolle vergab Huston an seinen Sohn Walter Anthony, und er selbst erlaubte sich einen Auftritt und einige Zeilen Text als aristokratischer Gast einer Treibjagd.

»Wir sind bloß einer Finte nachgejagt«, sagt jemand in der letzten Szene. Das gleiche Gefühl überkommt den Zuschauer, der ohne jede innere Betroffenheit auf zahlreiche falsche Fährten

›The List of Adrian Messenger‹ (1963) mit Dana Wynter und Walter Anthony Huston (von hinten)

Mit George C. Scott in ›The List of Adrian Messenger‹ (1963)

gesetzt worden ist, um schließlich doch nur eine Scherzfrage zu beantworten. Es geht hier nämlich nicht, wie im echten Krimi, um das Problem, den Mörder zu finden – der hat sich bereits eigenhändig in einer der ersten Szenen demaskiert –, sondern vielmehr um die Auflösung des Rätsels: Wer spielt wen? Dieses intellektuelle Spiel, das beim Zuschauer eine gewisse Distanz erzeugt, verleiht demselben gleichzeitig das angenehme Gefühl, ein privilegierter Zeuge des Geschehens zu sein.

»Dieser Film ist wie der Wind, ein Spuk!« meint John Huston

fast entschuldigend. Womit er vollkommen recht hat! Da er die wesentlichen Regeln dieses Genres nicht beachtet, verfügt die Geschichte über keinerlei Aussage, vermittelt aber dennoch dem Zuschauer das Gefühl, einem filmischen Ereignis ersten Ranges beigewohnt zu haben.

Weitaus anspruchsvoller und ernsthafter wird die folgende Co-Produktion der Joel mit Seven Arts, für die Kirk Douglas wieder einmal Burt Lancaster gewinnen konnte. Das mehr als zwei Millionen verschlingende Projekt *Seven Days in May* (Sieben Tage im Mai, 1964) wird nach einem berühmten amerikanischen Roman von Fletcher Knebel und Charles W. Bailey jr. von Lancasters Lieblingsregisseur John Frankenheimer[12] inszeniert. Für das Drehbuch zeichnet derselbe Rod Serling verantwortlich, der später *Planet of the Apes* (Planet der Affen, 1967) adaptiert. Man behauptet allerdings, Ned Young, ein wenig bekannter Autor, der auf der McCarthy Liste stand, sei der alleinige Verfasser. Young starb 1968.

Kirk Douglas, der die Rechte gleich nach dem Erscheinen des Buches erworben hatte, kontaktierte zusammen mit seinem Produktionsdirektor Edward Lewis den jungen Filmemacher John Frankenheimer, dessen ausgesprochen raffinierter Polit-Thriller *The Mandchurian Candidate* (Botschafter der Angst, 1962) sie restlos überzeugt hatte. Frankenheimer ist interessiert, und Burt Lancaster spielt auf persönliches Ersuchen von Kirk Douglas den faschistoiden General.

Seven Days in May zeichnet intelligent und realistisch den Versuch eines rechtsgerichteten Staatsstreichs in den Vereinigten Staaten von Amerika nach. Die politisch-fiktive Geschichte erreicht durch bestimmte Ereignisse – Kennedy wird während der Dreharbeiten ermordet – eine besorgniserregende Aktualität. Der Präsident war zu Lebzeiten persönlich an dem Projekt beteiligt und hatte die Dreharbeiten vor dem Weißen Haus genehmigt. Man sagt sogar, er habe das Projekt insgeheim gutgeheißen, da es für ihn offensichtliche Parallelen zwischen den Vorfällen um den CIA im Jahre 1961 in Zusammenhang mit der Invasion in der Schweinebucht und den Schwierigkeiten des fiktiven Präsidenten Jordan Lyman alias Frederic March gab. Die Tatsache, daß ein aktiver Präsident ein solches Werk billigte, zeigt mindestens eine neutrale Haltung, wenn nicht sogar die Zustimmung der entsprechenden Regierungskreise! Man muß

In ›Seven Days in May‹ (1964) mit Burt Lancaster

gerechterweise hinzufügen, daß sich die Story nicht in simplen antikommunistischen Hetzparolen erschöpft, wie es in politisch orientierten Filmen häufig der Fall ist.

Obwohl das Pentagon nicht geneigt war, dem Projekt entgegenzukommen (Frankenheimer hatte ihnen die Einsicht ins Drehbuch nicht gestattet), gelang es der Produktion trotzdem, unter Vorspiegelung falscher Tatsachen, auf einem Zerstörer der siebten Flotte zu drehen![13]

Burt Lancaster glückt mit der Darstellung des Putschistenführers eine seiner brillantesten Leistungen. Er verleiht dem General eine natürliche Autorität, eine tiefe, innere Wut und eine bestimmte würdevolle Gefährlichkeit. Nach den Ereignissen von Dallas richtet sich das Interesse der verwirrten Bürger Amerikas vor allem auf ihn. Frederic March, als Präsident, zeigt einen realistischen, unbeirrbaren Regierungschef, der durch souveräne Autorität und glaubwürdige Diplomatie das Heft in der

›Seven Days in May‹ (1964). Mit George Macready, Fredric March und Edmund O'Brien.

Hand behält. Ava Gardner ist vom Drehbuch her dazu verdammt, den wenig außergewöhnlichen Part einer Liebenden zu übernehmen.

Die schwierigste und undankbarste Rolle in diesem politischen Spiel hat Kirk Douglas, scheinbar freiwillig, für sich reserviert: Colonel Casey, Adjutant des Generals, ehrenhaft und vaterlandsverbunden, verrät die Pläne des Putschisten an die Regierung. Douglas reibt sich an dieser wenig griffigen Figur – mit Erfolg. Sein Spiel ist im Gegensatz zu seinen sonstigen, häufig forcierten, überschwappenden Darstellungen subtil und zurückhaltend. Sie gehört, da sie seinen übrigen Interpretationen entgegengesetzt ist, zu seinen besten.

Das Verhältnis zu John Frankenheimer hat sich während der Arbeit zunehmend verschlechtert. Frankenheimer selbst beschreibt im Hinblick auf Douglas die Atmosphäre bei den Dreharbeiten mit wenig schmeichelhaften Worten: »Kirk Douglas war auf Burt Lancaster eifersüchtig; er spürte, daß seine Rolle weniger hergab als Burts, und dementsprechend verhielt er sich auch ... Er wollte unbedingt wie Burt Lancaster sein ... Im übrigen eiferte er sein ganzes Leben lang Burt Lancaster nach ...«[14]

Als *Seven Days in May* der Öffentlichkeit präsentiert wurde, blieb der Ärger darüber in bestimmten politischen Kreisen Amerikas nicht aus. Einige konservative Zeitungen waren über das Bild, das der Film von den Verhältnissen in den USA malte, entsetzt. Offenbar beurteilten sie seinen Wahrscheinlichkeitsgrad und seine Härte als unheilvoller als das Anarchistenporträt *Dr. Strangelove* (Dr. Seltsam oder wie ich lernte, die Bombe zu lieben, 1963) von Stanley Kubrick, das gleichfalls zu jener Zeit von der Leinwand flimmerte, wobei zu bemerken ist, daß Kubricks Humor um ein Vielfaches schärfer und sardonischer ist.

Kirk Douglas hat mehr als einmal erklärt, daß eine »Botschaft«, die man im Kino vermitteln wolle, den Zuschauer nur dann erreiche, wenn seine Verpackung, sprich der Film, attraktiv und optimal aufbereitet sei. *Seven Days in May* ist ein perfektes Zeugnis dieser Forderung.

10. KAPITEL

Das Arrangement
(1965–1969)

*Ein Arrangement ist das Bindeglied zwischen
den persönlichen Idealen und den Alltäglichkeiten
des Lebens ...*

Elia Kazan

Das Jahr 1964 und der Film *Seven Days in May* markieren einen Bruch in der Karriere des Schauspielers Douglas. Mit dem mittelmäßigen und hochtrabenden *In Harm's Way* (Erster Sieg, 1965) von Otto Preminger leitet er eine Serie von acht zweitrangigen Streifen ein, die er in den nächsten vier Jahren drehen wird.

In Harm's Way gehört zu seinen Filmen, die »zu lang und zu breit« sind, wie Jean-Elie Fovez sich ausdrückt. Dieser Kriegsfilm spielt sich in den Wochen nach dem Bombenangriff auf Pearl Harbor ab, und Kirk Douglas verkörpert darin den Kommandanten Eddington, dessen Frau bei dem japanischen Angriff ums Leben gekommen ist. Es endet damit, daß er ein Mädchen vergewaltigt und sich hernach für ein Himmelfahrtskommando zur Verfügung stellt, um wieder mit sich selbst ins reine zu kommen. Eine Figur ohne Profil!

Die zentrale Gestalt in diesem Film ist John Wayne, dem die Rolle auf den Leib geschneidert ist. Man wird den Eindruck nicht los, daß *In Harm's Way* als Vehikel für diesen Schauspieler gedacht ist.

Obwohl das Drehbuch im konventionellen Rahmen des Genres bleibt, wirft es durchaus interessante Gedankengänge auf: daß der Krieg den Menschen in eine Art Ausnahmezustand versetzt, in dem er zu allem fähig ist, zum Bösen und zum Guten, zum Heroismus und zur Feigheit, zum Altruismus und zum Opportunismus, zum Genialen und zur Dummheit. Leider wird das Ganze durch eine Vielzahl von überflüssigen Ereignissen verwässert (einen Ehebruch, eine Vergewaltigung, ein Selbstmordversuch), so daß der Film zu einem geschwätzigen Melodram herabsinkt. Seit langem schon ist Otto Preminger nicht mehr der faszinierende Regisseur der 1944 gedrehten *Laura* (Laura).

Der einzige positive Effekt dieses Films liegt in der Begegnung Kirk Douglas – John Wayne. Sie sind hier zum erstenmal aufeinandergetroffen und haben sich so gut verstanden, daß sie noch drei weitere Produktionen gemeinsam bestreiten werden. Obgleich sich beide sehr voneinander unterscheiden, stützt sich ihre berufliche Zusammenarbeit weitgehend auf den Respekt, den sie vor der Person des anderen haben. Kirk Douglas beurteilt den berühmten »Duke« so: »Es ist seltsam, aber wir haben uns sehr gut verstanden ... Eigentlich haben wir überhaupt nichts miteinander zu tun – man denke nur an die unterschiedliche politische Haltung –, aber er wollte schon seit Jahren mit mir einen Film machen. Bei den Dreharbeiten zu *In Harm's Way* waren unsere Beziehungen sehr freundschaftlich ... Danach ha-

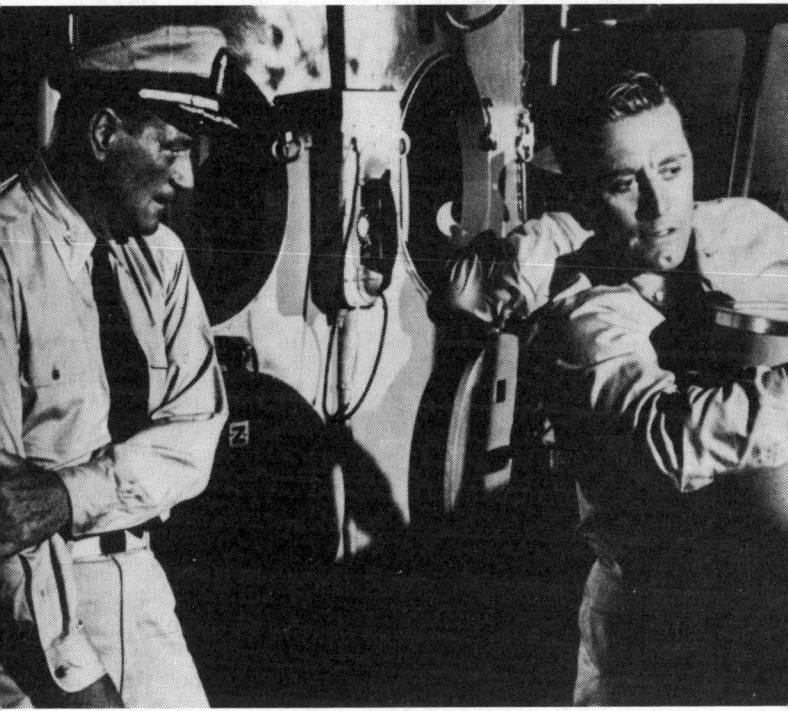

Mit John Wayne in ›In Harm's Way‹ (1965)

ben wir uns nicht mehr sehr oft gesehen, wir haben vielleicht einmal zusammen gegessen. Wir haben uns nicht sehr viel zu sagen ... Aber ich respektiere sehr, was er macht. Ob er der Anführer einer Gruppe ist oder der Kapitän eines Schiffs, man nimmt es ihm immer ab. Er macht immer das gleiche und immer gut; darüber vergißt man, daß er durchaus ein bemerkenswerter Schauspieler ist. Setzen Sie ihn zum Beispiel in eine Runde von Admirälen und Generälen, und er wird absolut glaubwürdig sein. Der Grund dafür ist, daß er sich verpflichtet fühlt, es zu sein ... Es gibt wenige Schauspieler, die derartig professionell, derartig diszipliniert sind. Und was seine politischen Ansichten betrifft ... nun ja, die kennt man ja! Was soll ich dazu sagen? ... Wissen Sie, es gibt dermaßen viele unentschiedene Leute, dermaßen viele, die überhaupt nicht wissen, was sie denken sollen ..., und bei ihm weiß man wenigstens, was er denkt! Letztlich, muß ich sagen, hat er auf jeden Fall den Mut, das von sich zu geben, was er denkt!«[2]

1965 macht der Theaterproduzent Harold Prince dem Schauspieler einen eigenartigen Vorschlag: er soll in einer Neufassung von Sholem Aleichems Werk *Fiddler on the Roof* (Anatevka) die Rolle des Tevje übernehmen. Kirk, der zwar sehr stolz ist, daß man ihm diese Rolle zutraut, lehnt dennoch dankend ab.
Statt dessen akzeptiert er Anthony Manns Angebot, in *The Unknown Battle* mitzuwirken. Es geht darin um die abenteuerlichen Erlebnisse alliierter Agenten, die die deutsche Deuteriumproduktion in der norwegischen Stadt Rjukan zerstören sollen. Die Außenaufnahmen finden unter Beteiligung norwegischer Spitzenskiläufer während des Winters 1964/65 in der verschneiten Landschaft Norwegens statt, die Studioszenen werden in Großbritannien gedreht. Beide Male engagiert man Engländer für die Technik.
Einerseits versucht Kirk Douglas, mit diesem Film eine alte Schuld an Anthony Mann zu begleichen, den er einige Jahre vorher bei den Dreharbeiten zu *Spartacus* nach Hause geschickt hat, andererseits aber fasziniert ihn das Thema dermaßen, daß er sogar an der Universität Oslo die Ziele dieses Films zu erläutern sucht.
»Ich glaube, es wird ein sehr guter Film werden«, erklärt er Jean-Claude Missiaen im Frühjahr 1965.[3]
Mit Unterstützung des Oberstleutnant Knut Haukelid, der wäh-

Mit Ulla Jacobsson in › The Heroes of Telemark‹ (1965)

rend des Zweiten Weltkrieges an der Operation beteiligt war, rekonstruiert der Film zwei tatsächliche Ereignisse: Die partielle Zerstörung der Produktionsstätte in Rjukan am 20. Februar 1943 und den Sabotageakt vom 20. Februar 1944 an einem deutschen Fährschiff, das Reserven von schwerem Wasserstoff nach Deutschland transportieren sollte. Kirk Douglas verkörpert darin Professor Rolf Pedersen, den einzigen Naturwissenschaftler an der Universität Oslo, der den wahren Bestimmungszweck dieser Herstellung erkannt hatte.

Dies ist Anthony Manns letzte vollständige Arbeit. Er stirbt 1967 während der Dreharbeiten zu einer Spionagegeschichte, *A Dandy in Aspic* (Todestanz eines Killers, 1968), die der Schauspieler Laurence Harvey zu Ende führt.

Um Manns Film einem möglichst breiten Publikum zugänglich zu machen, wird der Titel geändert. Doch trotz dieses neuen Titels *The Heroes of Telemark* (Kennwort »Schweres Wasser«,

1965) findet der Streifen wenig Resonanz. Ein wenig zu Unrecht, denn seine Einschätzung beruht zu einem gut Teil auf einem Mißverständnis: Man erwartet, gemäß den Ankündigungen der Produzenten, eine absolut realistische, geschichtstreue Fassung der alliierten Großtaten in Rjukan, vergleichbar dem 1947 entstandenen Werk von Titus Vibe Muller und Jean Dreville *La Bataille de l'Eau Lourde*. Aber statt eines Dokumentarfilms, wie konnte es auch anders sein, wenn einer der größten Abenteuerspezialisten Hollywoods seine Hand im Spiel hat, präsentiert sich ein Spektakel ganz besonderer Art: ein Western in einer Schneelandschaft! Die typischen, langen Ritte zu Pferd sind durch Verfolgungsjagden auf Skiern ersetzt! Es handelt sich eher um ein barockes Epos als um eine historisch analoge Aufarbeitung realer Ereignisse. Man sollte diesen Streifen als das hinnehmen, was er ist: als ein herrliches Landschaftsgemälde von faszinierender Schönheit. Damit hat Anthony Mann ein letztes Mal zu seiner wahren Größe zurückgefunden.

Zweite Begegnung mit John Wayne: diesmal steht Kirk Douglas im Mittelpunkt des Geschehens, während John nur als Nebendarsteller auftritt. *Cast a Giant Shadow* (1966) von Melville Shavelson versucht, das Porträt eines Mannes zu zeichnen, der 1947 vom israelischen Generalstab gebeten wurde, für den neuen Staat eine Armee zu organisieren: Colonel David Marcus, amerikanischer Anwalt. Die Geschichte enthält, wie ein echter Dreigroschenroman, von allem etwas: ein bißchen Gefühl, ein bißchen Seelengröße, militärische Großtaten und, um dem Ganzen den nötigen Biß zu verleihen, eine dazu passende Liebesgeschichte.

Der Film und seine Beteiligten werden von der Presse – manche sprechen allerdings von dem »unsäglichen« *Cast a Giant Shadow*«[4] – nicht geschont: man kritisiert die fragwürdige, naive Ideologie des Films, seinen grenzenlosen Anspruch, die Uneinheitlichkeit seiner Handlung, die Langeweile, die er verbreitet und vor allem die unzulängliche Kameraführung.

Melville Shavelson hat sich lang und breit über die zahllosen Schwierigkeiten ausgelassen, mit denen er und sein Team in Israel konfrontiert waren: Es gab Probleme aller Art, angefangen von Streitereien über das filmische Konzept bis hin zu Auseinandersetzungen während der Dreharbeiten.

Das Resultat spiegelt die verheerenden Folgen dieser ständigen

Beeinträchtigungen in seiner Unausgeglichenheit verhängnisvoll wider. Das ursprüngliche Vorhaben ist in einem Wust von schlecht aufgebauten Szenen, die völlig beziehungslos aneinandergereiht sind, untergegangen, so daß man sich fragt, wozu überhaupt ein Regisseur vorhanden war. Völlig absurd, und deshalb symptomatisch für das Gesamtwerk, ist der brutale Tod des Colonel Marcus, der von einem Wachposten niedergestreckt wird, weil er, des Hebräischen nicht mächtig, dessen Aufforderungen nicht nachkommen konnte.

Mit John Wayne in ›Cast a Giant Shadow‹ (1966)

Roger Tailleur beschreibt die Belanglosigkeit des Unternehmens sehr treffend: »Im Schatten des Giganten? Sehr richtig: der Gigant ist *Exodus* ...«[5]

In *Paris Brûle-t-il?/Is Paris Burning?* (Brennt Paris?, 1966) von René Clément, gedreht mit finanzieller Unterstützung des gaullistischen Regimes, hat Kirk Douglas das Vergnügen, drei Minuten lang einen General Patton darzustellen. Es ist seine fünfte Kriegsrolle innerhalb von zwei Jahren: Seit *Seven Days in May* hat er zweimal einen Oberst gespielt, einmal einen Kommandanten, einmal einen General, zuletzt einen am Kriegsgeschehen aktiv beteiligten Arzt ...

Man kann sich fragen, warum ein Schauspieler eine derartig kurze, aber sicherlich finanziell nicht uninteressante Aufgabe übernimmt! Zu seinen Gunsten sei angenommen, daß er das beachtliche Anliegen Cléments unterstützen wollte! Jedenfalls wurde der Film von der Kritik zerrissen. »Das ist nicht mehr die Befreiung von Paris, das ist das Schlachtfeld Paris«, formulierte Pierre Billard.

Dennoch ist *Paris Brûle-t-il?* immerhin persönlicher und besser als sein Vorbild *The Longest Day* (Der längste Tag, 1962). Es ist ein Musterbeispiel für jene französischen Produktionen, die die Methoden und Sichtweisen Hollywoodscher Monumentalunternehmen – in denen Historie zugunsten wirkungsvoller Gemetzel mit Füßen getreten wird – vollkommen übernommen haben. Was für den Historiker weniger erfreulich ist, kann für den Cineasten trotzdem seine Reize haben: Im ersten Teil gelingt es Clément, eine fieberhaft-unruhige, schicksalsträchtige Verzweiflungsstimmung zu schaffen, die sich immer mehr verdichtet und in den letzten Stunden der Besetzung zum Ausbruch und zur Erhebung führt. Andere Szenen, zum Beispiel die Einnahme der Präfektur auf der Île-de-la-Cité, fließen in schöner epischer Breite über die Leinwand.

Die Verehrer der »Lichterstadt« kommen in den einzigartigen Genuß, die Stadt ohne Fahrzeuge zu erleben, obwohl die Aufnahmen im Jahre 1965 unter der kohlendioxydhaltigen Dunstglocke der Hauptstadt entstanden sind.

1966 produzierte die Joel nacheinander zwei Filme von John Frankenheimer, in denen Kirk Douglas nicht mitwirkt. *Seconds* (Der Mann, der zweimal lebte), entstanden nach einem exzel-

Als General Patton in ›Paris Brûle-t-il?‹ (1966)

lenten Roman von David Ely, ist wegen seines Bemühens, eine moderne Fabel zu sein, nicht recht überzeugend. Die Geschichte ist zu abstrakt und zu wenig sinnlich.

Grand Prix (Grand Prix) dagegen ist ein zumindest partiell sehr gelungenes Werk. Es setzt da an, wo *The Racers* von Henry Hathaway gescheitert war: bei der Schilderung der allgemeinen Stimmung eines Automobilrennens.

Grand Prix entsteht allerdings unter erheblich anderen Konditionen. Ein außergewöhnliches, internationales Staraufgebot steht zur Verfügung (James Garner, Eve-Marie Saint, Yves

Montand, Toshiro Mifune, Geneviève Page, Claude Dauphin, Adolfo Celi); ein Formeleinsrennfahrer (Graham Hill) dient als technischer Berater; eine Überlänge von drei Stunden wird akzeptiert; im Rennen fahren dreißig international anerkannte Rennfahrer, darunter die berühmtesten, mit; für den Titelvorspann zeichnet Saul Bass verantwortlich, und technisch kann man sich auf Polyvision und Cinerama stützen!

Es war klug und weitsichtig, *Grand Prix,* der vor allem von der außergewöhnlichen Spannung seiner Rennszenen lebt, für die Breitwand zu konzipieren. Man hat an den berühmtesten Rennplätzen der Welt, in Monaco, Monza, Spa und Mexiko gedreht. Leider ist die Handlung, wie häufig in solchen Filmen, nicht frei von sentimentalen Klischees. Sobald die Aktionsszenen beendet sind, schläft der Zuschauer ein.

Nach dieser ungewollten Zweitauflage einer Konfektionsware spielt Kirk Douglas wieder selbst – auch in einem Remake: *The Way West* (Der Weg nach Westen, 1967), nach einem Roman von A. B. Guthrie jr. Es ist die x-te Auflage von *The Covered Wagon* (Der Planwagen, 1924) von James Cruze. Diesmal ist es Andrew McLaglen, der Sohn des berühmten Ford-Schauspielers, der unter Einsatz von fünf Millionen Dollar den Weg der Pioniere durch Oregon im Jahre 1843 nachzeichnet.

Erneut entsteht ein spektakulärer Großfilm mit wunderschönen Landschaftsansichten und grandiosen Planwagenfahrten in den nordamerikanischen Cañons, die an Delmer Daves oder Anthony Mann erinnern, einziger Unterschied sind die technischen Mittel. Leider verläuft und verzettelt sich die Geschichte in einer Unzahl von Personen. Kirk Douglas verkörpert darin den fanatischen, visionären Senator, der durch seine demagogischen Fähigkeiten die Leute vom Aufbruch in ein neues Jerusalem überzeugen will.

Das gedrehte Material umfaßt eine Vorführdauer von vier Stunden und wird auf zwei Stunden zusammengeschnitten. Das Resultat ist entsprechend unbefriedigend und langweilt vor allem entsetzlich. Was übrig bleibt, sind sehr schöne Dokumentarszenen über Oregon. Eine weitere nennenswerte Tatsache ist das Zusammenwirken der drei Schauspieler Kirk Douglas, Robert Mitchum (die bereits vor zwanzig Jahren in *Out of the Past* zusammen gespielt hatten) und Richard Widmark.

Bescheidener, aber dafür ansprechender und interessanter ist *The War Wagon* (Die Gewaltigen, 1967) von Burt Kennedy.

Man wollte das klassische Thema des perfekt geplanten Raubüberfalls mit den Gepflogenheiten eines Western verquicken.
Der Überfall findet auf eine bewaffnete Postkutsche statt, die
wöchentlich einmal das Gold eines skrupellosen Minenbesitzers
zur Bank transportiert. Kirk Douglas und John Wayne treffen
zum dritten und letzten Mal aufeinander: Sie sind die beiden
Drahtzieher des Anschlags, der eine aus Rachsucht, der andere,
weil er auf das Gold aus ist.
Der Romanschriftsteller Clair Huffaker war zu jener Zeit ein
vielversprechendes Talent: Der einfallsreiche Ausgangspunkt

Mit Robert Mitchum und Richard Widmark in ›The Way West‹ (1967)

Mit John Wayne in ›The War Wagon‹ (1967)

seines Romans gab dem Regisseur Burt Kennedy Gelegenheit,
eine leichte, aber gediegene Regiearbeit abzuliefern, die in die
Reihe der unterhaltsamen, zur Parodie neigenden Westernfil-
me gehört. Kirk Douglas im herrlichen Gegensatz zu dem eher
steifen, sauertöpfischen John Wayne, quillt nur so über vor Le-
bendigkeit und Übermut, wenn er mit seinen Revolvern herum-
hantiert. Unwillkürlich muß man an *Man without a Star* denken.
David Lowell Rich, Regisseur verschiedenster Fernsehserien,
zeichnet für *A Lovely Way to Die* (1968) verantwortlich; ein ba-
naler Thriller, in dem der Schauspieler den Versuch unternimmt, einen Privatdetektiv zu spielen, wie man sie aus dem
»Film Noir« kennt. Eine solche Rolle hatte man ihm bisher noch
nie angeboten. Jim Schuyler, hart, gewalttätig und skrupellos,
ein Mann, dem alle Mittel recht sind, ist eine Figur derjenigen
amerikanischen Filmemacher, die an die Detektivfilme der vier-
ziger Jahre anzuknüpfen versuchen. Der von Kirk verkörperte

196

Mann, der nur vage an die rücksichtslose Härte seines Inspektors McLeod in *Detective Story* erinnert, gleicht eher seinen Kollegen in neueren amerikanischen Polizeifilmen: *Harper* (Einfall für Harper, 1966) von Jack Smight mit Paul Newman oder *Madigan* (Nur noch zweiundsiebzig Stunden, 1967) von Don Siegel mit Richard Widmark. Dieses veränderte Bild des Privatdetektivs erreicht in den siebziger Jahren mit Clint Eastwood in *Dirty Harry* (Dirty Harry, 1972) und Gene Hackman in *French Connection* (Brennpunkt Brooklyn, 1971) seinen Höhepunkt. Die beiden feiern ihre Erfolge als verbrecherische, korrupte Polizisten, die sich kaum noch von ihren Opfern unterscheiden.

In einer kurzen Szene dieses Films erkennt man die spätere Protagonistin aus *Love Story* (Love Story, 1971): Die blutjunge Ali McGraw, die im Vorspann gar nicht erwähnt wird.

Seit *Grand Prix* (1966) hatte die Joel keinen Film mehr produziert, und ihr letztes Produkt mit Kirk Douglas war *Seven Days in May* (1964).

Der Schauspieler aber hat wieder neue Ideen: Er plant ein Remake des Victor-Hugo-Stoffs *The Man who Laughs*. Die Idee ist interessant, und die Rolle des verunstalteten Helden, eine Phantasieschöpfung des französischen Romanciers, muß einen Schauspieler wie Douglas reizen. Niemand seit Conrad Veidt im Jahre 1928 hat es gewagt, ihn wieder zu spielen. Doch nach Abwägung aller Schwierigkeiten zieht schließlich auch Douglas den Rückzug vor. Waren finanzielle Probleme daran schuld oder, wie man sich erzählt, die Tatsache, daß er das Werk von Paul Leni gesehen und ihm die Hauptfigur als zu morbid für einen Star erschienen war?

Statt dessen produziert er einen Film, der in der schillernden Welt der Mafia angesiedelt ist: *The Brotherhood* (1969), in Szene gesetzt von Martin Ritt. Dieses Thema übte eine Zeitlang eine Art exotische Anziehungskraft aus, der man aber nach näherem Hinsehen nicht mehr nachgeben kann. Wie soll man heutzutage der Mafia irgend etwas Positives abgewinnen können, wenn man *The Godfather* (Der Pate, 1971) gesehen hat? Der vorliegende Streifen vermeidet jegliche moralische Reflexion und heroisiert in einer Welt des Verbrechens und der Korruption noch den kleinsten Kriminellen. – Einige Gruppen italienischer Herkunft haben sich gegen diese Darstellung ihres Milieus entschieden gewehrt.

Wenn man bedenkt, daß die zahllosen Nachfolger von Francis Ford Coppolas *The Godfather,* auch wenn sie noch so jämmerliche Produkte waren wie der abscheuliche Streifen von Terence Young mit dem Titel *Cosa Nostra* (Cosa Nostra, 1972), alle finanziell hervorragende Ergebnisse erzielen konnten, so muß man Kirk Douglas mit *The Brotherhood* wieder einmal einen gewissen Weitblick zugestehen.

Eduardo Cianelli, der berühmte »Böse« des amerikanischen Films, feierte übrigens in *The Brotherhood* sein letztes Comeback, bevor er 1970 im Alter von achtzig Jahren starb.

Es ist offensichtlich, daß Kirk Douglas' Karriere zu jener Zeit stagniert. Die Mehrzahl seiner letzten Interpretationen entspre-

Mit Alex Cord in ›The Brotherhood‹ (1969)

chen in keiner Weise seinem Talent und seinem Gesamtwerk, doch eine solche Leerlauf-Phase, wie sie in der Mitte des Lebens häufig auftritt, ist wohl für kaum einen Schauspieler leicht zu bewältigen. Kirk Douglas befindet sich in einem Zustand des »Sich-Arrangierens«, indem er die Früchte seiner harten Arbeit genießt und die angenehmen Seiten des Daseins genießt. Er hat ja auch nicht schlecht verdient – der Kommandant Eddington aus *In Harm's Way* zum Beispiel hat ihm 400.000 Dollar eingebracht!

Aber vielleicht dient diese Zeit auch der Regeneration seiner künstlerischen Kräfte ...

Jedenfalls wird er bald ein Projekt angreifen, das einen hervorragenden Platz in seinem Gesamtwerk einnimmt: Elia Kazans filmisches Testament mit dem beziehungsreichen Titel *The Arrangement* ...

11. KAPITEL

Aufschwung
(1969—1972)

Ursprünglich war Marlon Brando für die Rolle des Eddie Anderson in *Arrangement* von Elia Kazan vorgesehen. Der Mord an Martin Luther King am 4. April 1968 in Memphis veränderte die Situation jedoch schlagartig: Der Schauspieler wollte in Zukunft nur noch in solchen Filmen mitwirken, die für die Menschenrechte und insbesondere die Rechte unterdrückter Minderheiten eintraten. Folglich lehnte er Kazans Angebot ab, und Kirk Douglas erhielt die Rolle.

Die Begegnung Douglas – Kazan fand zu einem günstigen Zeitpunkt statt: Der Schauspieler hatte vier Jahre mit mittelmäßigen Filmen und Aufträgen hinter sich, und der Regisseur hatte vier Jahre lang an seinem weitgehend autobiographisch gefärbten Roman gearbeitet. »Es ist meine aufrichtigste Arbeit«, sagt Kazan selbst.

Dieses Buch, dieses »Kind«, beschäftigte ihn schon seit geraumer Zeit, genau wie sein vorausgegangenes Projekt *America, America* (Die Unbezwingbaren, 1969), das eine mehrjährige Reifezeit in Anspruch genommen hatte.

Zur Realisierung seines jetzigen Projekts stehen Kazan sechs Millionen Dollar zur Verfügung (er ist Produzent, Regisseur und Drehbuchautor), eine fast zu hohe Summe für einen Film, der in erster Linie eine sehr persönliche, intime Erfahrung vermitteln will, der zeigen will, daß hinter einer glänzenden, gesellschaftlichen Fassade durchaus ein Gefühl der Sinnlosigkeit vorhanden sein kann ... Wäre der Film bescheidener und weniger aufwendig ausgefallen, so hätte er bei einem Publikum, das zunächst einmal auf dieses Sujet mit Fassungslosigkeit reagierte, weil ihm diese Gedankengänge völlig fremd waren, vermutlich größeres Interesse erzeugen können. Auch die Flut von Rückblenden, derer sich der Film als Beweis- und Überzeugungsmittel bedient, steigerte nicht gerade Interesse und Aufmerksamkeit des Zuschauers. Trotz einer attraktiven Besetzung (Faye Dunaway, Deborah Kerr – zum ersten Mal Partnerin von Kirk

Mit Deborah Kerr in › The Arrangement‹ (1969)

Douglas –, Richard Boone, Hume Cronyn) wurde *The Arrangement* in Nordamerika nicht die erwartete Beachtung entgegengebracht.

Die Handlung dreht sich um einen erfolgreichen Publizisten (Kirk Douglas), der seinem äußerlich glanzvollen Leben keinen Sinn mehr abgewinnen kann und sich eines Tages im Verlauf eines Unfalls mit dem Tod konfrontiert sieht.

Dieser Unfall, der im Grunde genommen ein mißglückter Selbstmordversuch ist, setzt in Eddie Anderson einen Bewußtwerdungsprozeß in Gang. In dessen Verlauf wird ihm klar, daß er seit Jahren seine Kräfte für eine oberflächliche und entwürdigende Sache verschwendet hat.

Diese »Versinnbildlichung des modernen Amerika«, wie der Autor sein Werk selbst bezeichnet, ist in mehr als einer Hinsicht bedenklich. Für den aufmerksamen Kinobesucher ist dieser Film eher die negative Bilanz eines Mannes, der bestimmte Schwachstellen seines Lebens ungeschehen machen möchte. »In dieser persönlichen, zu einem Spektakel aufgeblasenen, vertraulichen Mitteilung«, schreibt Gilbert Salachas[1] in diesem Zusammenhang, »melden sich unterschwellig Scham und Reue, sich an bestimmten kompromittierenden Vorgängen beteiligt zu haben. Natürlich ist diese Aussage subtiler als eine masochistische Selbstanklage. (...) Unüberhörbar aber in diesem Geständnis ist das schlechte Gewissen, das nach Gnade und Vergebung schreit ...«

Die Frage ist, ob man Kazans Lebenslauf kennen muß, um seine Thematik zu begreifen!? Zweifellos unternimmt Eddie Anderson, ein Mann von vierundvierzig Jahren, diesen Selbstmordversuch, weil er mit sich und seiner soziokulturellen Entwicklung nicht mehr fertig wird. Diese ist ganz offensichtlich der Niederschlag eines Schuldgefühls, das sich bei Kazan aufgrund seiner Haltung in der McCarthy-Zeit festgesetzt hat. *The Arrangement,* das fünfzehn Jahre später entstanden ist, ist ebenso wie *On the Waterfront* (Die Faust im Nacken, 1954) der Versuch einer Rechtfertigung seiner Aussagen. »Es gibt Momente im Leben, in denen man alles zerstören muß, um wieder neu beginnen zu können«, argumentiert er.

The Arrangement ist verwirrend und unklar: »Er enthält meine eigenen Schwächen und Fehler«, sagt Kazan entschuldigend. Trotz allem aber gehört er zu all jenen Filmen, die ihre Faszination aus der überquellenden Demonstration menschlicher Probleme beziehen.

Théodore Louis und Jean Pigeon[2] schreiben: »In diesem Werk, dessen verschwenderische Fülle sich auf alle Gebiete erstreckt, vermischen sich Vergangenheit, Gegenwart, Zukunft, Eheleben, Ehebruch, beruflicher Ehrgeiz, Erfolg, Mißerfolg, Lebenslust und Lebensüberdruß zu einer meditativen Biographie.«

Das wesentliche Ereignis dieser Produktion aber ist das Zusammentreffen eines Schauspielers, der zu den berühmtesten Hollywoods gehört, mit einem der größten Regisseure der Filmstadt. Kazan selbst äußert sich sehr begeistert über die Zusammenarbeit mit Kirk, die er als eine seiner fruchtbarsten überhaupt bezeichnet. »Jeder Schauspieler hat eine andere Art, und man muß sich jedesmal wieder neu aufeinander einstellen«, erklärt er Eric Laguèbe.[3] »Es gibt dafür kein Rezept, allenfalls das, sich in Geduld zu üben. Man muß sie privat kennenlernen, um mit ihnen vertraut zu werden. Mit Kirk Douglas habe ich eine Woche lang geredet und dann erst angefangen zu arbeiten.«

Michel Ciment gegenüber erklärt er: »Ein Grund, warum ich Kirk Douglas engagiert habe, war, daß ich im Gespräch mit ihm festgestellt habe, wie sehr er Eddie Anderson ähnlich ist. Seine Eltern waren gleichfalls russische Bauern. Er hieß Isaak Danielowitsch und hatte sich, wie Eddie Anderson, ein wenig phantasievolles Pseudonym zugelegt: Kirk Douglas.[4] Er war ehrgeizig und sympathisch, wie Eddie am Anfang auch. Es fehlte ihm nur eins: Verletzlichkeit. Brando hätte diese Fähigkeit besessen, er

Mit Deborah Kerr während der Dreharbeiten zu ›The Arrangement‹

203

kann verzweifelt und hilflos wie ein Tier wirken – Kirk Douglas dagegen ließ keine Zweifel an sich selbst zu, er verdrängte sie, indem er haushohe Mauern gegen sie aufbaute. Brando dagegen ist transparent – er liegt völlig offen vor einem.«[5]

Kazan war deshalb gezwungen, einige Veränderungen in seiner Geschichte vorzunehmen. Seine Hauptfigur war im Buch als Schriftsteller und Publizist konzipiert, doch im Film beschränkte sich der Autor auf den Publizisten, denn: »Im Gegensatz zu Brando wäre Kirk als Schriftsteller nicht überzeugend genug gewesen, als Publizist dagegen hervorragend. Niemand hätte besser diese aggressive Komponente ins Spiel bringen können. Er ist nun einmal ein ausgezeichneter Verkäufer seiner selbst ...«, erzählt Kazan in einem seiner interessanten Gespräche, die Michel Ciment zusammengestellt hat.[5] Weiter heißt es: »Eddie Anderson hat seine Seele verkauft. (...) *The Arrangement* erzählt, wie er sie wiederfindet. Der Schluß des Films ist zwar schmerzensreich, aber voller Hoffnung: Eddie ist glücklich und zufrieden wie lange nicht mehr. Für sein Glück hat er freilich teuer bezahlen müssen. Beruflich und privat hat er alles aufgegeben – er besitzt nichts mehr. Aber er hat zu einer größeren inneren Stabilität gefunden. Wenn er am Grab steht, versuche ich zu zeigen, daß er ein Mann geworden ist. In der Szene, glaube ich, wäre Brando besser gewesen, obwohl Douglas sehr schöne Momente im Film hat. Bei Brando wäre irgendwo noch ein Splitter sichtbar gewesen. Kirk demonstriert nur Kraft. Ich hätte gern auch etwas Schwaches, Unsicheres gezeigt. Mit Kirk habe ich auf einige Aspekte der Person verzichten müssen, mit Brando hätte ich wahrscheinlich auf andere verzichten müssen. Das hat auch nichts mit Rollenverständnis zu tun, denn Kirk ist sehr intelligent. Brando hat als Schauspieler einfach eine andere Ausstrahlung und eine andere künstlerische Ausbildung.«[5]

Für den aufmerksamen Filmkenner besteht zwischen der Quintessenz von *The Arrangement* und dem bereits besprochenen *Strangers When We Meet* eine offensichtliche Verknüpfung: Ein reifer Protagonist hat dieses Mal die Kraft und den Mut, alles in Frage zu stellen und hier sogar die Beziehung zu seiner Frau abzubrechen. Die Zeiten haben sich offenbar geändert.

Die Verkörperung dieses Eddie Anderson gibt Kirk Douglas Gelegenheit zu einer ausgesprochen nuancierten Interpretation. Er hat sich mit allen ihm zur Verfügung stehenden Möglichkeiten in diese Person hineinversetzt und deren Probleme zu

In ›The Arrangement‹ (1969)

den seinen gemacht. Weil er sie als ein notwendiges, persönliches Übel betrachtete, konnte er mit Vergangenem abrechnen und schließlich für eine Neuorientierung frei werden.

»Die Figur, die ich in *Arrangement* gespielt habe«, erklärt der Schauspieler[6], »war ebenso wie van Gogh tief emotional und intellektuell ...«. »Das Ganze war für mich eine ungeheuere Erfahrung«, berichtet er mit unverhohlener Bewunderung für Kazan[7]: »Er ist der Beste von allen, mit denen ich jemals zusammengearbeitet habe. Wir haben uns anständig gezankt, und wir hatten Riesendiskussionen, aber unser Briefwechsel sollte veröffentlicht werden als ein hervorragendes Dokument der Zusammenarbeit zwischen Regisseur und Schauspieler. Kazan ist ein großer Charmeur. Er verführt alle: Frauen, Männer und sogar Gegenstände. Ich sagte zu ihm: ›Elia, wenn du mich so anschaust, kann ich dir nichts mehr verweigern.‹ Ich habe nie in meinem Leben einen faszinierenderen Kontakt zu einem Regisseur gehabt. Es war eine permanente Herausforderung. Er wollte, daß man ihm widerstand, war aber gleichzeitig unglaublich aufnahmebereit.«[7]

Auch wenn Amerika schmollte, stieß ›The Arrangement‹ bei den Kritikern in Mitteleuropa auf einmütige Anerkennung. Die Leistung des Schauspielers Kirk Douglas wurde ausführlichst kommentiert. Théodore Louis und Jean Pigeon schreiben: » ... Mit der Verkörperung des Eddie hat Kirk Douglas seine bislang stärkste Leistung gezeigt. Es ist diesem hervorragenden Schauspieler bisher noch nie gelungen, sein exzessives, überspanntes Temperament derartig sinnvoll einzusetzen. Er hat es gekonnt verstanden, die Dualität dieses Eddie zum Ausdruck zu bringen, der sich einerseits völlig chaotisch und labil den Lebensumständen gegenüber verhält, andererseits aber in schmerzvoller Klarsicht seine Konsequenzen zu ziehen weiß ...«[8]

Im Laufe des Jahres 1970 hörte man ununterbrochen von einem Western mit Kirk Douglas und Charlton Heston reden. Jeder Kinofreund wäre über eine solche Konstellation hocherfreut, aber leider bleibt diese Idee im Stadium des Projekts stecken ...
Nach der anspruchsvollen Aufgabe in *The Arrangement* ist Douglas nun reif für einen der größten amerikanischen Regisseure: für Joseph Mankiewicz. Er hat mit ihm bereits 1948 den beachtenswerten Film *A Letter to Three Wives* gedreht, darin aber keineswegs eine profilierte Rolle gespielt.

In *There Was a Crooked Man* (Zwei dreckige Halunken, 1970) kann Mankiewicz ihm eine aufregendere Rolle als damals anbieten. Das Originaldrehbuch entstammte der berühmten Feder der *Bonnie and Clyde*-Autoren David Newman und Robert Benton, deren Beteiligung auf eine kritische Auseinandersetzung mit den gängigen Moralvorstellungen schließen ließ. Diesen Erwartungen wurde *There was a Crooked Man* auch vollkommen gerecht ...

Paris Pitman Junior, alias K. D. landet wegen eines Geldraubs im Zuchthaus. In diesem Zuchthaus spielt sich der Film im wesentlichen ab. Abgeschnitten vom Rest der Welt, umgeben von einer unwirtlichen Natur, bilden die Zuchthäusler eine Art Mikrokosmos unserer Gesellschaft, die von Habsucht, Egoismus und Falschheit bestimmt wird. Wenn man genauer hinsieht, »sind die normalen Bürger in einer Stadt auch nicht viel besser als diese Sträflinge«, schreibt Freddy Buache.[9]

In diesem »untypischen, subtil subversiven«[10] Western – Mankiewicz hat sich zum ersten Mal in seiner Laufbahn dieser Filmgattung zugewandt – werden nicht die eingefahrenen Pfade des Genres benutzt. Der Regisseur setzt sich vielmehr locker und leichtfüßig über die bekannten Gesetze hinweg. Die gute Laune

Als ruchloser Schurke in › There Was a Crooked Man‹ (1970)

und die allgemeine Heiterkeit vermögen jedoch nicht »die pessimistische Grundhaltung zu verdecken, die sich hinter allem versteckt«.[11]

»Er ist ein sehr intelligenter, sehr feinsinniger Mensch«, urteilt Kirk Douglas über seinen Regisseur.[12] »Sein einziger Fehler ist, daß er zu intelligent ist. Kubrick, Wilder, Kazan sind vor allem instinktiv, dann erst intellektuell. Mankiewicz ist nur intellektuell. Aber was für ein Talent!« Was für ein Talent, in der Tat! Als ein Spezialist in der Beschreibung menschlicher Niederungen findet Mankiewicz Gefallen daran, seine Bilder so schwarz wie möglich zu zeichnen, um unsere schmutzige Welt so negativ wie möglich darzustellen; es gibt kaum Filme, die deprimierender, explosiver – und komischer sind als seine! Er benützt für sein eigentliches Anliegen gerne gängige Schemen, denn es geht ihm darum, die Allgemeingültigkeit der jeweiligen Thematik aufzuzeigen. Genauso ist er in *There Was a Crooked Man* verfahren: Die hier dargestellten Probleme haben ihre Gültigkeit zu allen Zeiten und an allen Orten. Gemeint ist der Mensch mit seiner selbstzerstörerischen, unwesenhaften Sucht nach Macht. *There Was a Crooked Man* ist einer der nihilistischsten, aber zugleich auch unterhaltsamsten Streifen. »In jedem noch so ehrenwerten Mann ist immer auch ein Splitter Unehrenhaftigkeit«, heißt es ironisch im Titelsong.[13] Wenn man dem Schluß des Films Glauben schenken darf, obsiegt im Leben immer das Böse: Der brave, pflichtbewußte Sheriff (Henry Fonda) nämlich, der während des ganzen Films seine Aversion gegen Gewalt gezeigt hat, kann letztlich der Versuchung des Geldes nicht widerstehen und nimmt die Beute an sich, um mit ihr nach Mexiko zu fliehen.

There Was a Crooked Man wird in Amerika ausgesprochen schlecht aufgenommen, worüber man sich allerdings nicht zu wundern braucht: Der Film ist ganz einfach zu negativ und zu anarchistisch. In Europa zieht er die freundliche Aufmerksamkeit derjenigen Kritiker auf sich, die den Regisseur Mankiewicz kennen und verehren; für das Publikum selbst ist er eine angenehme Unterhaltung.

Kirk Douglas ist auch nicht gerade ein begeisterter Anhänger des Werks: »Ein guter Film, der es verpaßt hat, hervorragend zu werden«.[14]

Erstaunlich, dieses Urteil, wenn man mit ansieht, »mit welcher Überzeugung und mit welcher Begeisterung er die niederträchtigsten Dinge«[15] ausführt. Der Schauspieler amüsiert sich ganz offenbar königlich, mit dieser geballten Ladung Dynamit unsere Vorstellungen von Moral, Sitte, Gesetz und Liberalität, die in vollkommenem Gegensatz zu unseren eigentlichen Instinkten und Bedürfnissen stehen, in die Luft zu jagen ... Paris Pitman Junior ist wohl der schlechteste aller schlechten Charaktere, die Douglas in seiner Laufbahn dargestellt hat. Leider ist er auch für längere Zeit seine letzte große Rolle.

Nach diesen beiden Höhenflügen begibt sich der Schauspieler in seichtere Gefilde. Von Zeit zu Zeit fällt zwar der eine oder andere Streifen durch sein Thema oder seine Machart noch auf, doch alles in allem haben diese banalen Produkte mit seinen Anfang der sechziger Jahre gedrehten, manchen Zündstoff liefernden Filmen nichts mehr zu tun. »Das ist nun mal so«, sagt Kirk Douglas, »wenn ich einmal im Jahr eine Rolle nach meinen Vorstellungen spielen kann und den Rest, um Geld zu verdienen, dann bin ich zufrieden ...«
Nach dieser Devise wird sich seine weitere Karriere mehr oder weniger gestalten.
1971 produziert er *Summertree* mit seinem Sohn Michael in der Hauptrolle. Michael hatte ein Jahr vorher in der schlecht vermarkteten Low-Budget-Produktion *Hail Hero* sein Filmdebüt gegeben. In *Summertree* spielte er also seine zweite Rolle. Er wird erst später, 1972, neben Karl Malden durch die berühmte Fernsehserie *The Streets of San Francisco* berühmt.
Die Adaptation von *Summertree* entstand nach einem Erfolgsstück des Pulitzer-Preisträgers Ron Cowen, der diese Vorlage 1968 im Alter von nur zweiundzwanzig Jahren geschrieben hatte. Es geht darin um ein Ehepaar, dessen Idylle durch den Vietnamkrieg empfindlich gestört wird. Die weibliche Hauptrolle spielt Brenda Vaccaro, die man bereits aus John Schlesingers *Midnight Cowboy* (Asphalt Cowboy, 1969) kennt. Außerdem hat man die beiden Broadway-Stars Jack Warden und Barbara Bel Geddes engagiert. Das Endprodukt – Regie führte der ehemalige britische Schauspieler Anthony Newley – fand keine breite Öffentlichkeit und konnte nur einen mageren Achtungserfolg verbuchen.
Im gleichen Jahr spielt Kirk Douglas in einem merkwürdigen »Kammerwestern« mit, den ein Mann namens Lamont Johnson in recht armseliger Manier hergestellt hat: *A Gunfight* (1971).

Die Dreharbeiten, zunächst für Spanien geplant, finden entgegen dem ursprünglichen Plan in den USA statt und werden von einem Indianerstamm finanziert, der in der Umgebung New Mexicos beheimatet ist. Es handelt sich jedoch nicht, wie man annehmen könnte, um eine Sympathiebezeugung, sondern einzig und allein um eine geschäftliche Operation. Die Bryna ist Mitproduzentin.

Der Drehbuchautor Harold Jack Bloom ist für Westernkenner kein Unbekannter: Zusammen mit Sam Rolfe hat er für Anthony Mann das Buch zu einem seiner Western verfaßt. Für diesen Film hier läßt er sich die herrliche Idee einfallen, Kirk Douglas als alternden Revolverhelden darzustellen. Zum ersten Mal spielt sich des Schauspielers Mythos in der Vergangenheit ab.

Der Film ist nicht mißraten, aber ein derartig reiches und originelles Buch, das die verschiedenartigsten Westernmotive kunstvoll und geschickt einbezogen hat, hätte einer phantasievolleren Regie bedurft. So muß man sich mit einer einfallslosen, ungeschickten, im Klischee verhafteten Bildfolge abfinden.

Der Sänger Johnny Cash, der hier seine erste Filmrolle spielt, kann sich neben Kirk Douglas durchaus sehen lassen.

Nach dem unbefriedigenden Resultat der vorausgegangenen Produktion steigen Kirk Douglas und die Bryna um so vehementer in ihr nächstes Projekt ein: Die Verfilmung von Jules Vernes Roman *The Light at the Edge of the World* (Das Licht am Ende der Welt, 1971).

Kirk Douglas scheint sich diesem Unternehmen, das zum großen Teil von Spanien und Liechtenstein finanziert wird, vollkommen verschrieben zu haben. *The Light at the Edge of the World* ist der dritte Spielfilm des jungen englischen Regisseurs Kevin Billington, der durch eine Reihe preisgekrönter Kurzfilme fürs Fernsehen zwischen 1963 und 1967 aufgefallen war.

Es ist schwer, diesen Film heutzutage zu beurteilen, da er um gut zwanzig Minuten gekürzt worden ist. Die Schnitte sind deutlich spürbar: Die Geschichte wirkt schnoddrig hingehauen, und bestimmte wichtige Ereignisse bleiben im dunkeln; die dramatische Wirkung ist fühlbar reduziert. Die Kritik hat vor allem die im Roman nicht vorhandene Ausführlichkeit und Bereitwilligkeit verurteilt, mit der die grausamen Folterungen und Mißhandlungen durch die Piratenbande vorgeführt werden. Anstoß erregte auch die tief sadistische Veranlagung des Piratenführers

Mit Raf Vallone in ›A Gunfight‹ (1971)

Kongre, dargestellt von Yul Brynner. Der Zuschauer, vor allem der Literaturkenner, wird von den »erfinderischen« Herstellern auf eine harte Probe gestellt; doch damit nicht genug: Er muß außerdem das obligatorische weibliche Wesen akzeptieren, das zu allem Überfluß auf wenig überzeugende Weise in die Handlung eingeschmuggelt wird. Man kommt also nicht umhin, Roman und Verfilmung sorgfältig zu trennen und Bellingtons Werk unabhängig von der Vorlage zu betrachten. Wenn man zum Vergleich *The Vikings* heranzieht, fällt in beiden Filmen

Als Leuchtturmwächter in ›The Light at the Edge of the World‹ (1971)

der Hang zu Brutalität und Sadismus auf. Man ist versucht, anzunehmen, Kirk Douglas, beide Male Produzent, habe sich nicht nur um die finanzielle Seite des Unternehmens gekümmert …

The Light at the Edge of the World wirkt im ganzen unausgeglichen und zusammengewürfelt, mal fesselnd, mal eintönig, zeitweise dicht und gekonnt, dann wieder ungeschickt und zufällig, als habe der Regisseur das Spiel und die Schauspieler sich selbst überlassen.

Diese sehr freie Jules-Vernes-Adaptation liegt in ihrer Machart auf halbem Weg zwischen dem machtvollen Koloß *The Vikings* und der leichteren, fast schmächtig wirkenden Ausführung von *20000 Leagues under the Sea.*

Zum dritten Mal hintereinander produziert die Bryna einen Film mit Kirk Douglas in der Hauptrolle, diesmal *Catch Me a Spy/Les Doights Croisés* in der Regie des Briten Richard »Dick«

212

Clement, dessen Namensgleichheit mit dem großen französischen Regisseur eindeutig nicht für Qualitätsgleichheit bürgt. Richard Clement hat von 1969 bis 1971 drei mittelmäßige Spionagefilme gedreht, die ohne großen Erfolg geblieben sind. *Catch Me a Spy* ist als Vehikel für das neue französische Sternchen Marlène Jobert gedacht, die dem anglo-amerikanischen Publikum vorgestellt werden soll. Umgeben von Kirk Douglas, dem Hauptdarsteller, und zwei weiteren namhaften britischen

Mit Marlène Jobert in ›Catch Me a Spy‹ (1971)

Schauspielern, Trevor Howard und Tom Courtenay, zieht sie sich glimpflich aus der Affäre. Die Geschichte selbst ist dermaßen überladen und unübersichtlich, daß man sich sehr bald von dieser banalen Doppel- oder Dreifachagentenstory abwendet und nur noch dem Spiel des Schauspielers folgt.

Kirk Douglas verteidigte sein Produkt mit dem Hinweis auf die internationale Besetzung, die den Einsatz in England, Frankreich und den USA problemlos gewährleistete. In einem Interview[16] unterstrich er, daß seiner Meinung nach nur noch internationale Filmproduktionen die Rentabilität und damit verbunden die Breitenwirkung des Kunstwerks »Film« garantieren könnten. »Es ist gut, wenn Techniker verschiedener Länder zusammenarbeiten. ›Filme machen‹ ist ein Mittel internationaler Verständigung.«

Die Zukunft gab ihm nur teilweise recht.

Als wolle er seiner Forderung nach Internationalität im Filmgeschäft Nachdruck verleihen, dreht der Schauspieler 1973 in Italien *Un Uomo Da Rispetare/Ein achtbarer Mann,* Regie: Michele Lupo. In seiner Gesellschaft befinden sich Italiener (darunter Guiliano Gemma), Deutsche (Wolfgang Preiss, Reinhardt Koldehoff) und eine von Indianern abstammende Spanierin (Florinda Bolkan). Doch dieser banale, profillose Thriller, der das abgedroschene Thema eines trotz aller Sicherheitssysteme funktionierenden Raubüberfalls zum x-tenmal wieder aufrollt, erzeugt selbst bei Douglas-Fans allergrößtes Unverständnis. Henry Moret fragt unumwunden in seiner ihm eigenen, humorvollen Art im »Ecran 73«: »Ist unser Freund Kirk Douglas jetzt vollständig pleite, daß er sich für derartige Unternehmungen hergibt? ...«[17]

Tatsächlich aber verfolgt der Schauspieler damit nur jene Politik, von der bereits die Rede war: Er spielt 08/15-Rollen, um das, was ihm am Herzen liegt, realisieren zu können.

1972. Ein kleines Fernsehintermezzo: Kirk Douglas tritt zum ersten Mal in einer Fernsehshow auf. Kostenpunkt: eine Million Dollar, organisiert von der London Bridge Special mit Tom Jones als Zugpferd, weiter Jennifer O'Neill, Hermione Gingold und Terry Thomas. Die erfolgreiche Sendung wurde aus finanziellen Erwägungen in London gedreht und von zwei bekannten Stars aus Los Angeles produziert: Burt Rosen und David Winters. Diese beiden haben einige der wichtigsten Jazz-Sendungen finanziert, die der amerikanische Sender N.B.C. (National Broadcast Corporation) mit so einzigartigen Musikern wie Gene Krupa, Benny Goodmann, Ella Fitzgerald, Count Basie und Duke Ellington ausgestrahlt hat.

Einige Zeit später erhält Kirk Douglas ein neues Angebot von ihnen: *Dr. Jekyll and Mr. Hyde,* eine musikalische Version des bekannten Werks von Robert Louis Stevenson. Er ist sehr angetan und akzeptiert sofort. Allerdings mit der Einschränkung, nicht sofort zur Verfügung stehen zu können. Er möchte zuvor einen langgehegten Traum Wirklichkeit werden lassen: einen Film in eigener Regie zu drehen.

12. KAPITEL

Einmal ist nicht genug
(1973–1975)

Nachdem man dem Schauspieler und dem Produzenten Douglas immer wieder den Vorwurf gemacht hatte, seine jeweiligen Rechte überschritten zu haben, wird er nun endlich selber zur Riege der »directors« gehören.

Dieser Wunsch, selbst Regie zu führen, bewegte ihn schon seit mehreren Jahren, doch er fand niemals die Zeit, ihn sich zu erfüllen. 1963 sagte er bereits zu Michel Ciment und Bertrand Tavernier[1]: »Ich würde gern einen Film über die ›schwarze Liste‹, über die Hexenjagd der McCarthy-Zeit machen. Einerseits reizt es mich, weil sich niemand bisher an dieses Thema herangetraut hat[2], andererseits möchte ich die skandalösen Methoden aufdecken. Ich würde mich von Dalton Trumbos Erfahrungen und der Art und Weise, wie man mit ihm umgegangen ist, inspirieren lassen. Das könnte sehr gut werden, bestimmte Momente darin könnten sogar verrückt oder komisch werden.«

Einstweilen aber – bevor er sich an dieses anspruchsvolle Projekt heranwagt – begnügt er sich mit einem wenig bekannten Roman von Robert Louis Stevenson –: »Scalawag«. Die Wahl dieses Schriftstellers deutet bereits die Richtung an, die den frisch gebackenen Regisseur interessiert: Es ist die Welt eines Jules Verne und eines Walter Scott, der Traum aller Heranwachsenden: das exotische Abenteuer. Kirk Douglas erklärt selbst, daß er einen Film jener Art drehen wolle, wie er sie in seiner Kindheit liebte. Zweifellos hatte er dabei Errol Flynns Erscheinung lebhaft vor Augen.

Ein solches Vorhaben war aber von vorneherein zum Scheitern verurteilt, denn diese frühen Abenteuerfilme bestachen durch ihre Naivität und Unbekümmertheit, die heute unwiederbringlich dahin ist. Bedingt also durch die modernen Stilmittel, die Douglas zwangsläufig und selbstverständlich einsetzte, entstand ein unausgeglichenes, uneinheitliches Werk voller Merkwürdigkeiten und Widersprüchlichkeiten.

Das Drehbuch wurde von Albert Matz und Sid Fleischman ver-

Als einbeiniger Pirat in ›Scalawag‹ (1973)

faßt. Matz gehörte zu den »Hollywood-Ten«, und die bloße Nennung seines Namens hatte einmal eine Schlägerei zwischen John Wayne und Frank Sinatra verursacht. Überhaupt war seine Fähigkeit, Streit heraufzubeschwören, größer als sein schriftstellerisches Talent. Aber immerhin hatte er für Delmer Daves (*Destination Tokyo*, 1943) und Jules Dassin (*Naked City*, 1948) arbeiten dürfen. Als Kameramann engagierte Douglas

Jack Cardiff, dessen wunderbare Bilder bei den *Vikings* schon Gefallen gefunden hatten. Für den Schnitt war John Howard verantwortlich, der in Howard Hawks' Film *Land of The Pharaohs* (Land der Pharaonen, 1955) als Regieassistent fungiert hatte.

Scalawag entwickelte sich sehr schnell zu einem Familienunternehmen. Anne Douglas produzierte, Peter Douglas (18 Jahre) war Standphotograph, Eric Douglas (15 Jahre) Produktionsassistent und Kirks Hund Shaft schließlich, ein Labrador, spielte auch eine kleine Rolle.

Außerdem gab es einen köstlichen, alkoholfreudigen Papagei, dem Mel Blanc von Warner (Bugs Bunny) seine Stimme lieh.

Peg, ein einbeiniger Gauner, dargestellt von Kirk Douglas, ist, so behauptet die Filmwerbung, eine Mischung aus Jesse James und Long John Silver und »keiner von denen, die in ihrem Bett sterben«: In der Tat stimmt Peg in seiner Glaubwürdigkeit und Urwüchsigkeit, seinem Mitleid mit den Armen und seinem Hang zur Gesetzlosigkeit mit diesen beiden Berühmtheiten überein, von denen erstere eine reale, die zweite eine imaginäre ist. Zusätzlich aber verfügt er über eine ausgesprochen spöttische Art, wie sie nur ihm zueigen ist.

Anfangs wollte der Schauspieler den Peg nicht selbst spielen: »Ich hätte lieber gehabt, daß ein anderer meine Rolle übernimmt, aber dann habe ich mir gedacht: Warum sollte ein anderer für mich spielen? Es weiß sowieso niemand, ob ich als Regisseur gut oder schlecht bin, ich habe nichts zu verlieren. Also habe ich mich zweigeteilt und auch in meinem Film gespielt.«[3]

Um diesen Abenteuerfilm auch für Kinder anziehend zu machen, begibt sich Peg mit einem kleinen Jungen namens Jamie auf Schatzsuche. Jamie wird von dem unvergeßlichen Mark Lester alias Oliver Twist aus dem Musical *Oliver* von *Carol Reed* (1968) dargestellt.

Kirk Douglas hat sich hingebungsvoll mit diesem heiklen Thema »Filmkinder« auseinandergesetzt. »Wenn Sie ein Kind von zwölf oder dreizehn Jahren vor sich haben«, sagte er 1972 zu Gordon Gow[4], »haben Sie es mit einem natürlichen Schauspieler zu tun. Wir entwickeln alle mehr oder weniger, wenn wir älter werden, eine Art Panzer, der uns schützt und unter dem wir uns verstecken können. Dadurch sind wir weitaus weniger zugänglich als Kinder. Sie sind offen und beobachten ständig. Wir dagegen haben gelernt, unsere Gefühle zu verstecken. In einer

Hinsicht besteht der Beruf des Schauspielers darin, wieder so wie die Kinder zu werden, aufnahmefähig und aufnahmebereit.« Was die Freundschaft und die Faszination zwischen Peg und Jamie betrifft, hat Kirk Douglas sein Ziel ohne Einschränkung erreicht.

»*Scalawag*«, erklärt der Schauspieler und Produzent, »war als Unterhaltungsfilm für Familien gedacht.« Eine Art Bilderbuch, das ein beglücktes Lächeln auf die Lippen zu zaubern vermag, wenn man sich an diese herrlichen Geschichten von früher erinnert, wo es nur um den einfachen Kampf Gut gegen Böse ging und wo es keine Fragwürdigkeiten und Zweideutigkeiten gab. Leider hat Kirk Douglas den gleichen Fehler wie bei *The Light at the Edge of the World* gemacht: Er hat seine schöne Geschichte mit Gewalt, Sadismus und Brutalität verunstaltet. Offenbar hatte er nicht die Absicht, denn er erklärt Barbara Paskin[5] in einem kurzen Gespräch: »Ob er ein Erfolg wird, weiß ich nicht. Es passiert sehr viel, aber es fließt kein Blut. Das hielt ich für überflüssig. Sam Peckinpah wäre sicherlich nicht einverstanden gewesen! Es gibt keine Einstellung, wo Blut herumspritzt; und wenn die Körper vom Felsen stürzen, sieht man nicht, wie sie unten aufschlagen. Überhaupt keine Grausamkeiten. Ob es richtig war oder nicht? Ich weiß es nicht.«

Gewalt ist freilich nicht mit Blut gleichzusetzen, wie es für Sam Peckinpahs Filme typisch ist. Gewalt kann sich wesentlich versteckter und hintergründiger ausdrücken. In *Scalawag* breitet sich, ebenso wie in *The Vikings,* eine unterschwellige, aggressive Gesamtatmosphäre aus, die zwar nie durch offene Gewalttätigkeiten entsteht, aber doch deutlich spürbar ist. Die Mehrzahl der Kinobesucher wird sich davon nicht abschrecken lassen, aber ein Großteil derer, an die sich der Film richten soll, wird ihm deshalb fernbleiben.

»*Scalawag* war ein Mißerfolg«, bedauert Kirk Douglas gegenüber Ken Ferguson.[6]

»Es war mein erster Regieversuch. Ich wollte etwas sehr Einfaches machen und habe eine Geschichte von Stevenson ausgewählt, die zu einem Film für Kinder werden sollte, lustig und ohne große Ansprüche. Das war alles, was ich wollte, aber wir hatten enorme Probleme mit dem Verleih, weil der Film nicht in Zusammenarbeit mit einem Studio entstanden war.«

Unmittelbar nach der Fertigstellung von *Scalawag*, begibt sich Kirk Douglas im Jahr 1973 in die Studios von Shepperton, in der

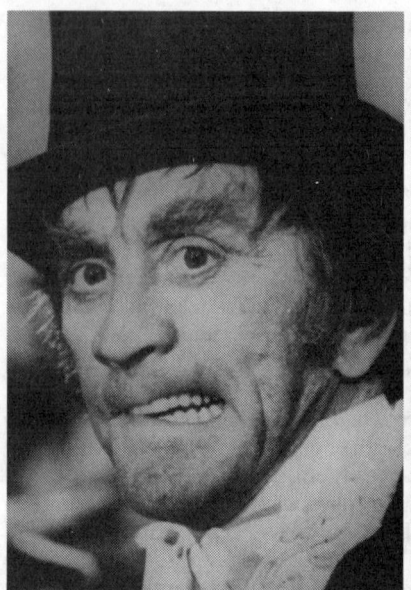

1973 in ›Dr. Jekyll and Mr. Hyde‹ (TV)

Nähe von London, um das Rosen/Winters-Projekt *Dr. Jekyll and Mr. Hyde* in Angriff zu nehmen. Ihm zur Seite steht eine Auswahl vortrefflicher britischer Schauspieler: Susan George, Susan Hampshire, Stanley Holloway, Sir Michael Redgrave und Donald Pleasence. Auftraggeber ist die N.B.C., und gedreht wird wieder einmal aus finanziellen Gründen in England. Die Sendung wird am 7. März 1973 in den Vereinigten Staaten ausgestrahlt und soll später als Film auch in Europa zum Einsatz gebracht werden.

Dazu kommt es jedoch nicht, denn die Gewerkschaft der britischen Schauspieler und die Screen Artists' Guild of America strengen einen Prozeß gegen die Produzenten an, die, so heißt es, den Schauspielern nicht die volle Gage gezahlt haben sollen. Seit diesen Vorgängen ist der Film verschwunden und wird aller Wahrscheinlichkeit nach auch nicht mehr wieder auftauchen. Schade, denn obwohl die amerikanische Presse nicht gerade überschwenglich auf dieses Produkt reagiert hat, würde sich der

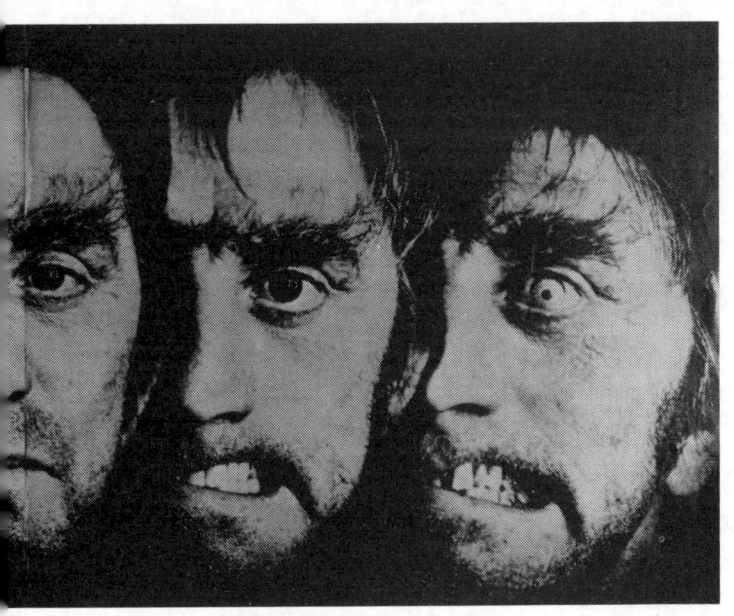

Cineast doch gern ein persönliches Bild davon machen, wie hier
mit einem der berühmtesten Kinomythen umgegangen worden
ist. Was sagt der Hauptbeteiligte selbst dazu?
»Nun ja, ich war sehr neugierig auf diese musikalische Adaptation eines Klassikers, der ja vor allem eine Horrorgeschichte ist.
Viele haben meinen Entschluß nicht gutgeheißen; wohl aus dem
einfachen Grund, weil sie niemals zuvor das Original gelesen
haben, das sich von seinen filmischen Varianten deutlich ab-
hebt. *Jekyll and Hyde* wurden mehrmals und meistens erfolgreich verfilmt und immer in der Absicht, es anders als die anderen machen zu wollen. Ich halte unseren Film trotz der vielen
kritischen Stimmen für gut.«[7]
Einige Wochen später begibt Douglas sich nach London, später
nach Montreal, um unter der Regie eines Kanadiers, Daniel
Petrie, *Mousey* zu drehen. Ursprünglich fürs Fernsehen vorgesehen, wird dieser Film aber doch mit dem Titel *Cat and Mouse*
(Besuch bei Mr. Scruby, 1974) zunächst in die nordamerikani-

schen, später auch in die englischen und belgischen Kinos gebracht.

Die amerikanische sowie die britische Presse sind sich darüber einig, daß es sich um einen mittelmäßigen, ausgesprochen schlecht konstruierten Thriller handelt. »Das ist diese Art von Geschichten, bei denen man den Eindruck hat, daß sie von hinten her aufgezäumt werden«, kommentiert Marjorie Bilbow[8], »jeder Vorgang ist immer schon auf den Schluß ausgerichtet und ergibt sich niemals als logische Folge aus der Eigengesetzmäßigkeit der Personen.«

Ein weiteres Ärgernis folgt aus der Inkonsequenz des Drehbuchs, das in der ersten Hälfte beim Zuschauer eine deutliche Parteinahme für den kriminell veranlagten Lehrer George (Kirk Douglas) erzeugt, am Schluß aber des Publikums Mitgefühl gleichermaßen auf seine terrorisierte geschiedene Frau lenkt.

Trotz der negativen Reaktion auf *Scalawag* versucht Kirk Douglas sich noch ein zweites Mal als Regisseur und diesmal, mit einem ihm ans Herz gewachsenen Genre, fällt das Ergebnis sehr viel beachtlicher aus: *Posse* (Männer des Gesetzes, 1975) ist ein Western, und zwar von jener Art, wie er sie durch frühere Rollen kennt. Der Film, nach einer Geschichte von Christopher Knopf konzipiert, ist ein Western mit politischem Hintergrund, der freilich seinen Unterhaltungszweck in keinem Augenblick verfehlt.

Kirk verkörpert auch hier wieder selbst den »Helden« seines Films, Marshall Nightingale – eine Figur, die in unmittelbarer Nachbarschaft der erfolgreichen Emporkömmlinge Midge Kelly in *Champion* und Charles Tatum in *Ace in the Hole* angesiedelt ist. Sein Sheriff Nightingale ist ein Mann, der anfangs durchaus Sympathien zu erwecken weiß, sich im Laufe der Geschehnisse aber als ein skrupelloser Demagoge entpuppt, der nur sein persönliches Ansehen im Sinn hat. Der Wilde Westen spiegelt in erstaunlicher Parallelität das Faustrecht unserer modernen Gesellschaft wider.

Indem er selber die Rolle des Bösen übernimmt, sich zugegebenermaßen allerdings auch darin gefällt und ihr sehr geschickt eine satirische Note verleiht, fällt er nicht »dem primitiven Narzißmus eines Clint Eastwood«[9] anheim, sondern weckt kraft seiner vereinnahmenden Ausstrahlung Sympathie und Anteilnah-

Ein krankhafter Mörder in ›Cat And Mouse‹ (1974)

me. Sein Gegenspieler, der raffinierte Jack Strawhorn, dargestellt von dem vortrefflichen, vielversprechenden Bruce Dern,
macht ihn, Nightingale, das Auge des Gesetzes, vor allen Ein-
wohnern der kleinen Stadt Tosota lächerlich und entkommt
schließlich mit reicher Beute.

Philippe Nourry[10] schreibt dazu: »Stolz und selbstsicher trägt er
seinen Sheriffstern, und die Gewißheit des nahen Sieges läßt
sein Gesicht erstrahlen – Kirk Douglas verkörpert mit unver-
gleichlicher Selbstverständlichkeit den Erfolgspolitiker respek-
tive Brigadechef ...«

Da der Regisseur Douglas um jeden Preis ein möglichst eigen-
williges Werk abliefern wollte, brachte er den Schauspieler
Douglas um sämtliche Szenen, die den Ruhm eines Stars ausmachen: Die obligate Liebesszene zum Beispiel dauert nur wenige

Minuten, da die junge Frau, die seine wahren Motive zu erkennen glaubt, sich im letzten Moment wieder zurückzieht.

Kirks zweiter Film zeigt handwerklich mehr Schliff, zusätzlich satirische Schärfe und eine gute Portion Schlagkraft. Vor allem in den Action-Szenen entfaltet sich Nightingales Menschenverachtung auf brutalste Weise. Als Nightingales »Brigade« Strawhorn in seiner Räuberhöhle aufstöbert, werden sämtliche Männer der Bande getötet, allein Strawhorn wird verschont, denn nur er, und zwar lebend hinter Schloß und Riegel gebracht, kann dem ehrgeizigen Sheriff bei den nächsten Senatswahlen von Nutzen sein ...

Kirk Douglas scheint über dieses Werk sehr glücklich zu sein; er äußert sich dazu in ähnlich überschwenglicher Weise wie über *Lonely Are the Brave*. Er ist vor allem stolz darauf, politische Zusammenhänge eingeflochten zu haben. Wohl nur aus rein ökonomischen Erwägungen heraus hat er die Hauptrolle übernommen, was er letztlich irgendwie bedauert: »Ich hätte mich gern mehr auf die Arbeit mit den Schauspielern konzentriert; für mich als Regisseur ist es zugleich ein Vergnügen und eine Herausforderung, einer der ihren zu sein.«[11]

Schauspieler ... »Ich mag sie einfach«, sagt er noch einmal.[12] »Ich bewundere die Schauspielkunst, und ich sehe gern zu, wie sich ein Talent entfaltet; aber auch aus einem anderen Grund gehört mein ganzes Mitgefühl dem Schauspieler. Ich habe mit vielen Regisseuren zusammengearbeitet, die den Schauspieler im Grunde genommen verachten. Dabei sind sie in Wahrheit nur neidisch, weil die Schauspieler diejenigen sind, die das meiste Geld und den Ruhm einheimsen.«

Posse wurde in Berlin auf dem Filmfestival 1975 vorgestellt. Wenn er auch ebenso wie *Scalawag* kein Kassenschlager wurde, so erntete er von seiten der Presse doch großes Lob. Aber leider garantiert das eben noch keine hohen Einspielergebnisse!

»Obwohl ich mir bei beiden Versuchen die größte Mühe gegeben habe, waren beide Projekte Mißerfolge«, erklärt Kirk Douglas ganz offen und ehrlich, nachdem seine Filme gelaufen waren.

Indessen ist sein persönliches Urteil wohl etwas zu streng: *Scalawag* kann, und dafür sorgt der Schauspieler Kirk Douglas mit seinem Talent und seinem Können, durchaus als guter Unterhaltungsfilm gelten; was *Posse* anbetrifft, gebührt diesem Werk Lob und Anerkennung für den Mut, mit abgedroschenen We-

Mit James Stacy in ›Posse‹ (1975)

sternklischees in einer Art und Weise aufgeräumt zu haben, wie
es bisher noch keiner gewagt hat.
In diesem Sinne verdienen beide Filme die wohlwollende Aufmerksamkeit des Publikums.

13. KAPITEL

Der Schatten des Giganten
(1975–1979)

Nach seinen beiden honorablen Regieversuchen gleitet des Schauspielers Karriere in ausgefahrene Wege. Er dreht zwei Filme, die zu den schlechtesten seiner gesamten Laufbahn gehören.

Jacqueline Susann's Once Is Not Enough (1975) von Guy Green ist ein plattes Melodram, das von Unwahrscheinlichkeiten nur so strotzt und durch seine schmutzig-zotigen Unanständigkeiten beim Zuschauer entweder Indifferenz oder Gelächter erzeugt. Jacqueline Susann, amerikanische Romanschriftstellerin, 1921 geboren und 1974 gestorben, konnte in Amerika wegen ihrer freien Beschreibungen schlüpfriger Szenen beträchtliche Erfolge verbuchen. Einige ihrer Romane wurden sogar filmisch verwertet: Mark Robson dirigierte *Valley of the Dolls* (Das Tal der Puppen, 1968) und Jack Hailey jr. *Lovemachine* (1971). Ihre Romanzyklen, meist verwirrend und unübersichtlich, wollen bestimmte Zustände kritisch und angriffslustig beleuchten, verlieren sich aber oft in einer krausen, nur noch effekthascherischen Darstellung, die alle ursprünglichen Absichten zunichte macht. Es ist die Art »von verführerischer Aufmachung, die zwar alle Sinne anspricht, aber weder zum Nachdenken noch zum Widerspruch anregt«, schreibt Jacqueline Lajeunesse[1] sehr richtig.

Um diesem Film nun die nötige Publicity zu verleihen, fügte man dem Originaltitel den Namen der Autorin bei; eine ungewöhnliche Entscheidung, aber erklärlich durch den nicht weit zurückliegenden Tod Jacqueline Susanns. In den Vereinigten Staaten hat der Film wegen seiner Homosexuellen-Szenen, die mit ungewohnter Offenheit dargestellt waren, Furore gemacht. Aber dieser Exhibitionismus verwundert den kritischen Be-

Der Niedergang eines Produzenten in ›Jacqueline Susann's Once Is Not Enough‹ (1975)

Mit Deborah Raffin in ›Jacqueline Susann's Once Is Not Enough‹ (1975)

trachter nur wenig, im Gegenteil, er bestätigt nur den reißerischen Aspekt eines absolut kommerziell ausgerichteten Unter-
fangens. Die Kritik spart auch nicht mit Vorwürfen. Der Rezensent von »La Croix« ereifert sich: »Niederschmetternd! Wie
konnte Kirk Douglas nur so eine Rolle annehmen?«[2]
Nur kurze Zeit später hat der Schauspieler wieder in einem ausschließlich von kommerziellen Interessen getragenen Projekt

einen Auftritt von nur wenigen Minuten: *Victory at Entebbe* (1976), inszeniert von dem Israeli Marvin Chomsky, der die berühmte Flugzeugentführung von Entebbe zum Anlaß seines Films machte. Ursprünglich war diese »Dokumentation« ein Fernsehfilm der Warner-Columbia, dessen kommerzielle Verwertbarkeit aber sehr schnell erkannt wurde und für den Einsatz in Europas Lichtspielhäusern auf 35 mm vergrößert wurde. Die unscharfen, ineinanderfließenden Bilder stellen himmelschreiend unter Beweis, mit welcher Schamlosigkeit Hersteller und Verleiher das Publikum auszubeuten versuchen.

Victory at Entebbe ist ein völlig farbloses Werk, das lediglich die Fakten des gefährlichen Unternehmens aufzählt. Wie oft in solchen Fällen zieht man eine Menge bekannter Stars heran, um das unscheinbare Projekt aufzuplustern. Kirk Douglas und Eli-

Mit Anthony Hopkins und Elizabeth Taylor in ›Victory at Entebbe‹ (1976)

zabeth Taylor bestreiten einen flüchtigen Auftritt als Eltern eines jungen Mädchens, das als Geisel in dem Flugzeug festgehalten wird. Man vergißt besser diesen Fauxpas des Schauspielers, der ihm vermutlich eine beträchtliche Gage eingebracht hat.

Wesentlich interessanter ist sein nächstes Projekt: *Holocaust 2000* (1972) von Alberto de Martino, eine italienische Produktion, die vergleichbaren amerikanischen Streifen Konkurrenz machen will. Nach dem Italo-Western und den »Schwarzen Thrillern« made in Europe verlegt sich Italien logischerweise nach dem Vorbild von *The Exorcist* (Der Exorzist, 1973) auf die Herstellung von Phantasiefilmen. Unter diesem Gesichtspunkt kann sich *Holocaust 2000* durchaus mit anderen erfolgreichen Vertretern dieses Genres messen: Das Drehbuch ist Originalität aus Meisterhand und mischt geschickt kabbalistische Mystik und esoterische Traditionen zu wahnwitzigen Hirngespinsten.

Der Film beschreibt stringent und lückenlos, wie der Antichrist sich langsam aber stetig seine Herrschaft über unsere Welt aufbaut. Der Film wurde zum Teil im Wykehurst Park, einem Landsitz in Sussex, gedreht, wo auch *Legend of Hell House* von John Hough entstanden ist. *Holocaust 2000* wird vor allem von den Liebhabern des Phantastischen Kinos geschätzt, die von Haus aus eine Vorliebe für übernatürliche Vorgänge und überirdische Erscheinungen mitbringen. Die sogenannte seriöse Kritik ist empört, daß die Thematik der Atombombe die Geschichte weder ernsthaft verändert noch erheblich verbessert hat. Erst *China Syndrome* (1979) von James Bridge, produziert und gespielt von Kirks Sohn Michael, behandelt dieses wichtige, bis dahin tabuisierte Sujet in angemessener Weise.

Zwischenzeitlich hat Kirk Douglas endlich eine große, vierteilige Fernsehserie (Gesamtvorführdauer: 6 Stunden) in der Regie von Boris Sagal drehen können: *The Moneychangers*. »Das Ganze war ein Risiko«, erzählt der Schauspieler. »Soll ich Ihnen sagen, warum? Viele Regisseure wollen überhaupt nicht mit mir arbeiten. Das kommt häufig vor, wenn man lange Zeit sehr berühmt war. Ich glaube, daß Boris auch einige Vorbehalte hatte, mit mir zu drehen. Wir sind dann alles von vorn bis hinten durchgegangen. Das war hart, und ich bestand darauf, daß er mir seine Anweisungen gab. Daraufhin meinte er, ich solle mir mal keine Sorgen machen, er habe die Sache schon im Griff.«

Für eine Fernsehproduktion hatte man eine beachtliche Beset-

Mit Agostina Belli in ›Holocaust 2000‹ (1977)

zung zusammengestellt: Außer Kirk Douglas wirkten Christopher Plummer, Ralph Bellamy, Anne Baxter, Patrick O'Neil, Joan Collins, Jean Peters und andere mit.

Die Präsenz von Douglas und Plummer bestimmt von Anfang an die Serie, die sich zwar allzuhäufig in Direktionszimmern abspielt, ansonsten aber hervorragend inszeniert und interpretiert ist. Ganz entgegen seiner sonstigen Gewohnheit hat Kirk Douglas Christopher Plummer die Rolle des »Bluthundes« spielen lassen.

Seit einigen Jahren ist Kirk Douglas bei den großen Filmproduzenten in Vergessenheit geraten: Seine letzten Filme waren qualitativ mittelmäßig und ihre Einspielergebnisse nicht gerade phantastisch. Doch Brian de Palma, der sich zu einem Spannungsspezialisten in Hollywood entwickelt hat, engagiert ihn

Mit Amy Irving in ›The Fury‹ (1978)

mutig. »Es gab einige Schwierigkeiten, weil er nicht mehr den gleichen Kurswert hat wie früher«, berichtet de Palma.[3]

Sein Film *Fury* (Teufelskreis Alpha, 1978) stößt bei den Fans des Phantasiefilms immerhin auf erhebliches Interesse, so daß dank einer hartnäckigen und gezielten Pressearbeit, die Kritik und Publikum für das Werk dieses Mannes »aus der zweiten Reihe« zu begeistern vermochte, sich die Einspielergebnisse sehen lassen können.

Nachdem Brian de Palma durch so fragwürdige Streifen wie *Phantom of The Paradise, Obsession* (Schwarzer Engel, 1976) und *Carrie* (Carrie – Des Satans jüngste Tochter, 1976) internationalen Ruhm erlangt hat, hält er sich, von seinen Fans unterstützt, für einen neuen Hitchcock, der mit einer Dreistigkeit und Überheblichkeit sondergleichen seine Werke beurteilt. Dabei

232

ist er nicht mehr als ein geschickter Handwerker, der die Erwartungen des schlechten Geschmacks mit möglichst reißerischen Effekten, die gerade »en vogue« sind, aber niemals über sich selbst hinausweisen, zu befriedigen weiß. Das wirklich Exzessive, und das hat die fünfzigjährige Geschichte des Kinos bewiesen, vermag die unterschiedlichsten Zeiterscheinungen mühelos zu überdauern. *Fury* macht, was de Palmas »Stil« anbelangt, keine Ausnahme. Im Gegenteil, durch die zahllosen Effekthaschereien und nicht endenwollenden Ungeheuerlichkeiten verfällt er in einen blutigen Wahn, der mit Mühe eine auch nur flüchtige Intensität erreicht.

Kirk Douglas in der Rolle eines Vaters, der seinen mit übernatürlichen Fähigkeiten begabten Sohn den Krallen einer Agentur für Spionageabwehr zu entreißen versucht, hinterläßt beim Zuschauer einen nachhaltigen Eindruck. Eric Laguèbe beschreibt ihn sehr richtig als »ein Raubtier von ungeheuerer Zähigkeit«.[4]

Im Verlauf einer Szene in den Straßen Chicagos erinnert der in eine Verkleidung gehüllte Schauspieler an die beängstigende Gestalt des Mörders aus *The List of Adrian Messenger*.

In dieser Rolle, einer seiner besten in den letzten Jahren, wo er mehr als ein Schatten seiner selbst ist, leuchten seine Fähigkeiten noch einmal eindrucksvoll auf: Sein Talent ist ungebrochen, er vermag Figuren und Situationen mit intensiver Emotionalität zu füllen, wie es ihm so leicht kein anderer nachmacht. Seine lebendige Darstellung von Zorn, Haß und Gewalt ist seit drei Jahrzehnten sein Markenzeichen, und es wäre wünschenswert, daß sich Regisseure dieses herausragenden Könnens noch lange bedienen würden.

Ein Mann, der Respekt verdient

*Ich war mein Leben lang selbständig und
unabhängig. Ich habe mich kein einziges Mal
an ein Studio gebunden. Das ist doch nicht
schlecht für einen einfachen, russischen
Emigrantensohn …
Wenn ich etwas hasse, dann die Mittelmäßigkeit.*

Kirk Douglas

Im Jahre 1962, als er ›Two Weeks in Another Town‹ drehte

»Ich habe gute und schlechte Filme gemacht, erfolgreiche und erfolglose, aber mit meinen Filmen haben die Studios niemals Verlustgeschäfte gemacht. Dazu braucht man kein Geheimrezept: Man muß nur selbstkritisch sein und sein persönliches Konzept verfolgen. Eine Zauberformel gibt es nicht. Wichtig ist, daß man seinem Instinkt vertraut und in der festen Hoffnung lebt, recht zu behalten.«[1]

Kirk Douglas, der mit Begeisterung sein Leben dem Kino verschrieben hat, kann auf seine ungewöhnliche Laufbahn mit Stolz zurückblicken: Dank seiner Unabhängigkeit und seines Fingerspitzengefühls, das ihn selten im Stich gelassen hat, ist es ihm gelungen, ein geschlossenes, einheitliches Œuvre als Resultat seiner Karriere vorweisen zu können. Abgesehen von den enttäuschenden letzten Jahren war sein Wirken ununterbrochen von dem hartnäckigen Willen getragen, seine Ideen und Vorstellungen filmisch zu verwirklichen, freilich immer im Wissen um den Anspruch des Publikums, das er zu interessieren, manchmal zu überzeugen und vor allem zu unterhalten suchte. Diese Absicht hatten außer ihm damals noch mehrere andere Schauspieler/Produzenten, doch Kirk Douglas war der einzige, der dieses Vorhaben mehr als zehn Jahre lang erfolgreich in die Tat umzusetzen wußte.[2]

Kirk hat nie einen Hehl aus seinen bevorzugten Filmen gemacht. Es sind: *Lonely Are the Brave, Spartacus, Paths of Glory, Champion, Lust for Life* und *The Vikings.* Sie alle gehören zu den besten und begeisterndsten Filmen überhaupt!

Lonely Are the Brave ist die leidenschaftliche Verherrlichung des Individualisten, der in einer Gesellschaft, die die menschlichen Werte mit Füßen tritt, keinen Platz mehr findet. *Spartacus* ist der unüberhörbare Appell an die menschliche Würde, den Kampf gegen jegliche Art der Tyrannei aufzunehmen. In gleicher Absicht klagt *Paths of Glory* die skandalöse Ungleichheit von Chancen und Klassen an.

Mit *Champion* bestätigt der Schauspieler seine Vorliebe für durchschlagende, jeder Kinomoral entgegenlaufende Darstellungen. *Lust for Life* bot ihm Gelegenheit, sich einer Interpretation leidenschaftlich und bedingungslos hinzugeben und sie mit überzeugender Kraft und Wahrheit auszufüllen. Seine Darstellung in Minnellis Film geht wie kaum eine andere im zeitgenössischen Kino unter die Haut des Zuschauers.

The Vikings bezeugt des Schauspielers nicht zu verleugnende

Schwäche für das grandiose Spektakel. Der Film verweist auf die Ursprünge menschlichen Zusammenlebens und die daraus resultierenden Probleme.

Sinn für das Monumentale, Aufstand gegen die Ungerechtigkeit, ungezügelte Sehnsucht nach Freiheit, Forderung nach Toleranz: ein ungewöhnliches Programm für einen Schauspieler, der seine Karriere in Hollywood gemacht hat, der die Hexenjagd des unseligen McCarthy überstanden hat, der sich durchgesetzt hat, ohne jemals einer großen »Company« angehört zu haben, und der seine Projekte nach eigenem Ermessen ausgewählt und durchgeführt hat. Stolz und allein!

Denn Erfolg macht einsam!

Heute, wo Kirk Douglas die Sechzig überschritten hat, kann er sich rühmen, mit den meisten großen Cineasten der ersten und zweiten Garde Hollywoods zusammengearbeitet zu haben (Aldrich, Dmytryk, Fleischer, Frankenheimer, Hathaway, Hawks, Huston, Kazan, Kubrick, Mankiewicz, Mann, Minnelli, Preminger, Quine, Ritt, Robson, Sturges, Vidor, Wilder, Wyler). Einige von ihnen haben mit Hilfe seiner Mitwirkung – und häufig dank seiner Leistung – namhafte Werke geschaffen.

Seine Produzententätigkeit war weder unnütz noch hat sie dazu gedient, ihn als Star zu protegieren. Aber ihr ist es zum Beispiel zu verdanken, daß ein so hervorragendes Talent wie Stanley Kubrick sich entfalten konnte.

Nach fünfundzwanzig Jahren Ehe ohne Krise mit Anne Buydens kann man gleichermaßen von einem privat erfolgreich verlaufenen Leben ausgehen; was in dem oberflächlichen, manierierten Milieu der Filmstadt ein wahres Kunststück ist. »Je älter Anne wird, desto anziehender wird sie für mich. Ihre Ausstrahlung wird von Tag zu Tag intensiver, und glauben Sie mir, daran sieht man, ob eine Frau glücklich ist. Was sie ausstrahlt und was mich nach wie vor an ihr fasziniert, das ist eine innere Schönheit. Leider legt man heutzutage viel zu viel Wert auf Äußerlichkeiten; es ist nämlich vor allem die innere Schönheit, die eine Frau im Laufe der Jahre bereichert ...«[3]

Wie äußert sich Anne über ihren turbulenten Gatten?

»Er ist ein ungeheuer warmherziger, sensibler Mensch, neigt aber zu plötzlichen und heftigen Stimmungsumschwüngen. Er ist sicher einer der aktivsten Menschen, die auf dieser Erde herumlaufen. Kirk kommt nachmittags von der Arbeit nach Hause,

Kirk und Anne Douglas beim Filmfestival in Cannes 1970 (Kirk gehörte zur Jury)

zieht sich etwas anderes an und geht zum Baden oder spielt Tennis, wechselt wieder seine Kleider, führt sechzehn Telefongespräche, liest ein Drehbuch, macht mit mir einen Spaziergang, führt wieder sechzehn andere Telefongespräche, verschlingt sein Abendessen, läßt einen Film im Salon laufen, liest die Zeitung und die Fachzeitschriften und rollt sich schließlich in sein Bett! Ob er schläft? Ja, er schläft auf der Stelle ein, aber eine Stunde später wacht er wieder auf und hat eine Idee, springt auf, um sie zu notieren, weckt mich und besteht darauf, mit mir darüber zu reden. Aber ich beklage mich keineswegs – ich liebe ihn so wie er ist ...«[4]

Seine vier Söhne, Michael, Joel, Peter und Eric, sind heute zwischen fünfundzwanzig und vierzig Jahre alt. Der erste hat es geschafft, sich als Schauspieler und, unter ähnlichen Voraussetzungen wie sein Vater, als freier Produzent durchzusetzen. Nach dem außergewöhnlichen Erfolg von *Einer flog über das Kuckucksnest* produzierte er *China Syndrome,* einen Film, der die verhängnisvollen Auswirkungen des Atomunfalls von Three Miles Island beschreibt. Dieses Projekt bietet ihm gleichzeitig Gelegenheit, wieder einmal als Schauspieler vor der Kamera zu stehen. Joel und Peter sind beide Produktionsdirektoren. Eric möchte Schauspieler werden. »Der einzige, der genauso verrückt ist wie ich«, meint sein Vater liebevoll.

Kirk selbst will sich noch lange nicht zur Ruhe setzen. »Ich, ich mich zurückziehen? Niemals! Ich fühle mich verpflichtet zu arbeiten ... Ich muß Filme drehen, ich muß spielen, schreiben und lesen, irgend etwas. Das gehört zu mir, das brauche ich, das ist mein Leben.«[5]

Und er fährt fort, seiner Arbeit nachzugehen; mehr und mehr in Europa, mit der stillen Hoffnung, eines Tages in einem französischen Film unter der Regie von Claude Sautet oder Bertrand Tavernier spielen zu können, deren Werke er sehr verehrt.[6] Die beiden Cineasten gehören wie er der Gruppe derjenigen an, die das Publikum vor allem unterhalten wollen. »Ich finde, daß die meisten Regisseure viel zu anspruchsvoll geworden sind«, beklagt er sich.[7] »Sie halten sich für weiß Gott wen und gründeln viel zu tief in ihren Sujets herum. Wir sind mittlerweile so weit, daß der Unterhaltungswert eines Films von den Regisseuren als unwesentlich empfunden wird. Sie vergessen dabei, daß es für Millionen von Menschen in unserer gestreßten Gesellschaft ein wunderbares Heilmittel sein kann, im Kino zu sitzen und zwei Stunden lang ihre Probleme vergessen zu können. Das Publikum hat ein großes Anrecht darauf, und man sollte das nicht übersehen.«

Er scheint letztlich nur eine einzige Sache zu bedauern, nämlich die, nicht öfter auf der Bühne gestanden zu haben: »Ich würde gern noch einmal Theater spielen. In einer bestimmten Hinsicht ist Theater befriedigender als Film. Auf der Bühne kann man fortlaufend spielen, während Filme wie ein Mosaik zusammengesetzt werden – jeden Tag dreht man einen kleinen Teil und meist nicht einmal in der richtigen Reihenfolge. Schön ist dagegen beim Film, daß man ein großes Publikum hat.«[8]

Wenn man den Schauspieler so ausführlich über sein Metier reden hört, drängt sich die Frage nach einer Autobiographie auf. »Nun ja«, sagt er, »daran habe ich auch schon gedacht und sogar schon angefangen zu schreiben. Aber ich finde, eine Biographie darf nicht von Anfang bis Ende biographisch sein. Ich habe einmal gesagt, daß ich, um die Wahrheit sagen zu wollen, einen Roman schreiben müßte, und wenn ich lügen wollte, würde ich meine Biographie verfassen. Ich meine damit, daß es schwierig ist, über sich selbst die volle Wahrheit zu sagen ...«

Kirk während der Dreharbeiten zu ›Posse‹ (1975)

›The Villain‹ (1979) mit Ann-Margret

Diese Erklärung hat er im November 1975 abgegeben. Mittlerweile ist er dabei, einen Roman und ein Erinnerungsbuch über seine Arbeit vorzubereiten. »Einerseits«, meint er[10], »ist dieser Beruf wohl einer der unangenehmsten: Viele Dinge gehen schief, und man muß immer wieder Enttäuschungen hinnehmen. Andererseits aber kann man sich ihm auch nicht entziehen …« Um so weniger, da er auch unendlich bereichernd sein kann: »Beim Film habe ich französisch sprechen gelernt, ich habe tauchen gelernt, Gitarre spielen, Trompete, Clownskunststücke, boxen, reiten, rennfahren …«[11] Und nicht nur das, der

Film hat ihm auch noch lukrativere Dinge eingebracht. In seiner
luxuriösen Villa »Canon Drive« hängt eine Gemäldegalerie im
Wert von mehr als zehn Millionen Dollar: seltene Werke aus
präkolumbianischer Zeit, moderne und impressionistische Bilder, Chagall, Rouault, Picasso und Vlaminck. »Van Gogh fehlt,
das soll wohl ein Witz sein!« meint Tony Thomas.[12] »Der ist zu
teuer für mich«, antwortet der Schauspieler. »Und außerdem
hätte ich dann ständig das Gefühl, mit meinen eigenen Bildern
konfrontiert zu sein!«
Bert Reisfeld[13] vergleicht Kirks Methoden, sich auf einen Film

vorzubereiten, mit dem Training eines Sportlers, der sich für einen Wettkampf fitmacht – Energie und Hartnäckigkeit, das sind die typischen Merkmale seines Charakters! Aber gleichzeitig ist Kino für ihn ein Mittel, mit der Welt und ihren Menschen in einen Dialog zu treten, der unabhängig von Grenzen und Auffassungen geführt werden kann. Es ist eine Art kulturelles Band, das er zwischen sich und seinem Publikum gespannt sieht. Er sagt dazu[14]: »Spielen, das bedeutet: jemandem etwas erzählen. Ich erzähle Ihnen etwas, und Sie hören mir zu – davon gehe ich zumindest aus! Wenn ich also wissen möchte, ob jemand ein guter Schauspieler ist, beobachte ich nicht denjenigen, der spricht, sondern denjenigen, der zuhört ...«

Diese Feststellung ist zweifellos zutreffend. Deshalb darf man in Anbetracht der Anerkennung, die diesem Sohn einfacher russischer Emigranten inzwischen auf der ganzen Welt entgegengebracht wird, zu Recht davon ausgehen, daß wahres künstlerisches Ethos letztlich immer die ihm gemäße Würdigung erfährt.

Paris (März bis August 1979)

Filmographie

1. The Strange Love of Martha Ivers. USA, 1946.
P: Hal B. Wallis für Paramount. R: Lewis Milestone. DB: Robert Rossen (nach einer Geschiche von Jack Patrick). K: Victor Milner. M: Miklos Rozsa. S: Archie Marshek. A: Hans Dreir, John Meehan. V: Paramount. Lz: 117. Besetzung: Barbara Stanwyck, Van Heflin, Lizabeth Scott, *Kirk Douglas* (Walter O'Neil), Judith Anderson, Roman Bohnen, Daryl Hickman, Janis Wilson, Ann Doran, Frank Orth, James Flavin, Mickey Kuhn.

Die reiche Martha Ivers, letzter Sproß und Alleinerbin einer namhaften Industriellendynastie, ist mit dem Sohn ihres Vormunds, dem jungen Distriktanwalt Walter O'Neil, verheiratet. Sie verachtet ihren Mann, der sie jedoch aufrichtig liebt, abgrundtief: Er ist für sie nichts als ein eifersüchtiger, alkoholabhängiger Schwächling.

Die beiden sind aber durch das gemeinsame Wissen um unglückliche, verbrecherische Umstände aneinandergekettet: Martha hat in jungen Jahren versehentlich den tödlichen Sturz ihrer Tante von der Treppe verursacht und bei der Polizei erklärt, daß ein Landstreicher, der entkommen sei, am Tod ihrer Tante schuld sei. Aufgrund dieser falschen Aussage, von Walter als Tatzeuge bestätigt und bekräftigt, wurde damals ein Unschuldiger verurteilt …

Der Zufall will es, daß Sam Masterson, ein Jugendfreund Marthas, mit dem sie damals entfliehen wollte, wieder auftaucht. Sam, der durch sein freies, ungebundenes Leben auf Martha eine große Anziehungskraft ausübte, fasziniert sie immer noch. Walter befürchtet, daß Sam die volle Wahrheit kennt und sie nun erpressen will. Martha will Sam dazu überreden, ihren Mann zu töten, um endlich frei zu sein und mit ihm fortgehen zu können. Doch Sam lehnt ab.

Walter läßt Sam nicht aus den Augen und setzt seine Leute auf seine Spur. Sam, angewidert von beiden, erscheint eines Tages bei ihnen zu Hause, um ihnen zu sagen, wie sehr er sie verachtet. Haß, Schuldgefühle und Verzweiflung treiben das glücklose Ehepaar schließlich in den Selbstmord. Sam verläßt die Stadt in Begleitung einer jungen Frau, Toni Marachek, die in ihrem bisherigen Leben viel Unglück erlitten hat. Sie wird ihm helfen, seine Alpträume zu vergessen …

2. Out of the Past (Goldenes Gift). USA, 1947.
P: Warren Duff, Robert Sparks für RKO Radio Picture. R: Jacques Tourneur. DB: Geoffrey Homes (Pseudonym Daniel Mainwaring) nach

seinem Roman »Build My Gallows High«. K: Nicholas Musuraca. M: Roy Webb. mL: Constantin Bakaleinikoff. S: Samuel E. Beetley. A: Albert S. d'Agostino, Jack Okey. V: RKO. Lz: 97. Besetzung: Robert Mitchum, Jande Greer, *Kirk Douglas* (Whit Sterling), Rhonda Fleming, Richard Webb, Steve Brodie, Virginia Huston, Paul Valentine, Dickie Moore, Oliver Blake, Ken Niles.

Jeff Bailey, Privatdetektiv in New York, erhält von Whit Stirling, einem Berufsspieler, den Auftrag, dessen Freundin Kathie Moffat aufzutreiben. Nach dem mißglückten Versuch ihn zu töten, hatte sie ihn um vierzigtausend Dollar erleichtert und sich abgesetzt.

Bailey kommt ihr zwar in Acapulco auf die Spur, verliebt sich aber in sie und flieht mit ihr an die Westküste. Fisher, ein ehemaliger Mitarbeiter Baileys, entdeckt ihren Unterschlupf und wird von Kathie getötet. Kathie verschwindet und läßt Jeff mit der Leiche zurück.

Einige Jahre später – Jeff ist Garagist in Bridgeport und versucht, seine unglückliche Liebe an der Seite von Ann Miller zu vergessen – treten Whit und Kathie, offensichtlich wieder vereint, erneut in sein Leben. Unter Androhung einer Erpressung wird Jeff von Whit gezwungen, bestimmte belastende Dokumente zu besorgen, die von einem Rechtsanwalt in San Francisco, Lloyd Eels, aufbewahrt werden.

Durch den Mord an Eels, wiederum ausgeführt von Kathie, gerät Jeff ein zweites Mal in Verdacht, der Täter zu sein ... Im Verlauf einer Unterredung mit Whit eröffnet Jeff ihm, daß Kathie damals alles getan hat, um die vierzigtausend Dollar für sich zu behalten. Nachdem Kathie auch Whit Sterling getötet hat, gibt Jeff vor, mit ihr fliehen zu wollen, verständigt aber insgeheim die Polizei. Bevor Kathie von der Polizei niedergeschossen wird, durchschaut sie das Spiel und bringt auch Jeff um.

3. Mourning Becomes Electra. USA, 1947.
P: Dudley Nichols für RKO Radio Picture (nach der Theatertrilogie von Eugene O'Neill). R und DB: Dudley Nichols. K: Georges Barnes. M: Richard Hageman. mL: Constantin Bakaleinikoff. S: Roland Gross, Chandler House. A: Albert d'Agostino. Dek: Darnett Silvera, Maurice Yates. V: RKO. Lz: 173. Besetzung: Rosalind Russell, Michael Redgrave, Raymond Massey, Katina Paxinou, Leo Genn, *Kirk Douglas* (Peter Niles), Nancy Coleman, Henry Hull, Sara Allgood, Thurston Hall, Walter Baldwin, Elizabeth Risdon, Erskine Sanford, Jimmy Conlin, Lee Baker, Tito Verolo, Emma Dunn, Nora Cecil, Marie Blake, Clem Bevans, Jean Clarenden.

Die wohlhabende Familie Mannon, ansässig in Neu-England, besitzt ein gutgehendes Transportunternehmen für Seegüter. Als Ezra Mannon und sein Sohn Orin in den Sezessionskrieg ziehen, begibt sich Christine, Ezras Frau, mit ihrer Tochter Lavinia nach New York, um dort ihren Liebhaber, Captain Brant, aufzusuchen. Captain Brant ist kein anderer als der Sohn David Mannons, Ezras Bruder, und Marie Brantomes. David mußte zu jener Zeit, da er Marie, eine Hausangestellte, verführt hatte, das elterliche Haus verlassen. Captain Brant will sich jetzt dafür an der Familie Mannon rächen.

Christine zögert nicht, ihren aus dem Krieg heimkehrenden Mann mit dem Gift, das Brant besorgt hat, umzubringen. Als der verletzte Orin gleichfalls nach Hause kommt, erfährt er durch Lavinia, die von dem Mord weiß, die verbrecherischen Hintergründe. Obwohl Christine versucht, Lavinia für verrückt erklären zu lassen, ist Orin schließlich von der grausigen Wahrheit überzeugt und tötet Captain Brant auf dessen Schiff, um seinen Vater zu rächen. Als Christine davon erfährt, setzt sie selbst ihrem Leben ein Ende.

Von Gewissensqualen geplagt, findet auch Orin keinen anderen Ausweg, als sich selbst zu töten. Nur Lavinia versucht, in den Armen Peter Niles' diese furchtbare Familientragödie zu vergessen. Aber auch sie kommt nicht zur Ruhe! Schließlich läßt sie Türen und Fenster ihres Hauses zunageln und begräbt sich bei lebendigem Leibe in dieser Gruft.

4. I Walk Alone (Vierzehn Jahre Sing-Sing). USA, 1947.
P: Hal B. Wallis für Paramount. R: Byron Haskin. DB: Charles Schnee. Ad: Robert Smith, John Bright (nach dem Theaterstück »Beggars are Coming to Town« von Theodore Reeves). K: Leo Tover. M: Victor Young. S: Arthur Schmidt. A: Hans Dreir, Franz Bachelin. V: Paramount. Lz: 98. Besetzung: Burt Lancaster, Lizabeth Scott, *Kirk Douglas* (Noll Turner). Wendell Corey, Kristine Miller, George Rigaud, Marc Lawrence, Mike Mazurki, Mickey Knox, Roger Neury.

Frankie Madison kehrt nach vierzehn Jahren Gefängnisaufenthalt wegen Alkoholschmuggels in seine Heimatstadt zurück und trifft am Bahnhof seinen alten Freund Dave, der jetzt seinem früheren Komplizen und Partner Noll Turner die Bücher führt. Noll und Frankie waren damals übereingekommen, daß, wenn einer von der Polizei erwischt würde, der andere die Geschäfte weiterführen sollte und daß der Verdienst später aufgeteilt würde. Frankie will seinen Anteil heute bei Noll abholen, doch dieser, mittlerweile reich geworden, hat seine Absichten geändert.

Frankie sucht Noll in dessen Nachtlokal, dem Regent-Club, auf. Nachdem die Sängerin Kay Lawrence auf Geheiß Nolls Frankies Absichten in Erfahrung gebracht hat, bietet ihm Noll großzügig dreitausend Dollar an. Frankie lehnt ab und verläßt zornig den Club; noch in der gleichen Nacht kehrt er mit einigen Männern zurück, um sein Verlangen zu erhärten. Aber Noll läßt sich davon nicht beeindrucken; als Frankie wieder allein ist, wird er von Nolls Leuten zusammengeschlagen.

Kay, die Mitleid mit ihm hat, nimmt ihn bei sich auf und pflegt ihn. Dave, der auf Frankies Seite ist und als einziger in Turners Geschäfte Einblick hat, versucht Noll zu zwingen, seine alte Schuld zu begleichen. Angesichts dieser Bedrohung läßt der Nachtclubbesitzer ihn durch einen seiner Männer, Skinner, umlegen.

Frankie, der zuletzt mit Dave gesehen worden war, gerät in Verdacht, ihn ermordet zu haben. Kay versteckt ihn deshalb bei sich. In der kommenden Nacht findet zwischen Frankie und Noll eine verhängnisvolle Unterredung statt, in deren Verlauf Noll sich gezwungen sieht, den Mord einzugestehen. Als die Polizei plötzlich im Raum steht, fühlt Noll sich in die Enge getrieben und erschießt Frankie. Er selbst wird von den Kugeln der Ordnungshüter getroffen.

5. The Walls of Jericho. USA, 1948.

P: Lamar Trotti für 20th Century-Fox. R: John M. Stahl. DB: Lamar Trotti (nach einem Roman von Paul Wellman). K: Arthur Miller. M: Cyril Mockridge. S: James B. Clark. A: Lyle Wheeler, Maurice Ransford. V: 20th Century-Fox. Lz: 106. Besetzung: Cornel Wilde, Linda Darnell, Anne Baxter, *Kirk Douglas* (Tucker Wedge), Ann Dvorak, Henry Hull, Marjorie Rambeau, Barton McLane, Colleen Townsend, Griff Barnett, William Tracy, Art Baker, Frank Ferguson, Ann Morrison, Hope Landis, Helen Brown, Norman Leavitt, Whitford Kane, J. Farrell MacDonald, Dick Rich, Will Wright.

Die Geschichte spielt zu Anfang des Jahrhunderts in der Kleinstadt Jericho in Kansas, wo die hübsche Algeria mit ihrem Mann Tucker Wedge, Chefredakteur der Lokalzeitung, lebt. Sie versucht erfolglos, ihren Jugendfreund Dave, inzwischen Staatsanwalt und mit der Alkoholikerin Belle verheiratet, zu verführen. Da sie sich zurückgestoßen fühlt, veranlaßt sie Tucker, den jungen Anwalt in der Presse zu diffamieren. Geschürt von Algerias Haß wächst die Rivalität zwischen Dave und Tucker, bis zu dem Tag, an dem beide Männer sich bei den Senatswahlen als Kandidaten aufstellen lassen.

Dave hat sich in der Zwischenzeit mit Julia, einem jungen Mädchen, das in Kansas City Jura studiert hat, angefreundet. Tucker nimmt dies zum Anlaß, um eine böswillige Verleumdungskampagne in seinem Blatt zu starten.

Nachdem sich die Feindseligkeiten derart zugespitzt haben, verzichtet Dave auf seine Nominierung, um Julias Ruf nicht zu schädigen. Er empfiehlt ihr, nach Kansas City zurückzugehen.

Tucker Wedge wird gewählt und geht nach Washington, während Algeria, die endlich freie Hand hat, den Lauf der Dinge in Jericho eigenmächtig bestimmen kann ...

Wie es das Schicksal will, treffen Dave und Julia erneut aufeinander: Eine gemeinsame Freundin, Marjorie Ransome, hat in Notwehr einen Betrunkenen getötet und bei Julia Zuflucht und Rat gesucht. In der Zeitung, die jetzt von Algeria betreut wird, ist nachzulesen, daß Dave die heimliche Absicht habe, sich scheiden zu lassen, um seine neue Mitarbeiterin zu heiraten. Nicht mehr Herrin ihrer Sinne schießt Belle in betrunkenem Zustand auf ihren Mann, der schwerverletzt ins Krankenhaus eingeliefert werden muß. Julia übernimmt also allein die Verteidigung Marjories und erwirkt für sie den Freispruch.

Nachdem Belle wieder bei klarem Verstand ist, gesteht sie ihr Unrecht ein, macht aber Algerias bösartige Intrige dafür verantwortlich. Auch Tucker, der zurückgekehrt ist, erkennt das teuflische Spiel seiner Frau und beschließt, sich von ihr zu trennen.

Als Dave außer Lebensgefahr ist, erhält er Besuch von Julia und Marjorie. Belle zieht sich später zurück und überläßt Dave Julia.

6. My Dear Secretary. USA, 1948.
P: Harry M. Popkin, Leo C. Popkin für United Artists. R und DB: Charles Martin. K: Joseph Biroc. M: Heinz Roemheld. S: Arthur H. Nadel. A: Rudi Feld. V: United Artists. Lz: 83. Besetzung: Laraine Day, *Kirk Douglas* (Owen Waterbury), Keenan Wynn, Helen Walker, Rudy Vallee, Florence Bates, Alan Mowbray, Grady Sutton, Irene Ryan, Gale Robbins, Virginia Hewitt, Abe Reynolds, Jody Gilbert, Helene Stanley, Russell Hicks, Gertrude Astor, Martin Lamont.

Der exzentrische Erfolgsautor Owen Waterbury ist ein Mann von leichtlebiger, flatterhafter Lebensart, der dem schönen Geschlecht alles andere als abgeneigt ist. Seine Renn- und Spielleidenschaft führt ihn häufig nach Santa Anita und nach Las Vegas.

Stephanie Gaylord, die von dem Verleger Charles Harris als Sekretärin bei Owen Waterbury angestellt wird, versucht zunächst, in seine Wohnung, dann aber auch in sein chaotisches Privatleben Ordnung zu bringen. Häufige Besuche früherer Sekretärinnen machen ihr jedoch sehr bald klar, welche Art der Inspiration ihm fehlt.

Empört über Owens Annäherungsversuche, kündigt Stephanie ihr Arbeitsverhältnis. Doch Owen, der verliebt in sie ist, läßt nicht locker; er überschüttet sie mit Aufmerksamkeiten und macht ihr schließlich einen Heiratsantrag ...

Das Ehepaar zieht sich alsbald in ein Chalet im Gebirge zurück und beginnt, jeder für sich, zu schreiben. Das junge Glück währt jedoch nicht lange, denn Stephanies Manuskript wird angenommen, während man

Owens Arbeit ablehnt. Der Bruch zwischen beiden ist unvermeidlich. Stephanie zögert aus Liebe zu ihrem Mann das Erscheinen ihres Buches so lange wie möglich hinaus, um den Ruf ihres Gatten nicht zu schädigen, kann aber letztlich die Veröffentlichung nicht verhindern.

Als sie für ihr Werk mit einem Literaturpreis ausgezeichnet wird, ist Owen, der die Trennung sowieso schon bereut, stark beeindruckt. Gemeinsame gute Freunde, Ronnie und Elsie, bringen es fertig, beide wieder zu vereinen.

7. A Letter to Three Wives (Ein Brief an drei Frauen). USA, 1948. P: Sol C. Siegel für 20th Century-Fox. R und DB: Joseph L. Mankiewicz. Ad: Vera Caspary (nach einem Roman von John Klempner »A Letter to Five Wives«) K: Arthur Miller. M: Alfred Newman. S: J. Watson Webb jr. A: Lyle Wheeler, J. Russell Spencer. Ko: Charles Le Maire, Kay Nelson. SpEff: Fred Sersen. V: 20th Century-Fox. Lz: 103. Besetzung: Jeanne Crain, Linda Darnell, Ann Southern, *Kirk Douglas* (George Phipps), Paul Douglas, Jeffrey Lynn, Barbara Lawrence, Connie Gildchrist, Florence Bates, Hobart Cavanaugh, Patti Brady, Ruth Vivian, Thelma Ritter, Stuart Holmes, George Offerman jr., James Adamson, Joe Bautista, John Davidson, Carl Switzer und die Stimme von Celeste Holm.

Die drei Freundinnen Deborah, Rita und Laura May brechen gerade zu einer Vergnügungsfahrt auf dem Hudson auf, als sie eine merkwürdige Nachricht ihrer gemeinsamen Freundin Addie Ross erhalten: »Liebe Freundinnen! Ich bedaure, Euch verlassen zu müssen, aber als Andenken an Euch nehme ich einen Eurer Ehemänner mit.«

Als das Schiff schließlich ablegt, sind alle drei sehr nachdenklich. Jede von ihnen läßt ihre Vergangenheit an sich vorbeiziehen, um herauszufinden, was für das Scheitern ihrer Ehe ausschlaggebend gewesen sein könnte ...

Deborah, ein Mädchen vom Lande, hatte ungemein heftige Auseinandersetzungen mit ihrem Mann Brad Bishop, da sie sich gegenüber den wohldistinguierten Freunden ihres Gatten immer zurückgesetzt fühlte. Vor allem Addie Ross, die ständig im Mittelpunkt der Gesellschaft stand, flößte ihr dieses Minderwertigkeitsgefühl ein.

Rita und George Phipps schienen zwar ein glückliches Paar zu sein, hatten aber gleichwohl massive Probleme. George, der seine Lehrertätigkeit mit der Hingabe eines Weltverbesserers ausübte, verachtete die von merkantilen Gesichtspunkten beherrschte Arbeit seiner Frau beim Rundfunk. Um wieviel anziehender muß für ihn eine gebildete Person wie Addie Ross gewesen sein ...

Laura May, ursprünglich mittellos, hatte den reichen Porter Hollingsway betört und sich von ihm heiraten lassen, allerdings weniger aus Liebe als aus Berechnung. Seitdem ist sie sorgsam darauf bedacht, ihn nicht aus den Augen zu lassen. Möglicherweise war er ihrer Überwachungssysteme überdrüssig und hatte sich der sehr viel freieren Addie Ross zugewandt?

Bei ihrer Rückkehr beschließen die drei Frauen, sich noch am selben Abend zusammen mit ihren Ehemännern zu treffen – um festzustellen, welcher fehlen würde ...

8. Champion (Zwischen Frauen und Seilen). USA, 1949.

P: Stanley Kramer (Screen-Plays-Production). R: Mark Robson. DB: Carl Foreman (nach einer Erzählung von Ring Lardner). K: Frank Planer. M: Dimitri Tiomkin. S: Harry Gerstad. V: United Artists. Lz: 99. Besetzung: *Kirk Douglas* (Midge Kelly), Marilyn Maxwell, Arthur Kennedy, Paul Stewart, Ruth Roman, Lola Albright, Luis Van Rooten, John Day, Harry Shannon.

Abgesehen von einem athletischen Körperbau verfügt Midge Kelly über keinerlei Qualitäten, die ihn zur Karriere eines großen Boxers prädestinieren könnten.

Mit seinem gehbehinderten Bruder Connie fährt er eines Tages nach Los Angeles, um dort in die Geschäftsleitung eines kleinen Restaurants einzusteigen. Unterwegs, in einer kleinen Provinzstadt, bittet man ihn, als Gegner in einem Boxkampf aufzutreten. Er nimmt an und wird fürchterlich verprügelt. Tommy Haley, ein Manager, der neue Talente sucht, schlägt ihm vor, ihn zu trainieren. Aber Midge hat keine Sympathien für diesen Sport.

In Los Angeles angekommen, erwartet sie eine herbe Enttäuschung: Das Angebot, in der Geschäftsleitung mitzuarbeiten, war nichts als ein Köder; das Lokal, vorher mit Hypotheken belastet, war von Lew Bryce freigekauft worden und wurde nun von ihm und seiner Tochter Emma geführt. Die beiden Brüder erhalten dennoch in der kleinen Bar einen Job, und Midge verliebt sich sehr schnell in Emma. Auf Druck von Lew heiraten beide schon bald, aber der frischgebackene Ehemann, der die Freiheit mehr liebt als seine Frau, verläßt sie bereits wenige Minuten nach der Trauung, um Tommy Haley aufzusuchen und boxen zu lernen.

Monatelang trainiert Midge ohne Unterlaß, bis er endlich zu den Kämpfen zugelassen wird und sich nach und nach einen Namen machen kann. Der entscheidende Kampf findet gegen einen der größten im Ring, Johnny Dunne, statt. Obwohl Midge von der Box-Mafia aufgefordert worden war, sich schlagen zu lassen, setzt er alles daran, Johnnys Meisterschaftstitel an sich zu reißen. Doch nicht nur den Titel seines Gegners bringt er an sich, sondern auch noch dessen verkommene Freundin Grace Diamond.

Ab jetzt gibt es nichts mehr, was seinen Aufstieg aufhalten könnte. Er walzt alles, was sich ihm in den Weg stellen könnte, rücksichtslos nieder. Er verläßt eiskalt seinen Manager Tommy Haley, um sich an einen größeren, Jerome Harris, zu verkaufen. Skrupellos und eigensüchtig verführt er auch noch dessen Frau Palmer. Connie, angewidert von der Brutalität seines Bruders, verläßt ihn und sucht Emma auf, die ihren Mann immer noch liebt.

Bei einem erneuten Kampf gegen Johnny Dunne, der seine Revanche verlangt, tritt Midge in weniger guter Form als gewöhnlich an. Er muß einige harte Coups einstecken, die ihn mehrfach in die Knie zwingen, aber letztlich gewinnen Wut und Machtgier die Oberhand, und er schlägt seinen Herausforderer k. o.

Midge hat zwar seinen Titel behalten, ist aber schwer verletzt worden und stirbt wenig später an Gehirnblutungen. Noch in der Kabine macht Connie, begleitet von Emma, den versammelten Journalisten die traurige Mitteilung: »Er war ein Champion!«

9. Young Man with a Horn (Der Mann ihrer Träume). USA, 1950.

P: Jerry Wald für Warner Bros. R: Michael Curtiz. DB: Carl Foreman, Edmund H. North (nach einem Roman von Dorothy Baker). K: Ted McCord. M: Max Steiner, mL: Ray Heindorf. A: Edward Carrere, Leo K. Kuter. S: Alan Crosland jr. V: Warner Bros. Lz: 112. Besetzung: *Kirk Douglas* (Rick Martin), Lauren Bacall, Doris Day, Hoagy Carmichael, Juano Hernandez, Jerome Cowan, Mary Beth Hughes, Nestor Paiva, Orley Lindgren, Walter Reed, Alex Gerry.

Rick Martin hat sehr früh seine Eltern verloren und angefangen, Trompete zu spielen. Die Musik hilft ihm, seine Einsamkeit zu überwinden. Er nimmt Unterricht bei dem berühmten schwarzen Trompeter Art Hazzard, und bald schon kennt er nichts anderes mehr als seine Musik.

Mit zwanzig erhält Rick ein Engagement in Jack Chandlers Orchester, wo er die Sängerin Jo Jordan kennenlernt, die sich in ihn verliebt. Aber Rick, überempfindlich und leicht erregbar, fliegt aus der Band und fährt nach New York. Er findet dort ein neues Engagement und wird ein bekannter Solist.

Eines Tages lernt er die hübsche Psychologiestudentin Amy North kennen, die er später heiratet. Als sein Lehrer Art Hazzard, den er seit seiner Kindheit grenzenlos verehrt, bei einem Verkehrsunfall ums Leben kommt, bricht für ihn eine Welt zusammen. Amy, die diese Bewunderung sowieso niemals ertragen konnte, macht ihm in ihrer Eifersucht eine fürchterliche Szene und verläßt ihn.

Rick beginnt zu trinken. Als er während einer Plattenaufnahme nicht mehr in der Lage ist, richtig zu spielen, verläßt er plötzlich das Studio und irrt völlig betrunken durch die nächtlichen Straßen, bis er von einem Taxi angefahren wird. Jo kehrt zu ihm zurück, pflegt ihn und hilft ihm, am Leben und an der Musik wieder Freude zu haben.

10. The Glass Menagerie (Die Glasmenagerie). USA, 1950.

P: Jerry Wald, Charles K. Feldman für Warner Bros. R: Irving Rapper. DB: Tennessee Williams, Peter Berneis (nach dem gleichnamigen Theaterstück von Tennessee Williams). K: Robert Burks. M: Max Steiner. S: David Weisbart. A: Robert Haas. Dek: William Wallace. V: Warner Bros. Lz: 106. Besetzung: Jane Wyman, *Kirk Douglas* (Jim O'Connor), Gertrude Lawrence, Arthur Kennedy, Ralph Sanford, Ann Tyrell, John Compton, Gertrude Graner, Sara Edwards, Louise Lorrimer, Cris Alcaide, Perdita Chandler.

Tom Wingfield reist schon seit vielen Jahren als Seemann über die Meere. Manchmal, des Nachts, wenn er Wache hält, erinnert er sich an seine Kindheit und seine Familie in Saint Louis ...
Amanda Wingfield, die vor zehn Jahren von ihrem Mann verlassen wurde, lebt allein mit ihren beiden Kindern Tom und Laura. Laura, ein überaus empfindsames, leicht zu verletzendes Geschöpf, ist wegen ihrer Ungeschicklichkeit und einer angeborenen Behinderung nicht in der Lage, einer geregelten Arbeit nachzugehen. Sie lebt völlig in sich selbst versunken in einer anderen Welt, in der es außer ihr nur alte Schallplatten und eine kleine Sammlung zierlicher Glasfiguren gibt, denen ihre ganze Sorge und Aufmerksamkeit gehört.
Tom ist in einer Schuhfabrik angestellt und träumt davon, genau wie sein Vater eines Tages in die Ferne zu reisen. Es ist nicht einfach für ihn, den Unterhalt seiner Mutter und seiner Schwester zu bestreiten, und es kostet ihn große Mühe und sehr viel Geduld, die ewige Unzufriedenheit seiner Mutter, die sich ständig über ihr unglückliches Los beklagt, zu ertragen. Amanda lebt in permanenter Angst, ihr Sohn könne sie eines Tages verlassen und ihre Tochter Laura würde keinen Mann finden.
Eines Tages bittet sie Tom, einen seiner Arbeitskollegen zum Essen einzuladen. Jim O'Connor, ein ehemaliger Schulkamerad Lauras, der sie immer wegen ihrer Gehbehinderung verspottet hatte, ist ganz im Gegensatz zu damals ein charmanter und taktvoller junger Mann geworden. Laura zeigt ihm, nachdem sie ihre anfängliche Schüchternheit überwunden hat, ihre Glasmenagerie und geht schließlich mit ihm tanzen. Eingenommen von seinem Interesse an ihr und seinen Aufmerksamkeiten, macht sie sich Hoffnungen auf ihn. Unglücklicherweise aber steht er kurz vor der Heirat mit einer anderen. Beim Weggehen zerbricht er versehentlich ein kleines Glaseinhorn.
Ohnmächtig vor Wut und Enttäuschung beschuldigt Amanda Tom, von vornehrein gewußt zu haben, daß Jim bereits verlobt sei. Tom, der niemals auch nur im entferntesten daran gedacht hätte, seiner Schwester ir-

gendeine Art von Kummer zuzufügen, fühlt sich zutiefst verletzt und verläßt noch am selben Abend seine Familie. Seine Schwester nimmt ihre Verwundung ebenso schicksalsergeben und widerspruchslos hin wie das kleine gläserne Einhorn, das sein Horn verloren hat.

11. Ace in the Hole (Reporter des Satans). USA, 1951.
P: Billy Wilder für Paramount. R: Billy Wilder. DB: Billy Wilder, Lesser Samuels, Walter Newman. K: Charles Lang jr. M: Hugo Friedhofer. S: Doane Harrison, Arthur Schmidt. A: Hal Pereira, Earl Hedrick. V: Paramount. Lz: 111. Besetzung: *Kirk Douglas* (Charles Tatum), Jan Sterling, Bob Arthur, Porter Hall, Frank Cady, Richard Benedict, Ray Teal, Lewis Martin, John Berkes, Frances Dominguez, Gene Evans, Frank Jaquet, Harry Harvey, Bob Bumpas, Geraldine Hall, Richard Ganes.

Nachdem Charles Tatum aus wenig ehrenhaften Gründen mehrere große, amerikanische Tageszeitungen verlassen mußte, akzeptiert er in seiner Verzweiflung eine Anstellung in der kleinen Stadt New Mexico beim dortigen Lokalblatt.
Nach Monaten eintöniger Lokalberichterstattung sieht er sich plötzlich mit einem Vorfall von höchster journalistischer Brisanz konfrontiert: Leo Minosa, Besitzer eines Tankstellenrestaurants, liegt verschüttet in einem Stollen, wo er auf der Suche nach indianischen Töpfereien war. Tatum eilt zu dem Verunglückten, dessen beide Beine durch einen Erdrutsch eingeklemmt worden sind, und nimmt sofort die Organisation der Rettungsarbeiten in seine Hand. Minosas Eltern sind ihm dafür überaus dankbar, allein Lorraine, Leos Frau, die im Begriff war, sich von ihm zu trennen, vermutet hinter dem Interesse des Journalisten andere Beweggründe ...
Anstatt die Rettungsarbeiten zu beschleunigen, übertreibt er die Schwierigkeiten und veranlaßt eine Bohrung vom Gipfel des Berges aus, um neue Erdbewegungen zu verhindern. Auf diese Weise gewinnt er Zeit und kann mit Unterstützung des ortsansässigen Sheriffs, der wie Tatum sein persönliches Ansehen vergrößern möchte, eine »sensationelle« Reportage über den Unglücksfall abfassen. Die Angebote der großen Tageszeitungen lassen nicht auf sich warten; Tatum erhält seine Genugtuung und wird berühmt ... Die Touristen strömen in Scharen aus allen Teilen des Landes herbei, um den eingeschlossenen Minosa in seinem Schacht zu sehen; Rundfunk, Nachrichtendienste, Volksbelustigungen, nichts fehlt an Ort und Stelle; Minosas Restaurant, das die geldgierige Lorraine weiterhin geöffnet hält, macht Jahrhundertumsätze.
Aber Tatum hat Minosas Kräfte überschätzt – er bekommt eine Lungenentzündung, und man kann ihn nicht zeitig genug aus seinem Gefängnis befreien. Voller Gewissensbisse überbringt Tatum der Witwe die unheilvolle Nachricht. In einer wilden Auseinandersetzung sticht sie mit einer

Schere auf ihn ein und fügt ihm gefährliche Verletzungen am Bauch zu. Tatum hat noch die Kraft, sich zu einem Pfarrer zu schleppen und ihn zu dem sterbenden Minosa zu schicken. Danach kehrt er in die Redaktion zurück und fällt seinem Chef tot vor die Füße ...

12. Along the Great Divide (Den Hals in der Schlinge). USA, 1951.

P: Anthony Veiller für Warner Bros. R: Raoul Walsh. DB: Walter Doniger, Lewis Meltzer (nach einer Erzählung von Walter Doniger »The Travellers«). K: Sid Hickox. M: David Buttolph. A: Edward Carrere, G. W. Bernsten. Ko: Marjorie Best. S: Thomas Reilly. V: Warner Bros. Lz: 88. Besetzung: *Kirk Douglas* (Len Merrick), Virginia Mayo, John Agar, Walter Brennan, Ray Teal, Hugh Sanders, Morris Ankrum, James Anderson, Charles Meredith, Clem Survey.

Pop Keith, des Mordes an Ed Roden Junior angeklagt, wird vom Sheriff Len Merrick und seinen beiden Gehilfen Billy Shear und Lon Gray verhaftet und zur Gerichtsverhandlung in die nächste Stadt gebracht. Ann, die Tochter Pops, begleitet ihren Vater auf diesem schweren Gang durch die Wüste. Ed Roden, ein reicher Farmer, will, um seinen Sohn zu rächen, kurzen Prozeß machen. Er versucht mit seinem zweiten Sohn Dan und einigen Männern, Pop der Gerichtsbarkeit zu entziehen und seine Art der Vergeltung zu üben. Aber Merrick, ein Mann, der vor allem seine Pflicht kennt, vereitelt dieses Vorhaben. Weder Roden und seine Leute, die während des qualvollen Marsches in der Wüste auftauchen, noch der entkräftete Lou Gray können ihn von der Erfüllung seines Auftrags abbringen; nicht einmal die Liebe zu Ann vermag ihn umzustimmen.

Nach Überwindung zahlreicher Hindernisse kommt Merrick mit seiner Gruppe endlich am Ziel an; Pop wird vor Gericht gestellt und zum Tode durch Erhängen verurteilt. In letzter Minute jedoch taucht ein Beweisstück auf, das den wahren Mörder überführt: am Ort der Tat hat Merrick eine Armbanduhr gefunden, die Dan, dem Bruder des Opfers gehört ...

13. Detective Story (Polizeirevier 21). USA, 1951.

P: William Wyler für Paramount. R: William Wyler. DB: Philipp Yordan, Robert Wyler (nach einem Theaterstück von Sidney Kinsley). K: Lee Garmes. S: Robert Swink. A: Hal Pereira, Earl Hedrick. Dek: Emile Kuri. V: Paramount. Lz: 105. Besetzung: *Kirk Douglas* (James McLeod), Eleanor Parker, William Bendix, Lee Grant, Horace McMahon, George Macready, Joseph Wiseman, Frank Faylen, Craig Hill, Cathy O'Donnell, Bert Freed, Grandon Rhodes, Luis Van Rooten, Warner Anderson, Michael Strong, Russel Evans, Howard Joslyn, Gladys George, Burt Mustin, James Maloney, Gerald Mohr.

James McLeod, Polizeiinspektor im 21. Distrikt von New York, bekannt für seine Härte und Unnachgiebigkeit, bearbeitet den Fall des jungen Arthur, der seinem Chef Geld gestohlen haben soll.

Darüber hinaus verfolgt McLeod den Arzt Dr. Schneider, den er illegaler Abtreibungen verdächtigt. Auf der Fahrt zu einer Gegenüberstellung des Angeklagten mit einem Zeugen verliert er die Beherrschung. Monaghan, McLeods Vorgesetzter, stellt daraufhin eigene Untersuchungen an und findet seine Vermutung bestätigt: McLeods Frau Mary hatte früher einmal Schneiders Hilfe in Anspruch genommen ...

Im Verlauf einer späteren Gegenüberstellung bemerkt Monaghan allerdings, daß McLeod über die wahren Hintergründe der Operation seiner Frau völlig falsche Vorstellungen hat.

Für James McLeod hat das Leben keinen Sinn mehr. Mißtrauen, Härte, Rigorosität und Unversöhnlichkeit verbieten ihm, seiner Frau zu verzeihen. Er verabscheut diese Welt der Schlechtigkeiten, in der seine puritanischen Ideale nicht anerkannt werden. Enttäuscht und verbittert läßt er sich von einem Gangster, der seine Kollegen im Revier bedroht, erschießen. Seine letzte und einzig menschliche Handlung war, bevor er in den Tod ging, die Vernichtung seines Berichts über den jungen Arthur.

14. The Big Trees (Für eine Handvoll Geld). USA, 1952.

P: Louis F. Edelman für Warner Bros. R: Felix Feist. DB: John Twist, James R. Webb (nach einer Erzählung von Kenneth Earl). K: Bert Gelnnon (Technicolor). M: Heinz Roemheld. S: Clarence Kolster. A: Edward Carrere. Dek: G. W. Bernsten. V: Warner Bros. Lz: 90. Besetzung: *Kirk Douglas* (Jim Fallon), Eve Miller, Patrice Wymore, Edgar Buchanan, John Archer, Alan Hale jr., Roy Roberts, Charles Meredith, Harry Cording, Ellen Corby.

Jim Fallon, ausbeuterischer Geschäftemacher und Betriebsleiter eines Sägewerks, wird von seinen Arbeitern bedroht, da er sie seit Wochen nicht entlohnt hat. Der alte Yukon Burns, der sich von Jims schönen Reden hat einwickeln lassen, nimmt Partei für ihn und kann ihn vor der aufgebrachten Menge in Schutz nehmen.

Jim freundet sich mit ihm an und schickt ihn nach Kalifornien, wo er den Kauf von Waldgebieten mit tausendjährigem Mammutbaumbestand für ihn vorbereiten soll. Für eine geringe Summe Geldes nämlich kann jeder, so will es ein neues Gesetz, Land erwerben.

Jim läßt sich mit seinen Holzfällern alsbald in Redwood nieder und beginnt unter höchst dubiosen Umständen, die riesigen Bäume zu fällen. Aber eine dort ansässige Religionsgemeinschaft widersetzt sich mit aller Macht seinen Plänen. Einige Posten in Jim Fallons Rechnung gehen deshalb nicht auf. Nachdem sogar der Vater seiner Freundin Alicia und sein alter Freund Yukon getötet wurden, sieht er endlich sein Unrecht ein und verhilft Alicia und ihren Glaubensbrüdern dazu, weiterhin auf diesem Stück Land in Ruhe und Frieden leben zu können.

15. The Big Sky (Das Geheimnis der Indianerin). USA, 1952.

P: Howard Hawks (Winchester-Pictures-Production). R: Howard Hawks. DB: Dudley Nichols (nach einem Roman von A. B. Guthrie). K: Russell Harlan. M: Dimitri Tiomkin. S: Christian Niby. A: Albert d'Agostino, Perry Ferguson. Dek: Darrell Silvera, William Stevens. SpEff: Donald Steward. V: RKO Radio Picture. Lz: 140 später 122. Besetzung: *Kirk Douglas* (Jim Deakins), Dewey Martin, Elizabeth Threatt, Arthur Hunnicut, Buddy Baer, Steven Geray, Hank Worden, Jim Davis, Henri Letondal, Robert Hunter, Booth Coleman, Paul Frees, Frank de Kova, Guy Wilkerson, Don Beddoe, Barbara Hawks.

Kentucky 1832. Zwei Männer, der Trapper Jim Deakins und Boone Caudill treffen aufeinander, werden Freunde und ziehen voller Abenteuerlust gen Westen. Im Gefängnis von St. Louis am Mississippi begegnen sie Boones Onkel, dem alten Zeb Calloway. Alle drei werden schließlich von dem französischen Pelzhändler Jourdonnais für eine Handelsexpedition angeheuert, die in das entfernte Gebiet der Schwarzfuß-Indianer am oberen Missouri führen soll. Als Geisel, mit der sie sich das Wohlwollen der Indianer einzuhandeln gedenken, nehmen sie Gazelle, eine junge Häuptlingstochter mit, in die Boone sich sehr schnell verliebt.
Die dreitausend Kilometer lange Reise verläuft nicht ohne Hindernisse. Abgesehen von den zahlreichen Stromschnellen haben die Männer vor allem gegen Streak und seine Bande anzukämpfen. Streak wird von McMasters mächtiger Pelzgesellschaft bezahlt. In seinem Auftrag überfallen die Crows-Indianer das Handelsschiff, um es am Weiterfahren zu hindern.
Nachdem die kleine Expedition alle Zwischenfälle unbeschadet überstanden hat, gelangt sie ins Gebiet der Schwarzfuß-Indianer. Dank Gazelles Anwesenheit werden die Männer herzlich empfangen und können gute Geschäfte mit den Indianern abschließen.

16. The Bad and the Beautiful (Die Stadt der Illusionen). USA, 1952.

P: John Houseman für Metro Goldwyn Mayer. R: Vincente Minnelli. DB: Charles Schnee (nach einer Novelle von George Bradshaw). K: Robert Surtees. M: David Raskin. S: Conrad A. Nervig. A: Cedric Gibbons, Edward Carfagno. Dek: Edwin B. Willis, Keogh Gleason. Ko: Helen Rose V: MGM. Lz. 116. Besetzung: Lana Turner, *Kirk Douglas* (Jonathan Shields), Walter Pidgeon, Dick Powell, Barry Sullivan, Gloria Grahame, Gilbert Roland, Leo G. Carroll, Vanessa Brown, Paul Stewart, Ivan Triesault, Elaine Stewart, Sammy White, Kathleen Freeman, Marietta Canty, Robert Burton.

Der Regisseur Fred Amiel, der Drehbuchautor James Lee Bartlow und die Schauspielerin Georgia Lorrison werden ins Büro des großen Studiobosses Harry Pebbel gebeten, der mit ihnen über Jonathan Shields sprechen will ...

Alle drei haben Shields in jungen Jahren als ehrgeizigen, karrierebewußten Produzenten kennengelernt und verdanken ihren Erfolg seiner Energie und seinem Einfluß. Gleichzeitig aber hat er durch seine Kaltblütigkeit ihrem Leben entscheidende Verletzungen zugefügt.

Amiel sollte, als er schon ein berühmter Regisseur war, einen bestimmten Film übernehmen, wurde aber kurzerhand von Shields gegen den Star Von Ellstein ausgewechselt.

Georgia Lorrison, zwar die Tochter eines gefeierten Stars, aber alkoholabhängig und lediglich eine kleine Komparsin, avancierte mit Shields' Unterstützung zur gefragten Schauspielerin. Sie hat ihm indessen nie verzeihen können, daß er sie wegen der ordinären Lila verlassen hat.

Auch Bartlow war bereits ein namhafter Autor, als Shields dessen Arbeit durch die lästige und geschwätzige Art seiner Frau Rosemary behindert sah. Er trieb sie daraufhin in die Arme des Playboys »Gaucho« Ribera. Im Zusammenhang mit diesem Verhältnis starb sie bei einem Flugzeugabsturz.

Seit diesen Ereignissen sind acht Jahre vergangen, und niemand hat Shields in der Zwischenzeit wiedergesehen. Er befindet sich mittlerweile am Rande des Ruins und hat Harry Pebbel gebeten, die drei Künstler zur Mitwirkung in seinem nächsten Film zu bewegen. Aber keiner kann sich entscheiden. Erst am Telefon, als er ihnen selbst sein Konzept unterbreitet und seine alte Überzeugungsfähigkeit wieder zum Tragen kommt, scheinen sie ihre Unentschlossenheit aufgeben zu wollen. Doch wie werden sie sich letztlich verhalten? Werden sie den Mut zur Verweigerung aufbringen?

17. The Story of Three Loves (War es die große Liebe?). USA, 1953. P: Sidney Franklin für MGM. K: Charles Rosher, Harold Rossen (Technicolor). M: Miklos Rozsa. S: Ralph E. Winters. Episode 1 – R: Gottfried Reinhardt. DB: John Collier. Besetzung: James Mason, Moira Shearer, Agnes Moorehead. Episode 2 – R: Vincente Minnelli. DB: Jan Lustig, George Froeschel (nach einer Novelle von Arnold Philipps). Besetzung: Ethel Barrymoore, Leslie Caron, Ricky Nelson, Farley Granger, Zsa Zsa Gabor. Episode 3 – R: Gottfried Reinhardt. DB: John Collier. Ad: Jan Lustig und George Froeschel (nach einer Erzählung von Ladislas Vajda und Jacques Maret). Besetzung: Pier Angeli, *Kirk Douglas* (Pierre Naval), Richard Anderson. V: MGM. Lz: 122.

Es handelt sich um einen Episodenfilm: drei Frauen; drei Leidenschaften; drei Schicksale.

Erste Episode: Paula, Ballettänzerin, leidet unsäglich unter der Trennung von ihrem letzten Geliebten. Doch sie überwindet sich und tanzt einen ganzen Abend lang ein Soloprogramm, zu dem ihr Manager Charles Coutray sie verpflichtet hat. Als sie nach Hause kommt, bricht sie vor Überanstrengung tot zusammen.

Zweite Episode: Tom, ein zehnjähriger amerikanischer Junge, sieht sich einen Abend lang als Liebhaber seiner Französischlehrerin.

Dritte Episode: Pierre, ein Trapezkünstler, muß den Verlust seiner Partnerin hinnehmen, nachdem er zu hohe akrobatische Anforderungen an sie gestellt hat. – In seinem Hotel wohnt Nina, ein junges Mädchen, das einen Selbstmordversuch begeht. Doch Pierre entdeckt sie früh genug und kann ihr das Leben retten. Die beiden kommen sich näher, und Pierre beschließt, mit ihr zusammen aufzutreten. Aber am Abend der Premiere wird ihm klar, wie sehr er an dem Mädchen hängt und daß er auf keinen Fall auch ihr Leben aufs Spiel setzen will ...

18. The Juggler (Der Gehetzte). USA, 1953.

P: Stanley Kramer (Stanley Kramer Company Production). R: Edward Dmytryk. DB: Michael Blankfort (nach seinem gleichnamigen Roman). K: Roy Hunt. M: George Antheil, Morris Stoloff. A: Robert Peterson. S: Aaron Stell. Dek: Frank Tuttle. V: Columbia Pictures. Lz: 84. Besetzung: *Kirk Douglas* (Hans Müller), Milly Vitale, Paul Stewart, Joey Walsh, Alf Kjellin, Beverly Washburn, Charles Lane, John Banner, Richard Benedict, Oscar Karlweis, John Bleifer, Greta Gramstedt, Jay Adler, Shep Menkin, Gabriel Curtiz.

Hans Müller, ein deutscher Jude, kommt zusammen mit seinem Freund Willy Schmidt im Hafen von Haifa an. Früher war er ein gefeierter Jongleur, heute aber, nachdem er im KZ eingesperrt war und dort Frau und Kinder verloren hat, ist er nur noch ein Wrack. Er leidet an Depressionen und klaustrophobischen Zuständen.

Hans flüchtet aus dem Auffanglager und geht nach Tel Aviv. Dort gerät er in Schwierigkeiten mit einem Polizisten, der ihn nach seinen Papieren fragt. Er verletzt ihn schwer und flieht wieder. Im Landesinnern trifft er auf den jungen Yehoshua Bresler. Die beiden lernen sich näher kennen, und Hans führt Yehoshua in die Kunst des Jonglierens ein. In einem ziemlich abgelegenen Kibbuz wird Yehoshua durch eine Mine verletzt und kommt ins Krankenhaus. Als Hans ihn dort besucht, verliebt er sich in Ya'El.

Um seine Vergangenheit zu vergessen, tritt Hans wieder auf. Doch die Polizei und ihr Kommissar Karni sind ihm immer noch auf der Spur. Sie finden ihn schließlich auch und sorgen dafür, daß er in eine psychiatrische Anstalt eingeliefert wird. Ya'El indessen hält treu zu ihm und erleichtert ihm den Klinikaufenthalt. Voller Hoffnung und Freude blickt er seiner Entlassung entgegen.

19. Act of Love/Un Acte D'Amour (Ein Akt der Liebe). USA/F, 1953. P: Anatole Litvak. R: Anatole Litvak. DB: Irvin Shaw (nach einem Roman von Alfred Hayes »The Girl on the Via Flaminia«). Ad: Joseph Kessel. K: Armand Thirard. M: Michel Emer, Joe Hajos. S: William Hornbeck. Dek: Alexandre Trauner. V: United Artists. Lz: 108. Besetzung: *Kirk Douglas* (Robert Teller), Dany Robin, Barbara Laage, Serge Reggiani, Fernand Ledoux, Gabrielle Dorziat, Gilberte Géniat, Robert Strauss, Grégoire Aslan, Mathe Mercadier, George Matthews, Brigitte Bardot, Leslie Dwyer, Richard Benedict, Sidney Chaplin.

In Erinnerung an seine Kriegserlebnisse besucht der Amerikaner Robert Teller einige Jahre nach Kriegsende Villefranche-Sur-Mer.
Er hatte in Paris Lisa, ein elternloses, junges Mädchen, kennengelernt, das weder Geld noch Papiere besaß. Um Lisa vor Unannehmlichkeiten mit den Behörden zu bewahren, gab er sie als seine Frau aus. Sie bewohnten gemeinsam das Hotel »Deux Anges«. Doch eines Tages wurde ihre leidenschaftliche Liebe jäh unterbrochen, als die Sittenpolizei Lisa aufstöberte. Robert beschloß sofort, sie zu heiraten; dazu brauchte er aber die Erlaubnis seines Vorgesetzten, Captain Henderson. Als dieser von Roberts Vorhaben erfuhr, versetzte er ihn unverzüglich nach Reims. Lisa, die Robert zum verabredeten Zeitpunkt vergeblich erwartete, glaubte, er habe sie verlassen. Sie sahen sich niemals wieder.
In Erinnerung an diese Episode seines Lebens ist Robert Teller heute nach Villefranche-Sur-Mer gekommen, denn Lisa hatte sich immer gewünscht, mit ihm eines Tages in dieser Stadt zusammenzuleben. Zufällig trifft er dabei Captain Henderson, der hier mit einer Französin verheiratet ist. Als sie über ihre gemeinsame Vergangenheit reden, kommt natürlich auch der fatale Versetzungsbefehl Hendersons zur Sprache. Henderson begründet seinen damaligen Entschluß damit, daß er Robert vor unüberlegten Handlungen, die ihm seine Zukunft verbauen konnten, bewahren wollte. Er konnte natürlich die grausamen Folgen dieser Entscheidung nicht voraussehen: Nur zwei Tage nach dem unglücklichen Rendez-vous hat man Lisas Leichnam aus der Seine gezogen. Sie hatte ihr Leben ohne Robert nicht ertragen können. Aber auch Robert hat dieses Mädchen nicht vergessen können.

20. Ulysses (Die Fahrten des Odysseus). I, 1954.
P: Dino de Laurentiis, Carlo Ponti (Lux Films). Pass: William Schorr. R: Mario Camerini. DB: Franco Brusati, Mario Camerini, Ennio de Cincini, Hugh Gray, Ben Hecht, Ivo Perilli und Irvin Shaw (nach Homers

»Odyssee«). K: Harold Rosson (Technicolor). M: Alessandro Cicognini. mL: Franco Ferrara. S: Leo Cattozzo. A: Flavio Mogherini. V: Paramount. Lz: 104. Besetzung: *Kirk Douglas* (Odysseus), Silvana Mangano, Anthony Quinn, Rossana Podesta, Sylvie Daniel Ivernel, Jacques Dumesnil, Franco Interlenghi, Elena Zareschi, Umberto Silvestri und Ludmilla Dudarova, Tania Weber, Piero Lulli, Alessandro Ferson, Ferrucio Stagni, Evi Maltagliati, Oscar Andriani, Guatiero Tumiati, Teresa Pellati, Mario Feliciani, Michèle Riccardini.

Penelope, die Herrscherin des Königreichs Ithaka, wartet mit ihrem Sohn Telemach sehnsüchtig auf die Rückkehr ihres Gatten Odysseus, der vor einigen Jahren aufgebrochen war, Troja zu erobern. Odysseus und seine Männer sind unterdessen mit Hilfe des hölzernen Pferds in Troja eingedrungen und haben die Stadt zerstört. Penelope wird von unzähligen Freiern bedrängt, sich endlich einen anderen Gatten zu nehmen. Einer von ihnen, der leidenschaftlichste und frechste, Antinoos, hat es sogar geschafft, die Aufmerksamkeit der Königin auf sich zu ziehen.
Währenddessen entdeckt Nausikaa, die Tochter des Phäakenkönigs, am Strand der Insel Scheria einen Schiffbrüchigen. Der Fremde weiß nicht, wer er ist und woher er kommt. Nur sein stolzer Gang und seine außerordentliche Kraft lassen auf seine edle Herkunft schließen. Es handelt sich in der Tat um Odysseus, der auf wunderbare Weise dem Zorn der Götter entgangen ist. Weder der einäugige Riese Polyphem noch der tödlichschöne Gesang der Sirenen, noch die Zauberkünste der Circe haben ihm etwas anhaben können. Als Odysseus sein Gedächtnis wiedererlangt hat, bietet König Alkinoos ihm die Hand seiner Tochter Nausikaa an; doch der Herrscher Ithakas zieht es vor, zu seiner Gattin zurückzukehren. Nachdem er sich von Penelopes Treue überzeugt hat, läßt er zusammen mit seinem Sohn Telemach Antinoos töten und die Horde der Freier aus dem Palast vertreiben. Erst jetzt kann er an der Seite seiner Gattin seine glückliche Heimkehr genießen ...

21. 20000 Leagues under the Sea (20000 Meilen unter dem Meer). USA, 1954.

P: Walt Disney. R: Richard Fleischer. DB: Earl Fenton (nach dem Roman von Jules Verne). K: Franz Planer (Technicolor-CinemaScope). M: Paul Smith. S: Elmo Williams. A: John Meehan. SpEff: John Hench, Josh Meador, verantwortlich Ub Iwerks. Unterwasserkamera: Till Gabbani, Dek: Emile Kuri. V: Buena Vista. Lz: 120. Besetzung: *Kirk Douglas* (Ned Land), James Mason, Paul Lukas, Peter Lorre, Robert J. Wilke, Carleton Young, Ted de Corsia, Perca Helton, Ted Cooper, Edward Marr, Fred Graham, J. M. Kerrigan.

Professor Arronax, der als Fachmann auf dem Gebiet der Meeresfauna gilt, geht im Auftrag der amerikanischen Regierung mit seinem Assistenten Conseil an Bord der »Lincoln«, um auf ein unbekanntes Seeungetüm Jagd zu machen, das seit einiger Zeit die Meere unsicher macht.

Es dauert auch nicht lange, und die »Lincoln« wird von dem Ungeheuer angegriffen. Das Schiff kentert, und Arronax, Conseil und Ned Land, der Harpunierer, werden von der »Nautilus«, einem fremdartigen Unterseeboot mit einem ebenso rätselhaften Kapitän, aufgenommen. Dieser Kapitän Nemo will, so stellt sich heraus, ein riesenhaftes Unterseeboot in der Gestalt eines Seeungetüms bauen und damit die Meere terrorisieren. Nemo ist Misanthrop und träumt von einer Welt, die nicht von der Habgier und Dummheit der Menschen beherrscht wird.

Arronax und Conseil scheinen sich auf die merkwürdige Persönlichkeit ihres Gastgebers einlassen zu wollen, wohingegen Ned Land nur den einen Gedanken hat, dieses schwimmende Gefängnis so bald wie möglich zu verlassen. Er wirft Flaschen ins Meer, die eine genaue Standortbeschreibung der Geheiminsel Vulkania enthalten, wo Nemo seine gefährlichen Pläne zu verwirklichen sucht.

Als die »Nautilus« von Kriegsschiffen angegriffen wird, gerät Nemo, der zu fliehen versucht, in die Arme einer Riesenkrake. Ned Land rettet ihn. Inzwischen haben fremde Schiffe die Insel erreicht. Angesichts dieser Bedrohung setzt Nemo alle Hebel in Bewegung, um die »Nautilus« und seine geheimnisvolle Werft im Meer verschwinden zu lassen. Arronax, Conseil und Ned Land gelingt in letzter Minute die Flucht, bevor der unermeßliche Ozean Nemos fantastische Welt verschluckt.

22. The Racers (Der Favorit). USA, 1955.

P: Julian Blaustein für die 20th Century-Fox. R: Henry Hathaway. DB: Charles Kaufman (nach einem Roman von Hans Ruesch). K: Joe MacDonald (CinemaScope). M: Alex North, Jack Brooks. mL: Lionel Newman. S: James B. Clark. A: Lyle Wheeler, George Patrick. Dek: Walter M. Scott, Stuart Reiss. SpEff: Ray Kellog. Technische Ber: John Fitch, Phil Hill, E. de Graeffenried. V: 20th Century-Fox. Lz: 112. Besetzung: *Kirk Douglas* (Gino), Bella Darvi, Gilbert Roland, Cesar Romero, Lee J. Cobb, Katy Jurado, Charles Goldner, John Hudson, George Dolenz, Agnes Laury, John Wengraf, Richard Allan, Francesco de Scaffa, Norman Schiller, Mel Welles, Gene d'Arcy, Mike Dengate, Peter Brocco.

Der Rennwagen des Fahrers Gino Borgesa ist im Großen Preis von Monaco in Flammen aufgegangen, da der Hund des Ballettstars Nicole Laurent die Fahrbahn zu überqueren versuchte. Gino ist unverletzt und kann schon bald mit einem neuen Wagen, den Nicole ihm geschenkt hat, wieder an den Start gehen. Im Tausend-Meilen-Rennen von Italien fällt er zum ersten Mal einem breiteren Publikum auf. Daraufhin nimmt ihn der bekannte Fahrzeugfabrikant Renzo Maglio unter Vertrag. Damit gehört er, neben Carlos Chavez und Dell'Oro, zu einem der berühmtesten Teams des Rennsports.

Sein großer Tag ist gekommen, als Chavez einen tödlichen Unfall verursacht und gesperrt wird. Statt seiner darf Gino für Maglio starten und kann bei diesem Rennen einen hervorragenden zweiten Platz belegen. Die erste Etappe auf dem Weg nach oben ist damit gewonnen.

Ginos Erfolgssträhne reißt nun nicht mehr ab; bei den Weltmeisterschaften kommt er wieder auf Platz zwei. Beim Grand Prix von Belgien ereignet sich allerdings ein folgenschwerer Unfall, der ihn fast sein linkes Bein gekostet hätte. Dank Nicoles aufopfernder Pflege wird er zwar wieder gesund, muß sich aber damit abfinden, daß er nie mehr normal laufen können wird.

Schon bald geht Gino wieder an den Start, und es gelingt ihm sogar, seinen Titel zurückzuerobern. Doch seine Behinderung beeinträchtigt seinen Stolz und sein Selbstbewußtsein außerordentlich. Um seine physische Benachteiligung zu vergessen, greift er zum Alkohol. Sein Verhalten wird zusehends rücksichtsloser. Als es um den Weltmeisterschaftstitel geht, sind ihm alle Mittel recht. Während des Rennens behindert er seinen Teamgenossen Chavez derartig, daß dieser einen Unfall baut und schwerverletzt aus dem Rennen ausscheiden muß. Abgestoßen von soviel kalter Berechnung, zieht Nicole ihre Konsequenzen und verläßt ihn. Dieser Entschluß setzt ihm massiv zu. Erst nach und nach begreift er, wie egoistisch und egozentrisch er seine Ziele verfolgt hat. Beim Grand Prix von Frankreich bricht er das Rennen ab, um seinem schwerverletzten Kameraden Dell'Oro zu Hilfe zu eilen. Gerührt von diesem Entschluß, auf den eigenen Sieg zu verzichten, kehrt Nicole wieder zu ihm zurück.

23. Man without a Star (Mit stahlharter Faust). USA, 1955.
P: Aaron Rosenberg für Universal Picture. R: King Vidor. DB: Borden Chase, D. D. Beauchamp (nach einem Roman von Dee Linford). K: Russel Metty (Technicolor). M: Joseph Gershenson (Interpret der Ballade: Frankie Lane). S: Virgil Vogel. A: Alexander Golitzen, Richard H. Riedel. Dek: Russel A. Gausman, John Austin. V: Universal Picture. Lz: 90. Besetzung: *Kirk Douglas* (Dempsey Rae), Jeanne Crain, Claire Trevor, William Campbell, Richard Boone, Jay C. Flippen, Myrna Hansen, Mara Corday, Sheb Wooley, Eddy C. Waller, George Wallace, Frank Chase, Paul Birch« Roy Bancroft, William »Bill« Phillips.

Dempsey Rae lernt in einem Güterzug, der durch den amerikanischen Westen fährt und den er als blinder Passagier bestiegen hat, den jungen Jeff Jimson kennen. Jeff folgt ihm in eine kleine Stadt, wo sie beide auf einer Ranch Arbeit finden. Von Dempsey lernt Jeff sehr bald, wie er mit Colt, Lasso und Rindern umgehen muß.

Die Besitzerin der Ranch ist die reizvolle Reed Bowman, die sich an die alten Abmachungen nicht halten will und ungeachtet der Besitzverhältnisse ihre Rinder auf allen Wiesenflächen der Umgebung grasen lassen will. Dempsey gefällt dieses Vorhaben überhaupt nicht, denn er befürchtet Schwierigkeiten mit anderen Ranchern. Als Reed Bowman den skrupellosen Steve Miles als Vormann anstellt, kündigt Dempsey seinen Arbeitsvertrag. Jeff verbleibt als Leibwächter Reeds auf der Ranch.

Dempsey, der entschlossen ist, die Gegend zu verlassen, flüchtet sich für einige Tage zu seiner leichtlebigen Freundin Idonee, die er von früher her kennt und die in einem benachbarten Ort wohnt. Dort wird ihm aber von Steve Miles und seinen Leuten, die ihn schon bald aufgestöbert haben, ein ordentlicher Denkzettel verpaßt.

Daraufhin verbündet er sich mit den anderen Viehzüchtern, um gemeinsam gegen Steve Miles und seine Komplizen vorzugehen. Jeff Jimson wechselt jetzt auch die Seite, und so gelingt es ihnen, wieder Ruhe und Ordnung herzustellen. Dempsey aber, außerstande an einem festen Ort zu bleiben, verläßt die Stadt. Unruhig und einsam reitet er weiter gen Norden.

24. The Indian Fighter (Zwischen zwei Feuern). USA, 1955.
P: William Schorr (Bryna-Production-*Kirk Douglas*). R: André de Toth. DB: Frank Davis, Ben Hecht (nach einer Erzählung von Ben Kadish). K: Wilfrid M. Cline (Technicolor-CinemaScope). S: Richard Cahoon. M: Franz Waxman. Ch: Irving Gordon. A: Wiard Ihnen. V: United Artists. Lz: 88. Besetzung: *Kirk Douglas* (Johnny Hawks), Elsa Martinelli, Walter Abel, Walter Matthau, Diana Douglas, Eduard Franz, Lon Chaney, Alan Hale, Elisha Cook, Michael Winkelman, Harry Landers, William Phipps, Buzz Henry, Ray Teal, Frank Cady, Hank Worden, Lane Chandler.

1870. Der weiße Scout Johnny Hawks lebt in gutem Einverständnis mit dem Sioux-Stamm »Rote Wolke«. Aber immer wieder versuchen skrupellose weiße Abenteurer, in das Gebiet der Indianer einzudringen, weil sich dort eine Goldmine befindet. So auch Wes Todd und Chivington.

Captain Trask, der Kommandant von Fort Laramie, bittet Johnny Hawks, sich um die Erlaubnis für einen Auswanderertreck zu bemühen, der das Gebiet der Indianer durchqueren möchte. Die Rothäute erklären ihr Einverständnis.

Während Hawks der Häuptlingstochter Onahti nachstellt, in die er sich verliebt hat, flößen Wes Todd und Chivington einem der Indianer reichlich Alkohol ein, in der Absicht, Einzelheiten über die Goldmine in Erfahrung zu bringen. Als Vergeltungsmaßnahme überfallen die Indianer die durchziehenden Auswanderer und besetzen schließlich Fort Laramie. Johnny Hawks, der von seinen eigenen Leuten des Verrats bezichtigt wird, überführt schließlich die beiden Halunken und übergibt sie den Indianern. Der Friede ist wieder hergestellt, und Hawks kann Onahti zur Frau nehmen.

25. Lust for Life (Vincent van Gogh – Ein Leben in Leidenschaft). USA, 1956.

P: John Houseman für Metro Goldwyn Mayer. R: Vincente Minnelli. DB: Norman Corwin (nach einem Roman von Irving Stone). K: Frederick A. Young, Russell Harlan (Metrocolor/CinemaScope). M: Miklos Rozsa. S: Adrienne Fazan. A: Cedric Gibbons, Hans Peters, Preston Ames. Dek: Edwin B. Willis, Keogh Gleason. Ko: Walter Plunkett. Farbberatung: Charles K. Hagedon. V: MGM. Lz: 122. Besetzung: *Kirk Douglas* (Vincent van Gogh), Anthony Quinn, James Donald, Pamela Brown, Everett Sloane, Niall McGinnis, Noel Purcell, Henry Daniell, Madge Kennedy, Jill Bennett, Lionel Jeffries, Laurence Naismith, Eric Pohlmann, Jeannette Sterke, Toni Gerry, Wilton Graff, Isobel Elsom, David Horne, Noel Howlett, Ronald Adams, John Ruddock, Julie Robinson, David Leonard, William Phipps, David Bond, Frank Perls, Jay Adler, Laurence Badie, Rex Evans, Marion Ross, Mitzi Blake, Anthony Sydes, Anthony Eustrel, Ernestine Barrier, Jerry Bergen, Belle Mitchell, Alec Mango, Fred Johnson, Norman McCowan, Mickey Maga, Germaine Delbat, Jean Debucourt, Oliver Blake.

Vincent van Gogh – ein Mann, der von immer härteren Schicksalsschlägen getroffen wird, darüber den Verstand verliert und als letzten Ausweg nur noch die Malerei besitzt.
Seine unglückselige Liebe zu seiner Cousine Kay versucht er in der Borinage (Belgien) zu vergessen, wo er mit fanatischem Eifer den Bergarbeitern geistigen Beistand leistet. Sein Bruder Théo sorgt für ihn, so daß er sich voll und ganz der Malerei widmen kann. Durch ihn lernt er in Paris die Impressionisten kennen. Während diese jedoch anerkannt und erfolgreich sind, verkauft er kein einziges Bild. Kein Mensch nimmt von ihm Notiz, nicht einmal die von ihm verehrte Prostituierte Christine, die nur Spott und Überheblichkeit für ihn übrig hat. Daraufhin flieht er in die Provence, wo sich seine künstlerische Kraft am herrlichsten entfaltet. Der Maler Paul Gauguin stößt zu ihm und lebt eine Weile mit ihm zusammen. Aber beider Temperamente sind zu unterschiedlich, als daß eine Gemeinschaft möglich gewesen wäre. In einem Anfall von Wahnsinn schneidet sich van Gogh mit seinem Rasiermesser ein Ohr ab. Er wird in eine geschlossene Anstalt gebracht und erholt sich nur langsam. Als er die Arbeit wieder aufnehmen kann, erleidet er einen schweren Rückfall. Betreut von seinem Bruder Théo und von Doktor Gachet malt er dennoch leidenschaftlich weiter. Die psychischen Krisen häufen sich indes-

sen und werden immer schlimmer, bis er sich schließlich eines Nachmittags in einem Kornfeld, wo er sich zum Malen aufhält, eine Kugel in den Kopf schießt.

26. Gunfight at the O.K. Corral (Zwei rechnen ab). USA, 1957.

P: Hal B. Wallis für die Paramount. R: John Sturges. DB: Leon Uris. K: Charles Lang jr. (Technicolor). M: Dimitri Tiomkin (Interpret der Ballade: Frankie Lane). S: Warren Low. A: Hal Pereira, Walter Tyler. V: Paramount. Lz: 122. Besetzung: Burt Lancaster, *Kirk Douglas* (Doc Holliday), Rhonda Fleming, Jo Van Fleet, John Ireland, Lyle Bettger, Frank Faylen, Earl Holliman, Ted de Corsia, Dennis Hopper, Whit Bissell, George Mathews, John Hudson, DeForrest Kelley, Martin Milner, Kenneth Tobey, Lee van Cleef, Joan Camden, Olive Carey, Brian Hutton, Nelson Leigh, Jack Elam, Don Castle.

Marshall Wyatt Earp, Sheriff von Dodge City, ist auf der Suche nach den beiden Gesetzesbrechern Ike Clanton und Johnny Ringo. Als er nach Fort Griffin kommt, will man den notorischen Spieler und gefürchteten Gunfighter Doc Holliday gerade lynchen. Wyatt Earp gelingt es, Doc zu retten.

Einige Zeit später treffen sie sich in einem Saloon in Dodge City wieder, wo Earp die schöne Laura Denbow verhaften soll. Als Earp in eine Auseinandersetzung mit betrunkenen Cowboys verwickelt wird, rettet Holliday ihm das Leben. Ab dem Zeitpunkt ist die Freundschaft der beiden Männer besiegelt. Da Kate Fisher, Docs Freundin, ihn mit Johnny Ringo betrügt, verläßt er sie und bietet Wyatt Earp seine Hilfe im Kampf gegen die Clantons an.

Die beiden brechen nach Tombstone auf, wo Earps Brüder Sheriffs sind; in der Nähe von Tombstone ist der Schlupfwinkel der Clantons. Als James, der jüngste der Brüder, eines Nachts von Clantons Leuten erschossen wird, schwört der Marshall Rache. Am nächsten Tag kommt es zum entscheidenden Kampf am O.K. Corral. Die Earps und Doc Holliday erschießen die Clantons. Wyatt legt sein Amt nieder und heiratet die schöne Laura, während Doc Holliday weiterhin dem Whisky und den Karten zuspricht. Er stirbt schließlich an Tuberkulose.

27. Top Secret Affair. USA, 1957.

P: Milton Sperling, Martin Rackin für die Warner Bros. R: H. C. Potter, DB: Roland Kibbee, Allan Scott (nach John B. Marquands »Melville Goodwin, USA«). K: Stanley Cortez (Warner Scope). M: Roy Webb. S: Folmar Blangsted. A: Malcolm Bert. Dek: William Wallace. V: Warner Bros. Lz: 100. Besetzung: Susan Hayward, *Kirk Douglas* (Generalmajor Melville Goodwin), Paul Stewart, Jim Backus, John Cromwell, Roland

Winters, A. E. Gould-Porter, Michael Fox, Frank Gestle, Charles Lane.

Der Generalmajor Melville Goodwin wird zum Präsidenten der Atom-kommission gewählt. Dottie Peale, die an der Spitze einer Verlagsgesell-schaft steht, ist über diese Wahl entsetzt, denn sie hätte gern Georges Redburn auf diesem Posten gesehen. Dottie will sich rächen und in ihrer Zeitung einen Artikel erscheinen lassen, der dem Ruf des Generals Schaden zufügen soll. Sie lädt Goodwin einige Tage in ihre luxuriöse Vil-la ein und versucht zusammen mit ihrem Mitarbeiter Phil Bentley im Laufe mehrerer Interviews, den wunden Punkt seiner Person herauszu-finden. Doch der General beweist auf allen angesprochenen Gebieten Autorität, Vorsicht und Klugheit.

Als einzige Schwäche konnte Dottie Goodwins Vorliebe für das andere Geschlecht feststellen. Sie erfährt in einem vertraulichen Gespräch, daß der General im Koreakrieg einer französischen Journalistin, Yvette de Fresnay, Militärgeheimnisse von höchster Brisanz zugetragen haben soll. Wenig später war die Französin als Spionin verhaftet worden. Dot-ties Blatt beginnt zu recherchieren. Aber mittlerweile bereut die junge Dame, die sich dem Charme des Generals nicht entziehen kann, den von ihr verursachten Skandal sehr. Doch zu spät: Die Bildung einer Untersu-chungskommission ist nicht mehr aufzuhalten, und Goodwin muß sich ihr stellen. Obwohl Dottie ihre Vorwürfe zurücknimmt, bleibt die An-klage weiterhin bestehen. Der General verweigert die Aussage. Erst als er von seiner Schweigepflicht entbunden wird, macht er von seinem Recht auf Verteidigung Gebrauch: Die an Yvette de Fresnay übermittel-ten Informationen hatte er auf Anweisung seiner Vorgesetzten weiterge-geben, um die französische Journalistin der Spionage zu überführen! – Dottie Peale und Melville Goodwin verlassen einträchtig, Arm in Arm, den Gerichtssaal.

28. Paths of Glory (Wege zum Ruhm). USA, 1957.
P: James B. Harris für Harris-Kubrick-Production. ausführende P: Bry-na Production. R: Stanley Kubrick. DB: Stanley Kubrick, Calder Wil-lingham, Jim Thompson (nach einem Roman von Humphrey Cobb). K: George Krause. M: Gerald Fried. S: Eva Kroll. A: Ludwig Reiber. V: United Artists. Lz: 86. Besetzung: *Kirk Douglas* (Colonel Dax), Ralph Meeker, Adolphe Menjou, George Macready, Wayne Morris, Richard Anderson, Joseph Turkel, Timothy Carey, Peter Capell, Susanne Chri-stian, Bert Freed, Emile Meyer, John Stein, Ken Dibbs, Jerry Hausner, Harold Benedict, Frederic Bell.

1916. Der Krieg stagniert in den Schützengräben, da gibt der Armeege-neral Georges Broulard dem Divisionsgeneral Paul Mireau allen War-nungen zum Trotz den Befehl, die strategisch wichtige Stellung »Fourmillière«, die sich in der Hand der Deutschen befindet, einzunehmen. Als Belohnung soll er befördert werden.

Colonel Dax leitet den Sturmangriff gegen die feindliche Stellung; seine Männer werden in ein entsetzliches Waffen- und Feuergefecht verwickelt. Um die Truppen energischer vorwärts zu treiben, ergeht der Befehl, der Nachhut mit einer Fünfundsiebziger-Kanone Beine zu machen. Daraufhin fliehen die Soldaten völlig ungeordnet in ihre Stellungen zurück. Mireau ordnet wutentbrannt sofort die Einberufung eines Kriegsgerichts an: Es sollen drei x-beliebige Soldaten herausgegriffen und wegen Feigheit vor dem Feind exemplarisch erschossen werden.

Die Opfer dieses Befehls sind der Gefreite Paris, der als einziger einen Leutnant beobachtet hat, wie er versehentlich einen seiner Männer niedergestreckt hat, der Soldat Arnaud, der durch das Los bestimmt wurde und Férol, ein Soldat, der bei den anderen unbeliebt ist!

Im Prozeß fordert der Kommandant Saint-Auban die Todesstrafe. Colonel Dax beteuert die Kampfbereitschaft seiner Männer und appelliert an die Humanität der Richter. Doch vergeblich, die drei Soldaten werden im Morgengrauen vor versammelter Mannschaft hingerichtet ...

29. The Vikings (Die Wikinger). USA, 1958.

P: Jerry Bresler für Bryna Production. R: Richard Fleischer. DB: Calder Willingham (nach dem Roman »Die Wikinger« von Edison Marshall). Ad: Dale Wasserman. K: Jack Cardiff (Technicolor/Technirama). M: Mario Nascimbene. S: Elmo Williams. A: Harper Goff. V: United Artists. Lz: 114. Besetzung: *Kirk Douglas* (Einar), Tony Curtis, Ernest Borgnine, Janet Leigh, James Donald, Alexander Knox, Frank Thring, Maxine Audley, Eileen Way, Edric Connor, Dandy Nichols, Per Buchhij, Almut Berg.

Um das Jahr 900 wird Europa von den grausamen Beutezügen der Wikinger heimgesucht. Der Wikingerkönig Ragnar tötet in England den Herrscher des Königreichs Northumbria, Edwin, und vergewaltigt dessen Frau Enid. Da der arglistige, fanatische Aella sich des Throns bemächtigt, fürchtet Enid um das Wohl ihres Sohnes, den sie inzwischen zur Welt gebracht hat. Mit Hilfe Bruder Godwins bringt sie ihn außer Landes nach Italien.

Zwanzig Jahre später. Lord Egbert wird auf Befehl Aellas in den Kerker gesperrt, weil er die Behauptung verbreitet, Enids natürlicher Sohn sei der einzig rechtmäßige König des Landes. Doch Egbert vermag zu entkommen und flüchtet zu seinen Freunden, den Wikingern. Ragnar bringt ihn nach Skandinavien, wo er ihn seinem Sohn Einar vorstellt. Bei einer Falkenjagd verliert Einar durch die Unachtsamkeit des Sklaven Eric ein Auge. Eric, der auf wunderbare Weise einer Verurteilung zum Tod entgangen ist, wird zum Eigentum Lord Egberts. An einem Amulett, das Eric um den Hals trägt, hat Egbert in ihm den verschwundenen Sohn Enids wiedererkannt.

Egbert und Ragnar rauben Prinzessin Morgane, die Aellas Frau werden soll, und Einar verliebt sich in sie. Eric wiederum flieht mit der Gefangenen aus dem Lager der Wikinger, um sie Aella zurückzubringen. Gleichzeitig gelingt es ihm, Ragnar in seine Gewalt zu bringen und ihn Aella zu übergeben. Ragnar soll den Wölfen zum Fraß vorgeworfen werden, doch sein letzter Wunsch, mit dem Schwert in der Hand sterben zu können, wird ihm von Eric noch erfüllt. Eric muß sich dafür von dem grausamen Aella eine Hand abschlagen lassen.

Als er wieder in Skandinavien ist, beschließt er, zusammen mit Einar und seinen Männern, noch einmal nach England zurückzukehren, um Aella zu töten. Der Magische Stein wird ihnen des Nachts den Weg übers Meer weisen.

Aella wird von seinen eigenen Wölfen verschlungen; Einar und Eric liefern sich auf der höchsten Spitze des Schlosses den endgültigen Kampf auf Leben und Tod. Einar wird von seinem Halbbruder besiegt. Eric heiratet Morgane und besteigt den freigewordenen Thron.

30. Last Train from Gun Hill (Der letzte Zug von Gun-Hill). USA, 1959.

P: Hal B. Wallis für Paramount. R: John Sturges. DB: James Poe (nach einer Erzählung von Les Crutchfield) K: Charles Lang jr. (Technicolor-VistaVision). M: Dimitri Tiomkin. S: Warren Low. A: Hal Pereira, Walter Tyler. V: Paramount. Lz: 94. Besetzung: *Kirk Douglas* (Matt Morgan), Anthony Quinn, Carolyn Jones, Earl Holligman, Brad Dexter, Brian Hutton, Ziva Rodann, Bing Russel, Val Avery, Walter Sand, Lars Henderson.

Matt Morgan, Sheriff in Pawnee, ist auf der Jagd nach zwei Mördern, die seine junge Frau Catherine vergewaltigt und anschließend getötet haben. Sein Sohn Peter, der der Gewalttat mit einem Pferd der Täter entfliehen konnte, kommt mit demselben wieder zurück. Matt stellt fest, daß der Sattel des Pferdes seinem alten Freund Craig Belden gehört, der im Nachbarort Gun Hill seine Ranch hat.

Im Zug nach Gun Hill lernt Matt Linda, die Freundin Craigs, kennen. Als Matt mit Craig zusammentrifft, wird beiden Männern sehr schnell klar, wie sich das Verbrechen abgespielt hat: Craig erkennt sofort den Zusammenhang zwischen dem unerklärlichen Fehlen eines seiner Pferde und der frischen Wunde im Gesicht seines Sohnes Rick ... Obwohl er die Tat seines Sohnes und dessen Gefährten Lee Smithers aufs schärfste verurteilt, verweigert er ihre Auslieferung.

Matt gibt sich damit nicht zufrieden: er bringt Rick in seine Gewalt und sperrt ihn in sein Hotelzimmer ein. Craig und seine Komplizen wollen ihn unter allen Umständen befreien. Linda, die Rick nicht mag, hilft Matt weiter. Während Matt den Mörder seiner Frau zum Bahnhof führt, um ihn der Gerichtsbarkeit zu übergeben, nehmen Beldens Leute das Hotel unter Beschuß.

Smithers, der versucht, seinen Komplizen Rick zu befreien, tötet ihn statt dessen aus Versehen, bevor er selber niedergeschossen wird. Auf dem Bahnsteig stehen sich schließlich Matt und Craig gegenüber; Matt erschießt Craig und nimmt den letzten Zug von Gun Hill ...

31. The Devil's Diciple (Der Teufelsschüler). USA, 1959.

P: Harold Hecht (Co-Produktion der Hecht-Hill Lancaster Films und der Bryna Production). R: Guy Hamilton. DB: John Dighton, Roland Kibbee (nach einem Theaterstück von G. B. Shaw). K: Jack Hildyard. M: Richard Rodney Bennett. S: Alan Osbiston. A: Terrence Verity, Edward Carrere. V: United Artists. Lz: 82. Besetzung: Burt Lancaster, *Kirk Douglas* (Richard Dudgeon), Laurence Olivier, Janette Scott, Eva Le Gallienne, Harry Andrews, Basil Sydney, George Rose, Neil McCallum, Mervyn Johns, David Horne.

1772. Die Bewohner Neuenglands wollen nicht länger die Vorherrschaft des britischen Imperiums hinnehmen. General Burgoyne erhält den Befehl, die Aufstände im Kern zu ersticken.

Richard Dudgeon wiegelt die Bevölkerung in der Kleinstadt Websterbridge gegen die Landesherren auf. Seine revolutionären Ideen entsprechen freilich nicht den extrem puritanischen Vorstellungen des Pastors Anthony Anderson. Doch angesichts des rigorosen Vorgehens Burgoynes gesellt sich der Pastor sehr schnell zu seinem Landsmann und wird einer seiner glühendsten Anhänger.

Ein britisches Kommando erhält den Auftrag, Pastor Anderson zu verhaften. Im Glauben, den Richtigen erwischt zu haben, ergreifen sie aber Richard Dudgeon und wollen ihn hinrichten. Nach einem kurzen Wiedersehen mit Judith, der jungen Pastorsgattin, die Richard heimlich liebt, entschließt er sich, seine wahre Identität zu verbergen und dem Tod mutig ins Auge zu sehen.

Kurz bevor seine Exekution stattfinden soll, erscheint der wahre Anderson. Tief gerührt von Dudgeons ehrenhafter Gesinnung, erwirkt er für ihn bei General Burgoyne die Begnadigung.

32. Strangers When We Meet. USA, 1960.

P: Richard Quine für Bryna-Quine-Production. R: Richard Quine. DB: Evan Hunter (nach seinem eigenen Roman). K: Charles Lang jr. (Eastmancolor-CinemaScope). M: George Duning. S: Charles Nelson. A: Ross Bellah. V: Columbia Pictures. Lz: 117. Besetzung: *Kirk Doug-*

las (Larry Coe), Kim Novak, Ernie Kovacs, Barbara Rush, Walter Matthau, Virginia Bruce, Kent Smith, Helen Gallagher, John Bryant, Roberta Shore, Nancy Kovak, Carol Douglas, Paul Picerni, Ernest Sarracino, Harry Jackson, Bart Patton, Robert Sampson, Ray Ferrel, Douglas Holmes, Timmy Molina.

Larry Coe, ein erfolgreicher Architekt, lebt mit seiner charmanten Frau Eve und seinen beiden Kindern David und Peter in unmittelbarer Nachbarschaft von Margaret Gault, die mit dem Geschäftsmann Ken verheiratet ist. Beide treffen sich allmorgendlich, wenn sie ihre Kinder zum Schulbus bringen.

Eines Tages lädt Larry sie ein, mit ihm ein Gelände zu besuchen, auf dem er für den berühmten Romanschriftsteller Roger Altar eine Luxusvilla bauen soll. Von da an sehen sich Larry und Maggie häufiger. Maggie zögert zunächst, ihrem leidenschaftlichen, unbefriedigten Gefühl nachzugeben, doch die Gleichgültigkeit ihres Ehegatten nimmt ihr die letzten Hemmungen.

Die beiden Liebenden treffen sich regelmäßig heimlich in einem Hotel am Stadtrand. Felix, ein Freund Larrys, hat aber Verdacht geschöpft und macht nun Eve den Hof. Nach einer heftigen Auseinandersetzung mit seiner Frau entscheidet sich Larry für seine Familie und gegen Maggie. Bei einer letzten Zusammenkunft mit ihr in dem fertiggestellten Haus des Schriftstellers eröffnet er ihr seinen Beschluß: Er fährt nach Hawaii, um dort die Planung einer neuen Stadt zu übernehmen.

33. Spartacus (Spartakus). USA, 1960.

P: Edward Lewis, *Kirk Douglas* (Bryna Production). R: Stanley Kubrick. DB: Dalton Trumbo (nach einem Roman von Howard Fast). K: Russell Metty (Technicolor-Super Technirama 70 mm). M: Alex North. mL: Joseph Gershenson. S: Robert Lawrence, Robert Schultz, Fred Chulack. A: Eric Orbom, Alexander Golitzen. Dek: Russel A. Gausman, Julia Heron. Ko: Bill Thomas, Peruzzi, Valles. Zweite K: Clifford Stine. Historische Bearbeitung: Vittorio Nino Novarese. Titelvorspann: Saul Bass. V: Universal-International. Lz: 184. Besetzung: *Kirk Douglas* (Spartakus), Laurence Olivier, Jean Simmons, Tony Curtis, Charles Laughton, Peter Ustinov, John Gavin, Nina Foch, Herbert Lom, John Ireland, John Dall, Charles McGraw, Joanna Barnes, Harold J. Stone, Woody Strode, Peter Brocco, Paul Lambert, Nicholas Dennis, Robert J. Wilke, John Hoyt, Frederic Worlock, Dayton Lummis.

69 vor Christus. Spartakus, ein Sklave aus Thrakien, hat nach dem Aufstand in der Gladiatorenschule von Capua die Führung der Sklaven übernommen. In Begleitung seiner Geliebten Varinia und seines treuen Freundes Antonius begibt sich Spartakus mit den Aufständischen in den

Schutz des Vesuv und schlägt dort sein Heerlager auf. Die römischen Truppen des Glabrus, die die Armee des Spartakus zerschlagen sollen, werden von den aufgebrachten Sklaven in die Flucht getrieben.

Der Senat in Rom ist aufs höchste beunruhigt. Jeden Tag machen sich Hunderte von Sklaven auf den Weg, um sich Spartakus anzuschließen. Die ganze Hoffnung des Senats konzentriert sich auf einen Mann, der an der Spitze einer schlagkräftigen Armee den Aufstand niederschlagen könnte: Crassus. Doch Crassus beansprucht für seine Dienste die uneingeschränkte Macht. Gracchus, Volkstribun und überzeugter Demokrat, widersetzt sich.

Die Schlacht findet dennoch statt, und Spartakus wird besiegt. Die Gefangenen werden gekreuzigt. Auf Befehl des Crassus wird Gracchus gestürzt, kann aber, bevor er sich selbst das Leben nimmt, Varinia, die mit ihrem Kind dem Massaker entgangen ist, zur Flucht in die Freiheit verhelfen. Spartakus dagegen stirbt am Kreuz. Doch sein Sohn wird einst ein freier Mann sein.

34. The Last Sunset (El Perdido). USA, 1961.

P: Eugene Frenke, Edward Lewis (Bryna Production). R: Robert Aldrich. DB: Dalton Trumbo (nach dem Roman »Sundown at Crazy Horse« von Howard Rigsby). K: Ernest Lazlo (Eastmancolor). M: Ernest Gold. S: Edward Mann. A: Alexander Golitzen, Al Sweeney. Dek: Oliver Emert. V: Universal International. Lz: 112. Besetzung: Rock Hudson, *Kirk Douglas* (Brendan O'Malley), Dorothy Malone, Joseph Cotten, Carol Lynley, Neville Brand, Regis Toomey, Rad Fulton, Adam Williams, Jack Elam, John Shay, Margarito De Luna, Jose Torvay.

John Breckenridge, Rancher in Mexiko, ist mit seiner Frau Belle und der Tochter Missy im Begriff, eine riesige Rinderherde nach Texas zu treiben, um sich dort eine neue Existenz aufzubauen. Da taucht Brendan O'Malley auf, ein sympathischer Cowboy, mit dem Belle seinerzeit liiert war. Gleichzeitig erscheint Sheriff Dana Stribling, der O'Malley wegen Mordes und Vergewaltigung vor den Richter bringen will. Sein Haftbefehl kann jedoch nur in Texas vollstreckt werden. Deshalb schließen beide Männer einstweilen »Waffenstillstand« und helfen Breckenridge, seine Herde nach Texas zu bringen.

Auf dem Weg dorthin verliebt sich Missy in O'Malley; Dana Stribling fühlt sich zu Belle hingezogen, die von ihrem häufig betrunkenen Ehemann völlig vernachlässigt wird.

Die Reise ist voller Hindernisse, und Breckenridge wird im Verlauf einer Schlägerei getötet. Nachdem die Gruppe einem Indianerüberfall entkommen konnte, erreicht sie endlich den Rio Grande. Belle enthüllt O'Malley die folgenschwere Wahrheit, daß Missy seine Tochter ist. Unfähig, mit dieser Tatsache weiterzuleben, tritt er zum entscheidenden

Duell gegen Stribling, der ihm eine Chance geben will, mit ungeladenem Colt an und läßt sich erschießen.

35. Town without Pity (Stadt ohne Mitleid). USA, 1961.

P: Gottfried Reinhardt (Mirisch Company-Gloria Films, München). R: Gottfried Reinhardt. DB: Sylvia Reinhardt, Georg Hurdalek (nach dem Roman »The Verdict« von Manfred Gregor). Ad: Jan Lustig. K: Kurt Hasse. M: Dimitri Tiomkin. S: Hermann Haller. A: Rolf Zehetbauer. V: United Artists. Lz: 105. Besetzung: *Kirk Douglas* (Major Steve Garrett), Christine Kaufmann, E.G. Marshall, Robert Blake, Richard Jaekel, Frank Sutton, Mal Sondock, Barbara Tuetting, Hans Nielsen, Karin Hardt, Ingrid van Bergen, Gerhardt Lippert, Eleanore Van Hoogstratten, Max Haufler, Siegfried Schurenberg, Rose Renée Roth, Alan Gifford.

Der Film spielt während der Besatzungszeit in Deutschland. In betrunkenem Zustand haben vier GIs in einer kleinen deutschen Stadt die Tochter des Bürgermeisters, Karin Steinhof, vergewaltigt und ihren Verlobten Frank niedergeschlagen. Noch am gleichen Abend werden die Täter von der Militärpolizei verhaftet, während sich die Lokalpresse bereits über die Vorgänge hermacht. Auf Drängen des Bürgermeisters verlangt der Chef der Militärbehörden, Stafford, eine exemplarische Bestrafung für die Schuldigen.

Major Garrett, ein gefürchteter Anwalt, wird zum Verteidiger der Angeklagten ernannt. Er ist ein entschiedener Gegner der Todesstrafe, die der Staatsanwalt auf Verlangen General Staffords gefordert hat. Gemäß dem amerikanischen Recht kann die Todesstrafe jedoch nicht verhängt werden, wenn das Opfer die Aussage verweigert. Garrett versucht nun, den Staatsanwalt, das Gericht und die Eltern des Mädchens davon zu überzeugen, daß eine gerichtliche Vernehmung eine ungeheure psychische Belastungsprobe für Karin darstellen würde, deren Folgen nicht absehbar sind. Aber die Eltern bestehen hartnäckig auf einer Zeugenaussage. Garrett bleibt also keine andere Wahl, als durch eine Reihe von Zeugenaussagen Karins Glaubwürdigkeit zu erschüttern. Karin, die dem Skandal nicht mehr gewachsen ist, begeht daraufhin Selbstmord. Die vier Angeklagten hingegen sind gerettet.

36. Lonely Are the Brave (Einsam sind die Tapferen). USA 1962.

P: Edward Lewis für Joel Production *(Kirk Douglas)*. R: David Miller. DB: Dalton Trumbo (nach dem Roman »Brave Cowboy« von Edward Abbey). K: Philip Lathrop (Panavision). M: Jerry Goldsmith. S: Leon Barsha. A: Alexander Golitzen, Robert E. Smith. Dek: George Milo. V: Universal-International. Lz: 107. Besetzung: *Kirk Douglas* (Jack

Burns), Gena Rowlands, Walter Matthau, Michael Kane, Carroll O'Connor, William Schallert, Karl Swenson, George Kennedy, Dan Sheridan, Bill Raisch, William Mims, Partin Garralaga, Lalo Rios.

Jack Burns, ein leidenschaftlicher, naturverbundener Einzelgänger, ist ein Gegner der modernen Zivilisation und ihrer Nebenerscheinungen, die seinen Freiheitsdrang einengen. Wie zur Pionierzeit durchquert der Cowboy mit seinen Rinderherden das weite Land Neumexikos. Sein einziger Freund und Gefährte ist seine Stute Whisky.

Auf dem Weg zu seinem Freund Paul Bondi, der wegen Beihilfe zu illegaler Einwanderung von Mexiko in die USA eingesperrt ist, provoziert er in einer Bar Streit, um ins Gefängnis zu kommen und Paul wiederzusehen. Paul, dem er zur Flucht verhelfen will, hat sich aber anders entschieden. Des Herumtreibens müde, verheiratet und Vater zweier Kinder, will er mit der Gesellschaft in Frieden und Eintracht leben und seine Strafe bis zum Ende absitzen. Jack bricht allein aus.

Sheriff Johnson verfolgt ihn mit allen Hilfsmitteln, die einem modernen Polizeiapparat zur Verfügung stehen: Lastwagen, Funkgeräte, Kettenfahrzeuge und sogar Hubschrauber. Burns überlegt zeitweilig, ob er sich von seiner Stute Whisky trennen soll, um leichter übers Gebirge zu kommen. Doch schließlich gelingt es ihm, seine Verfolger abzuschütteln. Johnson ist erleichtert, denn insgeheim hat ihm dieser »lonesome cowboy« Bewunderung und Respekt abverlangt.

Es gibt für Burns jetzt nur noch eine einzige Schwierigkeit zu überwinden, um der amerikanischen Polizei endgültig zu entkommen: das ist der Highway, der die USA von Mexiko trennt, und der Tag und Nacht von Tausenden von Autos befahren wird. Als er endlich vor ihm steht, macht seine Stute Whisky, die von den Anstrengungen des Tages erschöpft und von dem ungewohnten Lärm und den vielen Lichtern völlig verstört ist, einen ungeschickten Schritt zur Seite, so daß sie mit ihrem Reiter unter die riesigen Räder eines Lastzuges kommt. Johnson ist sehr schnell zur Stelle und beendet mit einer Kugel die Qualen des Tieres. Jack Burns wird sterbend von einem Krankenwagen abtransportiert.

37. Two Weeks in Another Town (Zwei Wochen in einer anderen Stadt). USA, 1962.
P: John Houseman für MGM. R: Vincente Minnelli. DB: Charles Schnee (nach einem Roman von Irvin Shaw). K: Milton Krasner (Metrocolor-CinemaScope). M: David Ruskin. S: Adrienne Fazan, Robert J. Kern jr. A: George W. Davies, Urie McCleary. Dek: Keogh Gleason, Henry Grace. Ko: Pierre Balmain (für Cyd Charisse). SpEff: Robert R. Hoag. Farbberatung: Charles K. Hagedon. Rass: Erich von Stroheim jr. V: MGM. Lz: 107. Besetzung: *Kirk Douglas* (Jack Andrus), Edward G.

Robinson, Cyd Charisse, George Hamilton, Dahlia Lavi, Claire Trevor, Rosanna Schiaffino, James Gregory, Mino Doro, Stefan Schnabel, George McReady, Erich von Stroheim, Vito Scotti, Joanna Ross, Tom Palmer, Leslie Uggams, Stuart Holmes, Lilyan Chauvin, Charles La Torre, Pat Renello.

Der gefeierte Schauspieler Jack Andrus unternimmt nach der Scheidung von seiner Frau Carlotta einen Selbstmordversuch und verbringt anschließend sechs Jahre in einer Nervenheilanstalt.

Der Regisseur Maurice Kruger, mit dem Andrus früher zusammengearbeitet hat, lädt ihn für zwei Wochen nach Rom ein. Andrus sieht darin eine Chance, seine Krise zu überwinden. Obwohl er eigentlich ein Rollenangebot erwartet hatte, erklärt er sich bereit, die Synchronregie zu übernehmen. Er will beweisen, daß man immer noch auf ihn zählen kann.

Zwischen ihm und Veronica, der Freundin des jungen Hauptdarstellers David Drew, entwickelt sich ein Liebesverhältnis, das der eifersüchtige Star abrupt beendet.

Nach einem Wiedersehen mit Carlotta, die für kurze Zeit in Rom weilt, ist Andrus mehr denn je entschlossen, sich von ihr zu lösen.

Als Kruger ernsthaft krank wird, läßt er Andrus bitten, den Film für ihn zu beenden. Andrus stürzt sich voller Begeisterung in diese Aufgabe und überarbeitet den Film vollständig. Es gelingt ihm, dem ganzen Werk neues Leben einzuhauchen und es wesentlich zu verbessern. Als Kruger wieder gesund ist, wirft er ihm vor, sein Werk an sich gerissen zu haben. Enttäuscht und niedergeschlagen flüchtet Andrus sich zu seiner Ex-Frau, betrinkt sich und setzt sich anschließend ans Steuer. Sein zweiter Selbstmordversuch verläuft glimpflich.

Befreit von seinen Ängsten kehrt er nach Hollywood zurück, in der Hoffnung, eine neue Karriere beginnen zu können ...

38. The Hook. USA, 1963.

P: William Perlberg (Perlberg-Seaton-Production). R: George Seaton. DB: Henry Denker (nach dem Roman »Der Angelhaken« von Vahé Katcha). K: Joseph Ruttenberg (Panavision). M und mL: Larry Adler. S: Robert J. Kern jr. A: George W. Davis, Hans Peters. Dek: Henry Grace, Keogh Gleason. V: MGM. Lz: 98. Besetzung: *Kirk Douglas* (Sergeant P.J. Briscoe), Robert Walker jr., Nick Adams, Enrique Magalona, Nehemiah Persoff, Mark Miller, John Bleifer.

1953. Vier GIs, Leutnant Troy, Sergeant Briscoe und die beiden Soldaten Dennison und Hackett haben während des Korea-Kriegs den Befehl erhalten, von einem verlassenen Militärdepot das dort gelagerte Benzin abzuholen und zu einem Tanker der Vereinigten Staaten zu bringen. Unterwegs werden sie von einem nordkoreanischen Flugzeug angegriffen, das aber kurz danach abstürzt. Leutnant Troy verbrennt dabei, während Dennison den feindlichen Piloten vor dem Ertrinken rettet. Sergeant Briscoe ist entsetzt und versteht die Handlung seines Untergebenen überhaupt nicht. Captain Van Ryn vom Hauptquartier verurteilt die Aktion und gibt den Befehl zur Liquidierung des Gefangenen.

Nachdem Briscoe den vergeblichen Versuch gemacht hat, den Nordkoreaner zu töten, beauftragt er erst Dennison, später Hackett, diese Aufgabe zu übernehmen. Aber keiner von beiden ist in der Lage, den Gefangenen kaltblütig umzulegen. Die Soldaten versuchen sogar, ihn des Nachts zur Flucht zu bewegen. Sergeant Briscoe ist entschlossen, einen Bericht wegen Befehlsverweigerung gegen sie weiterzuleiten. Indessen erhalten sie per Funk die Nachricht, daß der Krieg beendet ist.

Der Gefangene, der Englisch weder versteht noch spricht, nützt einen Augenblick der Unachtsamkeit aus, um zu fliehen. Im Laderaum droht er, das Schiff in die Luft fliegen zu lassen. Briscoe gelingt es, ihn in seine Gewalt zu bringen. Als der Nordkoreaner ihn mit einem Rasiermesser bedroht, wird er von Briscoe getötet.

39. For Love or Money. USA, 1963. ✕

P: Robert Arthur für Universal International. R: Michael Gordon. DB: Larry Marks, Michael Morris. K: Clifford Stine (Eastmancolor). M: Frank De Vol. S: Alma Macrorie. A: Alexander Golitzen, Malcolm Brown. Dek: Ruby Levitt. V: Universal International. Lz: 108. Besetzung: *Kirk Douglas* (Deke Gentry), Mitzi Gaynor, Gig Young, Thelma Ritter, Leslie Parrish, Julie Newmar, William Bendix, Richard Sargent, William Windom, Elizabeth MacRae, William Sage, Ina Victor, Alvy Moore, Jose Gonzales, Don McGowan, Billy Halop, Joey Faye, Theodore Marcuse, Frank Mahony.

Die exzentrische Millionärin Chloe Brasher versucht ihre drei rebellischen Töchter Kate, Bonnie und Jan unter die Haube zu bringen. Kate ist eine aktive, temperamentvolle, junge Frau, wohingegen die beiden anderen eher zum Nichtstun neigen: Bonnie treibt leidenschaftlich gern Sport und hält sich gern in der Natur auf, die flatterhafte Jan führt in Kreisen, die ihren Reichtum zu schätzen wissen, ein Bohemienleben. Chloe beauftragt den Modeanwalt Deke Gentry, für ihre Töchter geeignete Heiratskandidaten ausfindig zu machen. Sie verspricht ihm 100.000 Dollar, wenn seine Bemühungen erfolgreich verlaufen. Gleichzeitig verpflichtet sie ihren persönlichen Detektiv Joe Fogel, ihr über Gentrys Aktionen laufend Bericht zu erstatten.

Es gelingt Deke, Bonnie mit Harvey Wofford, einem Finanzinspektor, in Verbindung zu bringen, und Jan mit dem Sozialhelfer Sam Travis. Aber sein Plan, Kate mit dem Playboy Sonny Smith, einem jungen Millionär, zu verkuppeln, mißlingt. Statt dessen verliebt sich Kate in Deke. Als sie jedoch von dem Vertrag erfährt, den Deke mit ihrer Mutter geschlossen hat, zieht sie sich enttäuscht von ihm zurück. Da er sie aber wirklich liebt, will er auf sein Honorar verzichten, wenn sie ihn heiratet. Sie glaubt ihm und gibt ihm ihr Jawort. Chloe, die mit Joe Fogel gewettet hatte, daß Deke und Kate sich ineinander verlieben würden, ist damit am Ziel ihrer Wünsche angelangt. Die drei Hochzeiten können stattfinden.

40. The List of Adrian Messenger (Die Totenliste). USA, 1963.

P: Edward Lewis für Joel Production *(Kirk Douglas)*. R: John Huston. DB: Anthony Veiller (nach einem Roman von Philipp MacDonald). K: Joe MacDonald, Ted Scaife (verantwortlich für die in Europa gedrehten Szenen). M: Jerry Goldsmith. S: Terry Morse, Hugh Fowler. A: Alexander Golitzen, Stephen Grimes, George Webb. Maske: Bud Westmore. V: Universal International. Lz: 98. Besetzung: *Kirk Douglas* (George Bruttenholm), George C. Scott, Dana Wynter, Clive Brook, Herbert Marshall, Jacques Roux, John Merrivale, Walter Anthony Huston, Marcel Dalio, Gladys Cooper, Bernard Archard, Roland D. Long, John Huston, Noel Purcell, Anita Sharpe-Bolster und Tony Curtis, Burt Lancaster, Robert Mitchum, Frank Sinatra.

Adrian Messenger will seinem Freund Anthony Gethryn, einem ehemaligen Angehörigen des Geheimdienstes, eine Liste mit elf Namen überbringen, über deren Inhaber er genaue biographische Informationen benötigt. Aber sein Flugzeug stürzt auf dem Weg in die Vereinigten Staaten infolge eines Bombenattentats ab, und der einzige Überlebende ist der Franzose Raoul Le Borg. Er berichtet Gethryn von den letzten Minuten Messengers. Gethryn kommt das Ganze sehr merkwürdig vor, woraufhin er mit Hilfe des Scotland Yardinspektors Sir Wilfried Lucas der Namensliste nachgeht. Dabei entdeckt er, daß sämtliche Männer der Liste, außer Slattery, vor nicht allzu langer Zeit bei Unfällen ums Leben gekommen sind. Weiter erfährt er, daß alle eine gemeinsame Vergangenheit haben: Sie waren während des Krieges Gefangene in einem japanischen Lager. Einer von ihnen, ein Kanadier, der nicht auf der Liste steht, hatte sie damals verraten ...

Die Ereignisse überstürzen sich: Slattery wird umgebracht, und die Stenotypistin, die Messengers Tagebuch getippt hatte, in dem eine Seite durch eine andere ersetzt worden war, wird erstickt aufgefunden.

Als auf Graf Gleneyres Landsitz eine Fuchsjagd stattfindet, trifft Gethryn dort Raoul Le Borg, der der hübschen Witwe Lady Jocelyn Bruttenholm den Hof macht. Ihr Sohn Derek soll eines Tages das immense Vermögen ihres verstorbenen Gatten erben. In diesem Augenblick erscheint George Bruttenholm, der sich als Cousin des kanadischen Zweigs der Familie ausgibt und als solcher eingeladen ist. Gethryn durchschaut sehr schnell die grausige Wahrheit: Nach dem Tod Dereks träte George Bruttenholm das Erbe des Marquis an. Um seine wahre Identität zu verdecken, hatte er eiskalt mehr als hundert Personen ermordet, um sich eines Tages dieses Riesenvermögen aneignen zu können. Derek entgeht mit knapper Not einem Unfall.

41. Seven Days in May (Sieben Tage im Mai). USA, 1964.
P: Edward Lewis für Seven Arts-Joel Production *(Kirk Douglas)*. R: John Frankenheimer. DB: Rod Serling (nach einem Roman von Fletcher Knebel und Charles W. Bailey jr.). K: Ellsworth Fredericks. M: Jerry Goldsmith. S: Ferris Webster. A: Cary Odell. Dek: Edward Boyle. V: Paramount. Lz: 120. Besetzung: Burt Lancaster, *Kirk Douglas* (Colonel Martin Casey), Fredric March, Ava Gardner, Edmund O'Brien, Martin Balsam, George Macready, Whit Bissell, Hugh Marlowe, Bart Burns, Richard Anderson, Jack Mullaney, Andrew Duggan, Malcolm Atterbury, John Larkin, Helen Kleeb, John Houseman, Colette Jackson, Ferris Webster, Charles Watts, William Challee, Leonard Nimoy, Stuart Holmes, Fredd Wayne, Bill Raisch, Joe Walls, Walter Coy.

1980. Die Vereinigten Staaten werden von dem demokratischen Präsidenten Jordan Lyman regiert, der sich seit seiner Wahl großer Beliebtheit erfreut. Er unterzeichnet jedoch ein Abrüstungsabkommen mit der UdSSR, um dem Kalten Krieg endlich ein Ende zu setzen. Die Folge davon ist die Einstellung der Rüstungsindustrie, Arbeitslosigkeit und zunehmende Inflation; die latente Unzufriedenheit schmälert nach und nach das Ansehen des Präsidenten erheblich. Die Generäle im Pentagon sind mit dieser »weichen Welle« absolut nicht einverstanden.
Der ehrgeizige General James Scott macht sich zum Fürsprecher der Oppositionellen und protestiert öffentlich – mit Hilfe eines rechtsgerichteten Journalisten – gegen die aktuelle Politik des Präsidenten. General Scotts engster Mitarbeiter und Chef der Kampftruppe, Colonel Casey, vermutet, daß Scott einen Militärputsch vorbereitet ... Casey informiert Präsident Lyman von diesem Verdacht.
Das Weiße Haus stellt sich auf eine siebentägige Frist ein. Casey sammelt indessen die verräterischen Beweise, und Senator Raymond Clarke versucht auf einer Militärbasis in Texas herauszufinden, von wo aus die militärische Aktion erfolgen soll.
Am siebten Tag zitiert der Präsident General Scott ins Weiße Haus und unterbreitet ihm die Beweisstücke für seinen Hochverrat. Scott muß abdanken.

42. In Harm's Way (Erster Sieg). USA, 1965.
P: Otto Preminger für Sigma Production. R: Otto Preminger. DB: Wendell Mayes (nach einem Roman von James Bassett). K: Loyal Griggs (Panavision 70 mm). M: Jerry Goldsmith. S: George Tomasini, Hugh S.

Fowler. A: Al Roelofs, Lyle Wheeler. Titelvorspann: Saul Bass. V: Paramount. Lz: 165. Besetzung: John Wayne, *Kirk Douglas* (Kommandant Paul Eddington), Patricia Neal, Tom Tryon, Paula Prentiss, Brandon de Wilde, Jill Haworth, Dana Andrews, Stanley Holloway, Burgess Meredith, Franchot Tone, Patrick O'Neal, Carroll O'Connor, Slim Pickens, Barbara Bouchet, Henry Fonda, James Mitchum, George Kennedy, Bruce Cabot, Tod Andrews, Larry Hagman, Stewart Moss, Richard Le Pore, Chet Stratton, Dort Clark, Soo Young, Phil Mattingly.

Am Morgen des 7. Dezember 1941 wird Pearl Harbor von den Japanern angegriffen. Geschwaderführer Rockwell Torrey, der sich außerhalb des Hafens aufgehalten hat, widersetzt sich dem Rückzugsbefehl und versucht, die japanische Flotte zu verfolgen. Sein Vorhaben mißlingt jedoch, und sein Kreuzer wird von einem U-Boot schwer beschädigt. Er und sein Vizekommandant Paul Eddington werden wegen ihres Vorgehens getadelt und in den Innendienst abkommandiert.

Der geschiedene Torrey erfährt von seiner Geliebten Maggie Haynes, einer Krankenschwester, daß sich sein Sohn Jeremiah, Leutnant zur See, in Pearl Harbor aufhält und mit der hübschen Annalee Dorne ein Verhältnis hat. Aber schon bald erhält Jeremiah als Vize-Admiral einen neuen Befehl. Die Mission heißt »Operation Skyhook«. Der Auftrag besteht darin, eine von Japanern besetzte Inselgruppe einzunehmen. Der Kommandant Paul Eddington, dessen Frau bei einem Bombenangriff ums Leben gekommen ist, wird zum gefährlichen Rivalen Jeremiahs um die Gunst der schönen Annalee. Als Eddington sie in einem Anfall von sexueller Gier vergewaltigt, nimmt sie sich kurz darauf das Leben.

Dieses Drama bringt Vater und Sohn wieder näher zueinander. Eddington dagegen ist völlig verzweifelt und meldet sich freiwillig zu einem Himmelfahrtskommando. Er fliegt mit seinem Flugzeug direkt vor die feindliche japanische Flotte und unterrichtet das Hauptquartier per Funk über die Aktionen des Gegners. Er wird zwar abgeschossen, aber seine Informationen führen dazu, daß die Amerikaner die erste große Seeschlacht im Pazifik für sich entscheiden können. Jeremiah wird getötet, und Torrey schwer verletzt.

43. The Heroes of Telemark (Kennwort »Schweres Wasser«). USA, 1965.

P: S. Benjamin Fisz für Benton-Film-Production. R: Anthony Mann. DB: Ivan Moffat, Ben Barzman (nach »Skis against the Atom« von Knut Haukelid, »But For These Man« von John Drummond und Passagen aus »La Bataille de L'Eau Lourde«, 1947, von Jean Dréville und Titus Vibe-Muller). K: Robert Krasker (Technicolor-Panavision). M: Malcolm Arnold. S: Bert Bates, Lindsay Hume. A: Tony Masters, Jack Maxsted, John Hoesli. Dek: Bob Cartwright, Ted Clements. SpEff: John Fulton,

Ron Ballanger, Syd Pearson. V: Columbia Pictures. Lz: 130. Besetzung: *Kirk Douglas* (Dr. Rolf Pedersen), Richard Harris, Ulla Jacobsson, Michael Redgrave, David Weston, Anton Diffring, Eric Porter, Mervyn Johns, Jennifer Hilary, Roy Dotrice, Barry Jones, Ralph Michael, Geoffrey Keen, Maurice Denham, Wolf Frees, Robert Ayres, Sébastian Breaks, John Golightly, Alan Howard, Patrick Jordan, William Marlowe, Brook Williams, David Davies, Karel Stepanek.

Dr. Rolf Pedersen von der Universität Oslo ist der erste, der die Hintergründe für die übereilte Produktion von Schwerem Wasserstoff in einer abgeschirmten Fabrik in Rjukan/Norwegen erkannt hat. Er informiert umgehend die Alliierten, die daraufhin beschließen, die Produktion der Deutschen zu zerstören. Für den wissenschaftlichen Teil der Aktion ist Pedersen verantwortlich, für den militärischen Major Knut Straud.
Der erste Luftangriff gegen die Produktionsstätte wird in der Nacht zum 27. Februar 1943 erfolgreich geführt. Die Fabrik wird dabei so stark beschädigt, daß die Herstellung von Schwerem Wasserstoff zunächst einmal lahmgelegt ist. Die Deutschen verfügen jedoch noch über einen beträchtlichen Bestand bereits produzierten Deuteriums, das sie ein Jahr später per Schiff nach Deutschland transportieren wollen. Aber Pedersen und Staud sind wieder zur Stelle und lassen das Schiff hochgehen. Der Traum der Deutschen von einer eigenen Atombombe ist damit endgültig gestorben.

44. Cast a Giant Shadow (Der Schatten des Giganten). USA, 1966.

P: Melville Shavelson/Mirisch-Llenroe-Batjac Production. R: Melville Shavelson. DB: Melville Shavelson (nach einem Buch von Ted Berkman). K: Aldo Tonti (de Luxe Color). M: Elmer Bernstein. S: Bert Bates, Gen Ruggiero. A: Arrigo Equini. V: United Artists. Lz: 142. Besetzung: *Kirk Douglas* (Colonel David »Mickey« Marcus), Senta Berger, Angie Dickinson, James Donald, Frank Sinatra, Yul Brynner, John Wayne, Stathis Giallelis, Luther Adler, Gary Merrill, Haym Topol, Ruth White, Gordon Jackson, Michael Hordern, Allan Cuthbertson, Jeremy Kemp, Sean Barrett, Michael Shillo.

1947. Nachdem die Engländer Palästina verlassen haben, ersucht der junge Staat Israel den Anwalt David »Mickey« Marcus, Oberst der Reserve, eine Armee zu organisieren. Trotz der Einwände seiner Frau Emma und seines Vorgesetzten im Pentagon, General Randolph, nimmt Marcus den Auftrag an.
In Israel quartiert man ihn im Haus der hübschen Magda Simon ein, zu der er bald eine innige Beziehung hat. Es gelingt ihm, den Verteidigungsminister Jacob Zion und den militärischen Führer Asher Gonen davon

zu überzeugen, die beiden Geheimarmeen Haganah und Palmach zusammenzulegen.

Als der Krieg gegen die Araber ausbricht, schalten sich die Vereinigten Staaten sofort ein. Obwohl sie die unverzügliche Einstellung der Kampfhandlungen verlangen, schlägt das israelische Heer unter Marcus' Führung eine gewaltige Bresche in die arabischen Truppen und dringt bis nach Jerusalem vor. Marcus wird für seine Verdienste vom Verteidigungsministerium zum General ernannt.

Aber Marcus besinnt sich auf sich selbst zurück: Seine Frau Emma ist ihm doch wichtiger als Magda, und er entschließt sich, das Verhältnis zu beenden. Als er von der entscheidenden Aussprache mit ihr zurückkommt, wird er von einem hebräischen Wachtposten kontrolliert. Der Sprache nicht mächtig, überhört er dessen Warnung und will weitergehen. Doch ein Schuß des Polizisten trifft ihn tödlich – nur wenige Stunden vor dem Friedensabkommen zwischen Israel und seinen Nachbarn.

45. Paris Brûle-t-il?/Is Paris Burning? (Brennt Paris?). F/USA, 1966. P: Paul Graetz/Transcontinental Films – Marianne Production. R: René Clément. DB: Gore Vidal, Francis Ford Coppola (nach einem Buch von Dominique Lapierre und Larry Collins). Dia (F): Marcel Moussy. Dia (Deutsch): Beate von Mollo. K: Marcel Grignon (Panavision). M: Maurice Jarre. S: Denis Chardin, Robert Lawrence. A: Willy Holt, Roger Volper. Second Unit R: André Smagghe. Rass: Yves Boisset, Michel Wyn. V: Paramount. Lz: 165. Besetzung: Jean-Paul Belmondo, Charles Boyer, Leslie Caron, Jean-Pierre Cassel, George Chakiris, Bruno Cremer, Claude Dauphin, Alain Delon, *Kirk Douglas* (General Patton), Pierre Dux, Glenn Ford, Billy Frick, Gert Fröbe, Joachim Hansen, Félix Marten, Hannes Messemer, Harry Meyen, Yves Montand, Anthony Perkins, Michel Piccoli, Sacha Pitoeff, Wolfgang Preiss, Albert Remy, Claude Rich, Simone Signoret, Robert Stack, Jean-Louis Trintignant, Pierre Vaneck, Marie Versini, Skip Ward, Orson Welles.

Der Film schildert Zeit und Umstände, die zur Befreiung von Paris führten. General Choltitz herrscht als Platzkommandant im Namen Hitlers über die Hauptstadt. Während sich im Untergrund die Résistance bereits auf ihren Einsatz vorbereitet, wird den amerikanischen Alliierten ein französischer Unterhändler entgegengeschickt. Um die Zerstörung der Stadt und ein Massaker zu verhindern, soll er die Amerikaner um die Befreiung von den deutschen Besatzungsmächten ersuchen.

46. The Way West (Der Weg nach Westen). USA, 1967. P: Harold Hecht/Harold Hecht Production. R: Andrew McLaglen. DB: Ben Maddow, Mitch Linderman (nach einem Roman von A. B. Guthrie

jr.). K: William Clothier (Technicolor-Panavision). M: Bronislav Kaper.
S: Otho Lovering. A: Ted Haworth. Dek: Hank Wynands. V: United
Artists. Lz: 122. Besetzung: *Kirk Douglas* (Senator William J. Tadlock),
Robert Mitchum, Richard Widmark, Lola Albright, Michael Witney,
Sally Field, Katherine Justice, Stubby Kaye, William Lundigan, Paul Lu-
kather, Roy Bancroft, Patric Knowles, Ken Murray, John Mitchum,
Nick Cravat, Harry Carey, Roy Glenn, Michael McGreevey, Connie
Sawyer, Anne Barton, Eve McVeagh, Peggy Stewart, Stefan Arngrim.

1843. Senator William Tadlock, dessen politische Karriere von dem Frei-
tod seiner Frau jäh unterbrochen wurde, entschließt sich, in Oregon ein
neues Leben zu beginnen. Zusammen mit Lije Evans, dem Scout Dick
Summers und einer Gruppe von Umsiedlern macht er sich auf den langen
Weg ins »verheißene Land«.
Die Reise ist von zahlreichen Zwischenfällen begleitet. Tadlock jr.
kommt bei einem Bisonangriff ums Leben, und Brownie, einer der Auswanderer, wird von den Indianern entführt und erst gegen mehrere Fäs-
ser Whisky wieder freigelassen. Die hübsche Mercy McBee wird gleich
von zwei Männern umworben, wovon der eine, Johnny Mack, einen
Häuptlingssohn tötet und dafür von Tadlock gehenkt wird. Lije Evans,
dessen Frau Rebecca auch von Tadlock begehrt wird, entgeht nur knapp
einem tödlichen Anschlag.
Die zukünftigen Siedler ertragen den rigorosen, harten Führungsstil
Tadlocks nicht länger und beschließen, Evans die alleinige Verantwor-
tung zu übergeben. Doch um die gewaltigen Schluchten zu überwinden,
sind sie wieder auf Tadlocks Kenntnisse und Fähigkeiten angewiesen. Er
ist der einzige, der diese Schwierigkeit zu meistern weiß. Aber während
des gefährlichen Abstiegs durchtrennt Amanda Mack, die den Tod ihres
Mannes nicht tatenlos hinnehmen kann, das Seil, an dem Tadlock hängt.
Der Senator stürzt kurz vor dem Ziel in die Tiefe der Schlucht.

47. The War Wagon (Die Gewaltigen). USA, 1967. ✗

P: Marvin Schwartz/Batjac—Marvin Schwartz Production. R: Burt Ken-
nedy. DB: Clair Huffaker (nach seinem Roman »Badman«). K: William
H. Clothier (Technicolor-Panavision). M: Dimitri Tiomkin. S: Harry
Gerstad. A: Alfred Sweeney. V: Universal International. Lz: 100. Beset-
zung: John Wayne, *Kirk Douglas* (Lomax), Howard Keel, Robert Wal-
ker, Keenan Wynn, Bruce Cabot, Valora Noland, Gene Evans, Joanna
Barnes, Bruce Dern, Terry Wilson, Don Collier, Sheb Wooley, Ann
McCrea, Emilio Fernandez, Frank McGrath.

Taw Jackson, der sein Land – und die damit verbundene Goldmine – an
Frank Pierce verloren hat, verläßt das Gefängnis in der festen Absicht,
sich an Pierce zu rächen. Gemeinsam mit dem bezahlten Killer Lomax,

der für Pierce allwöchentlich mit einer gepanzerten Kutsche zur Bank fährt, um dort dessen Gold abzuliefern, plant er einen genialen Raubüberfall. Lomax soll für seinen Einsatz eine Viertelmillion Dollar erhalten.

Jackson und Lomax sind auf die Mithilfe des Sprengspezialisten Billy Hyatt sowie auf Häuptling Walking Bear angewiesen, der sie mit Wild Horse und seinen Kriegern in Verbindung bringen soll. Der Überfall läuft wie geplant ab: Wild Horse und seine Männer kümmern sich um den Begleitschutz des Transports, während Jackson die Kutschenführer liquidiert; Lomax verbarrikadiert den Weg mit riesigen Holzstämmen, und Billy Hyatt jagt das Gefährt mit Nitroglyzerin in die Luft.

Doch Jackson und Lomax haben ihre Rechnung ohne die Indianer gemacht. Im Bewußtsein ihrer zahlenmäßigen Überlegenheit sind diese fest entschlossen, die Beute an sich zu bringen.

48. A Lovely Way to Die. USA, 1968.

P: Richard Lewis für Universal Picture. R: David Lowall Rich. DB: A.J. Russell. K: Morris Hartzband (Technicolor). M: Kenyon Hopkins. S: Sidney Katz. A: Willard Levitas. V: Universal Picture. Lz: 103. Besetzung: *Kirk Douglas* (Jim Schuyler), Sylva Koscina, Eli Wallach, Kenneth Haigh, Martyn Green, Sharon Farrell, Ruth White, Doris Roberts, Carey Nairnes, John Rogers, Philip Bosco, Ralph Waite, Meg Myles, Gordon Peters, William Roerick, Dana Elcar, Dee Victor, Dolph Sweet, Lincoln Kilpatrick, Alex Stevens, Conrad Bain, Robert Gerringer, John Ryan.

Der reiche Geschäftsmann Westabrook wird in seinem luxuriösen Privatschwimmbad erschossen aufgefunden. Des Mordes angeklagt sind seine attraktive Ehefrau Rena und ihr Geliebter Jonathan Fleming. Ihr Verteidiger plädiert für seine Mandantin auf Freispruch. Als Zeuge hat er den Holzfäller Magruder aufgetrieben, der angibt, Rena und Jonathan hätten sich zur Tatzeit woanders aufgehalten. Zum Schutz für seine Mandantin engagiert Fredericks den Privatdetektiv Jim Schuyler, der zusätzlich den Auftrag erhält, in die ganze Angelegenheit mehr Licht zu bringen.

Schuyler konzentriert seine Nachforschungen auf Magruder, der aber wenig später gleichfalls umgebracht wird. In dessen Lastwagen findet er jedoch ein Adressenbüchlein, in dem der Name eines Geschäftsrivalen Westabrooks aufgeführt ist: Finchley. Diese heiße Spur führt ihn schließlich zu dem wahren Täter.

49. The Brotherhood. USA, 1969.

P: *Kirk Douglas*/Brotherhood Company Production. R: Martin Ritt. DB: Lewis John Calino. K: Boris Kaufman (Technicolor). M: Lalo

Schifrin. S: Frank Bracht. A: Tambi Larsen. Dek: Robert Drumheller. V: Paramount. Lz: 96. Besetzung: *Kirk Douglas* (Frank Ginetta), Alex Cord, Irène Papas, Luther Adler, Susan Strasberg, Murray Hamilton, Eduardo Cianelli, Joe De Santis, Connie Scott, Val Avery, Val Bisoglio, Alan Hewitt, Barry Primus, Michel Cimarosa, Louis Badolati.

Frank Ginetta, gefürchteter Chef der New Yorker Mafia, kümmert sich seit dem Tod seines Vaters, der von der Polizei erschossen wurde, um seinen jüngeren Bruder Vince. Vince allerdings sympathisiert mit einer Splittergruppe innerhalb der Mafia, die danach trachtet, ihrerseits die Führung zu übernehmen. Frank erfährt nun von Peppino, einem alten Mafioso, daß Bertolo, der derzeitige Chef dieser Gruppierung, für den Tod seines Vaters verantwortlich ist ... Die Blutrache fordert ihren Zoll: Frank tötet Bertolo und verläßt die Vereinigten Staaten, um seinen Lebensabend mit seiner Frau Ida in Sizilien zu verbringen.
Vince indessen ist mit Bertolos Tochter Emma verheiratet und steht an oberster Stelle in der Nachfolge Bertolos. Man erwartet von ihm als Beweis seiner Loyalität den Vergeltungsakt zur Wiederherstellung der Ehre seines Schwiegervaters.
Vince fährt also nach Sizilien zu seinem Bruder Frank. Doch die Wiedersehensfreude ist nur von kurzer Dauer: Frank weiß sehr genau, warum Vince zu ihm gekommen ist. Unfähig aber, gegen seinen Bruder die Hand zu erheben, läßt er sich von ihm umbringen.

50. The Arrangement (Das Arrangement). USA, 1969.
P, R und DB: Elia Kazan (nach seinem gleichnamigen Roman). K: Robert Surtees (Technicolor-Panavision). M: David Amram. S: Stefan Arnstein. A: Malcomb C. Bert. Ko: Theodora Van Runkle. V: Warner Bros./Seven Arts. Lz: 125. Besetzung: *Kirk Douglas* (Eddie Anderson), Faye Dunaway, Deborah Kerr, Richard Boone, Hume Cronyn, Michael Higgins, John Randolph Jones, Carol Rossen, Anne Hegira, William Hansen, Charles Drake, Harold Gould, E.J. Andre, Michael Murphy, Philip Bourneuf, Dianne Hull.

Eddie Anderson, ein brillanter Publizist, lebt mit seiner Frau Florence und seiner Adoptivtochter Gloria in einer luxuriösen Villa und kann es sich leisten, ein aufwendiges Leben zu führen. Bei einem schweren Autounfall wirft er sich aus völlig unerklärlichen Gründen plötzlich vor die Räder eines vorbeifahrenden Lastwagens. Während seines anschließenden Klinikaufenthalts verliert er vollkommen die Sprache. Seine Gedanken kreisen unentwegt um sein bisheriges Leben, seinen gesellschaftlichen Erfolg und seine mehr oder weniger oberflächlichen Kontakte mit seiner Umwelt. Dabei stellt er fest, daß er nur ein einziges Mal in seinem Leben, während der kurzen, aber leidenschaftlichen Beziehung zu

Gwen, wirklich glücklich gewesen ist. Den Mut freilich, seine Frau zu verlassen, hatte er damals nicht aufbringen können.
Als er aus der Klinik entlassen wird und wieder zu arbeiten beginnt, fällt ihm die Verlogenheit der Gesellschaft um so stärker auf. Er bricht mit allem und fährt nach New York zu seinem schwerkranken Vater. Dort sieht er auch Gwen wieder, die mittlerweile ein Kind hat und sich mit einem Freund über die Trennung von ihm hinwegzutrösten versucht. Als Florence, seine Frau, ihn in Begleitung ihres Anwalts und eines Psychiaters aufsucht und ihn bittet, doch wieder zu ihr zurückzukehren, lehnt er kategorisch ab. Er will nicht länger ein Leben hinnehmen, das ihn zu ersticken droht. Daraufhin wird er wieder in eine Nervenklinik eingeliefert, die er erst beim Tod seines Vaters verlassen darf. Gwen, seine einzige Hoffnung, begleitet ihn zur Beerdigung.

51. There Was a Crooked Man (Zwei dreckige Halunken). USA, 1970. P: Joseph L. Mankiewicz für Warner Bros./Seven Arts Production. R: Joseph L. Mankiewicz. DB: David Newman, Robert Benton. K: Harry Stradling jr. (Technicolor-CinemaScope). M: Charles Strouse. Gesangsinterpret: Trini Lopez. S: Gene Milford. A: Edward Carrere. V: Warner Bros./Seven Arts. Lz: 126. Besetzung: *Kirk Douglas* (Paris Pitman), Henry Fonda, Hume Cronyn, Warren Oates, Burgess Meredith, John Randolph, Arthur O'Connell, Martin Gabel, Michael Blodgett, Claudia McNeil, Alan Hale, Victor French, Lee Grant, C.K. Yang, Pamela Hensley, Bert Freed, Barbara Rhoades, J. Edward McKinley.

1883. Im gottverlassenen Zuchthaus von Arizona, mitten in der Wüste, kommen sechs neue Häftlinge an. Paris Pitman jr., der fünfhunderttausend Dollar geraubt und an einer geheimen Stelle versteckt hat, wird zusammen mit Cyrus McNutt und dessen Komplizen Dudley Whinner, mit dem Chinesen Ah-Ping-Woo, dem jungen Coy Cavendish und dem Tagedieb Floyd Moon in die Zelle des berühmten Eisenbahnräubers Missouri Kid gesperrt.
Pitman erregt wegen seiner Straftat allgemein großes Aufsehen. Sogar der Gefängnisleiter, Skinner, hat sich angeboten, ihm bei einem Fluchtversuch behilflich zu sein, wenn er ihn an seiner Beute teilhaben läßt. Aber Skinner wird bei einer Häftlingsmeuterei getötet.
Als Gefängnis-Neubauten eingeweiht werden, sieht Pitman den Moment gekommen, um die Flucht zu ergreifen. Nach überstandener Gefahr beseitigt er seinen Mitflüchtling Moon, um seine Beute nicht teilen zu müssen. Als er zu dem Versteck, einem Klapperschlangennest, kommt und die heißersehnten Dollars herausholen will, wird er von einer Schlange gebissen und stirbt wenig später. Sheriff Lopeman, der ihm gefolgt ist, nimmt die fünfhunderttausend Dollar an sich und macht sich damit auf den Rückweg. Die Versuchung, das Geld für sich zu behalten,

ist zu groß: Kurz vor dem Zuchthaus biegt er ab und schlägt den Weg zur Grenze nach Mexiko ein …

52. A Gunfight (Die von der Kugel leben – die durch die Kugel sterben). USA, 1971.
P: Ronnie Lubin, Harold Jack Bloom/Harvest-Thoroughbred-Bryna-Production. R: Lamont Johnson. DB: Harold Jack Bloom. K: David M. Walsh (Technicolor). M: Laurence Rosenthal. S: Bill Mosher. A: Tambi Larsen. V: MGM. Lz: 89. Besetzung: *Kirk Douglas* (Will Tenneray), Johnny Cash, Jane Alexander, Raf Vallone, Karen Black, Eric Douglas, Philip Mead, John Wallwork, Dana Elcar, Robert J. Wilke, George Le Bow, Don Cavasos, Keith Carradine, Paul Lambert, Neil Davis, David Burleson, Dick O'Shea, Douglas Doran, John Gill, Donna Dillenschneider, Paula Dillenschneider.

Der gefährliche Killer Abe Cross kommt in den kleinen Ort Tuscosa in der Nähe der mexikanischen Grenze. Dort lebt ein anderer, früher allseits gefürchteter »Gunfighter«, Will Tenneray, mit seiner Frau Nora und seinem Sohn Bud. Auf seine alten Tage hat er aber nichts anderes mehr zu tun, als im Saloon seine vergangenen Heldentaten zum besten zu geben. Ein Duell liegt in der Luft.
Tenneray und Cross, die sich angefreundet haben, gehen auf den Vorschlag, ein kommerzielles Ereignis daraus zu machen, ein. Jeder von ihnen hofft auf das Geld, um damit ein besseres Leben führen zu können.
Abe flirtet mit der attraktiven Jenny Simms. Nora versucht vergeblich, ihren Mann von dieser Schießerei abzuhalten. In ihrer Verzweiflung schreckt sie sogar vor einem Anschlag auf Cross nicht zurück; doch auch damit hat sie keinen Erfolg.
Die Neuigkeit von dem Showdown verbreitet sich schnell, und zahllose Menschen von nah und fern strömen herbei. Als es endlich soweit ist, stehen sich Abe und Will in der Arena, inmitten einer fiebernden Menschenmenge, gegenüber. Mit einem einzigen Schuß streckt Abe Will nieder. Abe verläßt die Stadt mit mehreren Millionen Dollar in der Tasche. Nora läßt sich in ihrem Schmerz von Alvarez trösten, der hofft, sie eines Tages heiraten zu können. Möglicherweise hat Will ganz bewußt den Tod auf sich genommen, um Nora freizugeben und damit seinem Sohn eine gesicherte Existenz zu verschaffen.

53. The Light at the Edge of the World (Das Licht am Ende der Welt). USA, 1971.
P: *Kirk Douglas*/Co-Produktion Bryna-Jet Films und Triumfilm. R: Kevin Billington. DB: Tom Rowe (nach dem Roman von Jules Verne). K: Henri Decae (Eastmancolor-Panavision). M: Piero Piccioni. S: Bert

Bates. A: Enrique Alarcon. V: National General Pictures/MGM. Lz: 120. Besetzung: *Kirk Douglas* (Denton), Yul Brynner, Samantha Eggar, Jean-Claude Drouot, Fernando Rey, Renato Salvatori, Massimo Ranieri, Aldo Sambrell, Tito Garcia, Victor Israel, Tony Skios, Luis Barbo, Tony Cyrus, Raul Castro, Oscar Davis, Alejandro de Enciso, Martin Uvince, John Clark, Maria Borge, Juan Cazalilla.

1865. Kapitän Moritz, Felipe und ein mysteriöser Amerikaner namens William Denton erhalten den Auftrag, den neuerbauten Leuchtturm am Kap Hoorn zu überwachen.

Eines Tages gerät ein ziemlich großer Schoner vor der Küste in Seenot, und Moritz und Felipe eilen ihm zu Hilfe. Denton muß von weitem mitansehen, wie seine beiden Kameraden von den Piraten, die sich an Bord befinden, niedergemetzelt werden. Denton kann sich gerade noch in einer Höhle verbergen, bevor die Banditen mit ihrem Anführer Kongre den Leuchtturm betreten.

Am nächsten Morgen, als das Schiff wieder ablegt, wagt sich Denton aus seinem Versteck heraus. Doch er hat sich verkalkuliert, Kongre befindet sich immer noch an Land. Der grausame Banditenchef bringt ihn in seine Gewalt, doch Denton gelingt die Flucht.

In der folgenden Nacht bringen die Piraten ein weiteres Schiff zum Stranden. Denton kann einen Mann der Besatzung, den Mechaniker Montefiore von dem Gemetzel, dem alle anderen zum Opfer fallen, bewahren. Kongre nimmt eine junge Frau, Arabella, gefangen, mit der er Denton unter Druck setzen will. Denton ist von diesem Mädchen, das der Frau, für die er einst einen Mord begangen hat, zum Verwechseln ähnlich sieht, überaus fasziniert. Er versucht deshalb zusammen mit Montefiore, sie aus der Gewalt Kongres zu befreien. Doch Arabella will lieber bei Kongre bleiben. Montefiore kann nicht schnell genug entkommen und wird von den Piraten festgehalten und auf deren Schiff zu Tode gefoltert. Denton schießt daraufhin mit einer Kanone auf den Segler und versenkt ihn. Anschließend begibt er sich auf die Suche nach Kongre, der als einziger an Land geblieben ist. Mit einem mörderischen Duell auf der Leuchtturmspitze endet dieser Piratenüberfall: Kongre stürzt lichterloh brennend in die Tiefe des Meeres.

54. Catch Me a Spy/Les Doigts Croisés. USA/F, 1971.
P: Steven Pallos, Pierre Braunberger/Co-Produktion Bryna-Ludgate Films (London), Capitol Films (Paris). R: Richard »Dick« Clement. DB: Richard Clement, Ian La Frenais (nach einem Roman von George und Tibor Meray). K: Christopher Challis (Eastmancolor). M: Claude Bolling. S: John Blum. A: Carmen Dillon. V: C.F.D.C. Lz: 95. Besetzung: *Kirk Douglas* (Andrej), Marlène Jobert, Trevor Howard, Tom Courte-

nay, Patrick Mower, Bernadette Laffont, Bernard Blier, Sacha Pitoeff, Richard Pearson, Garfield Morgan, Angharad Rees, Isabel Dean, Robin Parkinson, Jonathan Cecil, Robert Raglan.

Die in London lebende französische Lehrerin Fabienne, eine Nichte des bekannten Politikers Sir Trevor Dawson, heiratet John Fenton. Sie hat nicht die geringste Ahnung, daß ihr Mann für den sowjetischen Geheimdienst als Spion tätig ist. Während ihrer Hochzeitsreise nach Bukarest wird Fenton von der Polizei verhaftet und nach Moskau gebracht. Ein in London festgehaltener russischer Agent soll gegen Fenton ausgetauscht werden; doch der ertrinkt während der Operation, so daß Fabienne beschließt, sich selbst um ihren Ehemann zu kümmern. Dabei begegnet sie Andrej, der ihr seine Hilfe anbietet. Er wird in London festgenommen und den Russen als Austauschkandidat für Fenton vorgeschlagen. Jetzt erst erfährt Fabienne die wahre Identität ihres Ehemannes. Sie stellt ihre Nachforschungen ein und wendet sich Andrej zu, der für den britischen Geheimdienst arbeitet und zu dem sie sich hingezogen fühlt.

55. Un Uomo Da Rispetare (Ein achtbarer Mann). I/BRD, 1973.

P: Verona/Italienisch-Deutsche Co-Produktion. R: Michele Lupo. DB: Mino Roli, Franco Bucceri, Roberto Leoni, Michele Lupo. K: Tonino Delli Colli (Eastmancolor-Techniscope). M: Ennio Morricone. S: Antonietta Zita. A: Francesco Bronzi. Ko: Enrico Sabbatini. V: Prodis. Lz: 110. Besetzung: *Kirk Douglas* (Steve Wallace), Guiliano Gemma, Florinda Bolkan, Wolfgang Preiss, Reinhardt Koldehoff, Romano Puppo.

Steve genießt in Hamburgs Unterwelt den Ruf eines erstklassigen Panzerknackers. Nachdem er eine dreijährige Gefängnisstrafe abgesessen hat und wieder herauskommt, kontaktieren ihn sofort seine früheren Arbeitgeber, um ihn für den Einbruch in die Internationale Versicherungsgesellschaft Hamburg zu gewinnen. Ein Coup, der ihnen ungefähr eine Million Dollar einbringen würde.
Zuerst lehnt Steve ab. Aber die Versuchung ist doch stärker! Zusammen mit Marco, einem Zirkusakrobaten, den er zufällig kennengelernt hat, begeht er das Verbrechen ohne die anderen. Während er die elektronischen Sicherheitssyteme außer Betrieb setzt und sich den als absolut sicher geltenden Tresor vornimmt, bricht Marco bei einem Pfandleiher ein. Steve übergibt dann seinem Komplizen das Geld und läßt sich statt seiner festnehmen. Auf diese Art und Weise wird er für ein geringeres Delikt bestraft werden und hat für seine eigentliche Tat ein vortreffliches Alibi. Marco jedoch hält sich nicht an die weiteren Abmachungen: Anstatt das Geld, wie besprochen, in Sicherheit zu bringen, versucht er zusammen mit seiner Geliebten, Steve auszuschalten und mit der Beute zu

verschwinden. Dabei tötet er den Nachtwächter, und Steve wird zu dreißig Jahren Zwangsarbeit verurteilt ...
Steve, der auf Vergeltung sinnt, bricht aus und tötet Marco. Da Anna,
seine Frau und gleichzeitig Marcos Geliebte, sich nach Amerika einge-
schifft hat, meldet er sich freiwillig wieder zurück.

56. Scalawag. USA, 1973.
P: Anne Douglas/Inex-Oceania Production. R: *Kirk Douglas*. DB: Albert Matz, Sid Fleischman (nach einer Erzählung von Robert-Louis Stevenson). K: Jack Cardiff (Technicolor). M: John Cameron. S: John Howard. A: Sjelko Senecic. V: Paramount. Lz: 93. Besetzung: *Kirk
Douglas* (Peg), Mark Lester, Neville Brand, George Eastman, Don
Stroud, Lesley Anne Down, Danny de Vito, Phil Brown, Davor Antolic,
Stole Arandjelovic, Fabijan Sovagovic, Shaft Douglas, und die Stimme
von Mel Blanc.

Mexiko im Jahre 1840. – Der einbeinige Peg und seine Räuberbande haben auf dem Piratenschiff »Painted Lady« einen wertvollen Schatz von
Gold und Seide an sich bringen können. Doch die unvorhergesehene Ex-
plosion des Schiffes erregt die Aufmerksamkeit einer anderen Bande
von Freibeutern, den »Mexican Dragons«. Peg beauftragt in aller Eile
Brimstone und drei andere, den Schatz an Land zu bringen und irgendwo
zu verstecken. Brimstone verbarrikadiert den Zugang zu dem Versteck
mit einer Sprengladung, tötet seine drei Kameraden und macht sich aus
dem Staub.
Als Peg merkt, daß er an der Nase herumgeführt wurde, macht er sich sofort auf den Weg, um Brimstone zu suchen. Es gelingt ihm, seine Spuren
bis nach Kalifornien zu verfolgen, wo er zu einem Hof gelangt, der von
Lucy-Ann und ihrem kleinen Bruder Jamie bewohnt wird. In der Nähe
dieses Anwesens findet er in einer Schlucht den leblosen Körper des Ver-
räters. In der Absicht, Barfly, einen alten, trinkfreudigen Papagei, zu töten, ist er hinuntergestürzt. Barfly dürfte das einzige Lebewesen sein,
das genau weiß, wo sich der Schatz befindet.
Jamie überredet Don Aragon, den Verlobten Lucy-Anns, zusammen
mit Peg auf Schatzsuche zu gehen. Als sie aufbrechen, wissen sie nicht,
daß sich eine Gruppe Piraten an ihre Fersen geheftet hat. Diese bringen
sich jedoch alle der Reihe nach selber um, so daß nur ein einziger übrig
bleibt.
Die Schatzsucher können nach vielen Hindernissen die Beute bergen ...

57. Cat and Mouse (Besuch bei Mr. Scruby). USA, 1974.
P: Aida Young für Associated London Film Production. R: Daniel Petrie. DB: John Peacock. K: Jack Hildyard (Technicolor). M: Ron Grai-
ner. A: Roy Stannard. Ko: Emma Porteous. Maske: Wally Schneider-

man. Pl: Beryl Vertue. S: John Trumper. V: EMI Films Distribution. Lz: 89. Besetzung: *Kirk Douglas* (George), Jean Seberg, John Vernon, Sam Wanamaker, James Bradford, Bessie Love, Beth Porter, Suzanne Lloyd, Mavis Villiers, Elliot Sullivan, Bob Sherman, James Berwick, Valérie Colgan, Margo Alexis, Stewart Chandler, Robert Henderson, Louis Negin, Jennifer Watts, Tony Sibbald, Don Fellows, Francis Napier, Roy Stephens, Elsa Pickthorne.

George Anderson, Biologielehrer, wird von seinen Schülern zutiefst verachtet und trägt den wenig schmeichelhaften Beinamen »Mousey«. Seine Frau Laura hat ihn wegen des reichen Architekten David Richardson verlassen. Bei der Scheidung eröffnet sie George, daß er nicht der leibliche Vater seines Sohnes Simon ist. Daraufhin packt er seine Seziergeräte in einen Koffer, verläßt seine Wohnung und fährt nach Montreal, um David und Laura zu terrorisieren. David ist außer sich vor Wut und Beunruhigung und beauftragt einen Privatdetektiv, der Georges Handlungen überwachen soll.

Andersons krankhafte Rachegelüste führen so weit, daß er sozusagen als Generalprobe einen Mord an der jungen Sandra begeht, ihren Leichnam anschließend zerstückelt und die Teile photographiert. Wenig später bringt er in der Bahnhofstoilette den Privatdetektiv um.

Als David und Laura sich nach ihrer Hochzeit in ihr abgelegenes Landhaus zurückziehen, belästigt George sie von neuem. Er erzwingt Davids Rückkehr in die Stadt und droht Laura am Telefon, sie noch vor Ablauf der darauffolgenden Nacht umzubringen. David, der von der Morddrohung erfährt, sieht sich außerstande, Laura zu Hilfe zu kommen. Er läßt von der Polizei sein Telefon überwachen, um herauszufinden, wo George sich aufhält. Bei einem erneuten Anruf stellt man entsetzt fest, daß er sich bereits im Hause, genauer gesagt, in Davids Arbeitszimmer befindet. An der Tür klebt das grauenvolle Photo der zerstückelten Sandra! David bleibt in ständiger Verbindung mit seiner Frau. Die Polizei beeilt sich, die Villa noch rechtzeitig zu erreichen …

58. Posse (Männer des Gesetzes). USA, 1975. ✗
P: Bryna Production. R: *Kirk Douglas*. DB: Christopher Knopf, William Roberts (nach einer Erzählung von Christopher Knopf). K: Fred Koenekamp (Technicolor-Panavision). M: Maurice Jarre. S: John Weeler. A: Fred Price. V: C.I.C./Paramount. Lz: 92. Besetzung: *Kirk Douglas* (Howard Nightingale), Bruce Dern, Bo Hopkins, James Stacy, Luke Askew, David Canary, Alfonso Arau, Katherine Woodville, Mark Roberts, Beth Brickell, Dick O'Neill, Bill Burton, Louis Elias, Gus Greymountain, Allan Warwick, Roger Behrstock, Jess Rigle, Stéphanie Steele.

Texas 1892. US-Marshall Howard Nightingale reist mit seiner eigenen Truppe durch die Lande und jagt Banditen. Als Führer dieses Exekutionskommandos hofft er, sich den Weg zur Wahl als US-Senator für Texas zu ebnen.

Nachdem er sämtliche Männer des gefährlichen Jack Strawhorn liquidiert und nur Strawhorn selbst am Leben gelassen hat, kehrt er siegesgewiß und triumphierend mit seiner »Trophäe« in die Kleinstadt Tosota zurück. Bei einem Volksfest, das noch am gleichen Abend veranstaltet wird, genießt er rückhaltlos und selbstsüchtig, ohne seine Männer miteinzubeziehen, die Anerkennung und das Lob, das die Einwohner der Stadt ihm entgegenbringen.

Am nächsten Tag aber, als Strawhorn in Nightingales Zug abtransportiert werden soll, gelingt es dem Gefangenen, sich freizumachen und Nightingale in seine Gewalt zu bringen. Er kehrt mit ihm nach Tosota zurück und verlangt vierzigtausend Dollar Lösegeld. Doch niemand ist bereit, auch nur einen Cent zu zahlen. Erst unter Androhung von Gewalt durch Nightingales eigene Leute rücken die Bürger die geforderte Summe heraus. Strawhorn triumphiert. Er teilt sich das Geld mit seinen neuen Gefolgsleuten, die sich von ihrem einstmaligen Chef verkauft und ausgenützt fühlen.

59. Jacqueline Susann's Once Is Not Enough. USA, 1975.

P: Howard W. Koch für Sujac Productions Ltd.-Aries Films Inc. R: Guy Green. DB: Julius J. Epstein (nach einem Roman von Jacqueline Susann). K: John A. Alonzo (Panavision). M: Henry Mancini. S: Rita Roland. A: John DeCuir. Dek: Ruby Levitt. V: C.I.C. Lz: 120. Besetzung: *Kirk Douglas* (Mike Wayne), Alexis Smith, David Janssen, George Hamilton, Melina Mercouri, Gary Conway, Deborah Raffin, Brenda Vaccaro, Leonard Sachs, John Roper, Lilian Randolph, Renata Vanni, Mark Roberts, Jim Boles, Trudy Marshall.

Mike Wayne, ein im Abstieg begriffener Hollywoodproduzent, heiratet, nicht ohne Hintergedanken, die reiche Deirdre Milford Granger. Seine Tochter January kann sich nur sehr schwer mit der neuen Situation ihres Vaters abfinden. Deirdre versucht, Januarys Freundschaft mit ihrem Cousin David Milford zu intensivieren, um sie von ihrer älteren, lesbischen Freundin Karla abzulenken. Doch January verliebt sich in den labilen Schriftsteller Tom Colt. Da Colt ein Intimfeind Waynes ist, verlangt dieser von seiner Tochter, sich entweder für ihren Vater oder für ihren Liebhaber zu entscheiden. January bleibt bei Tom.

Einige Zeit später werden Mike und Deirdre bei einem Autounfall tödlich verletzt. Tom Colt beginnt zu trinken und verläßt January. Auf sich selbst gestellt, muß sie jetzt versuchen, mit ihrem Leben allein zurechtzukommen.

60. Victory at Entebbe. USA, 1976.

P: David L. Wolper für Warner Columbia. R: Marvin Chomsky. DB: Ernest Kinoy. K: James Kilgore. M: Charles Fox. S: David Saxon. A: Charles Rutherford. V: Warner Columbia. Lz: 130. Besetzung: Helmut Berger, Linda Blair, *Kirk Douglas* (Herschel Vilnofsky), Richard Dreyfuss, Helen Hayes, Anthony Hopkins, Burt Lancaster, Christian Marquand, Elizabeth Taylor, Bibi Besch, Théodore Bikel. Lylian Chauvin, Stefan Gierasch, Julius W. Harris, Austin Stocker, Jessica Walter, Harris Yulin, David Groh, David Sheiner.

Am 27. Juni 1976 wird der Airbus der Air France auf dem Flug Tel Aviv – Paris von einer Gruppe palästinensischer Terroristen entführt. Sie zwingen die Piloten zur Landung auf dem Flughafen Entebbe in Uganda und verlangen in ihrem Ultimatum, wenn bis Donnerstag, den 1. Juli, nicht vierzig Palästinenser aus israelischen Gefängnissen freigelassen werden, müssen alle jüdischen Passagiere des entführten Flugzeugs sterben. Mit einem riesigen Staraufgebot wurden die Vorgänge bis zur Befreiung nachgezeichnet.

61. Holocaust 2000. GB/I, 1977.

P: Nicolas Farnes/Aston Films Ltd. (London) – Roberto Giussani/Embassy Production (Rome). R: Alberto de Martino. DB: Alberto de Martino, Sergio Donati, Michael Robson. K: Erico Menczer (Technicolor-Technivision). M: Ennio Morricone. S: Vincent P. Thomas. A: Umberto Bertacca. Dek: Peter James, Ko: Enrico Sabbatini. V: Lugo Films. Lz: 100. Besetzung: *Kirk Douglas* (Robert Caine), Simon Ward, Agostina Belli, Anthony Quayle, Virginia McKenna, Spiros Focas, Alexander Knox, Ivol Garrani, Adolfo Celi, Romolo Valli, Geoffrey Keen, Massimo Foschi, John Carlin, Peter Cellier, Penelope Horner, Joanne Dainton, Caroline Langrisch, Alan Hendricks.

Robert Caine erhält von mehreren westlichen Mächten den Auftrag, in einem Land der Dritten Welt eine großangelegte thermonukleare Anlage aufzubauen. An der dafür vorgesehenen Stelle befindet sich eine Grotte, von der man sich im Volksmund erzählt, sie werde eines Tages ein Ungeheuer hervorbringen, das die Apokalypse einleiten wird. Caine erfährt dies alles von Sara, der Pressesprecherin der fremden Regierung. Caine mißt dem Ganzen aber wenig Bedeutung zu und läßt die Höhle dem Erdboden gleich machen, um mit den Aushubarbeiten beginnen zu können. Ab diesem Zeitpunkt ereignen sich verhängnisvolle Dinge in seinem Leben. Als erstes wird seine Frau Eva von einem Fanatiker ermordet. Danach will der Premierminister Harbin das ganze Projekt wieder stoppen, kann nur die entsprechenden Maßnahmen nicht mehr ergreifen, weil er bei einem Unfall tödlich verletzt wird. Caine wendet sich irritiert und hilfesuchend an den Nobelpreisträger Professor Meyer und an Professor Griffith. Beide bestätigen seine Vermutungen: Er, Caine, ist der Vater des Antichristen! – Daraufhin beschwört er Sara, die inzwischen seine Geliebte ist und ein Kind von ihm erwartet, abtreiben zu lassen. Doch Sara ist völlig entsetzt über diesen Gedanken und flieht vor ihm. Caine indessen hat sich in der Person geirrt: Nicht Saras Kind ist der Antichrist, sondern sein ältester Sohn Angel, der mit der Fertigstellung der Nuklearanlage betraut ist. Caines Zustand wirkt in zunehmendem Maße beunruhigend auf seine Umgebung, so daß man ihn in eine Nervenheilanstalt einliefern läßt. Mit Hilfe eines Priesters kann er jedoch wieder entkommen.

Sara hat inzwischen ein Mädchen zur Welt gebracht. Dieses Kind dürfte den uralten Überlieferungen zufolge der letzte Sproß der alten Welt sein, denn die Voraussage vom Untergang der Welt enthält zugleich die wunderbare Möglichkeit, daß nach dem Erscheinen des apokalyptischen Dämons noch ein letztes menschliches Wesen geboren wird, das das Gute und Reine verkörpert, und die Welt vor dem Untergang bewahren kann.

62. The Fury (Teufelskreis Alpha). USA, 1978.
P: Frank Yablans für 20th Century Fox. R: Brian de Palma. DB: John Ferris (nach seinem gleichnamigen Roman). K: Richard H. Kline (De Luxe Color). M: John Williams. S: Paul Hirsch. A: Richard Lawrence, Bill Malley. Dek: Audrey Blasdel-Goddard. Maske: William Tuttle, Rick Backer. SpEff: A.D. Flowers. V: 20th Century Fox. Lz: 118. Besetzung: *Kirk Douglas* (Peter), John Cassavetes, Carrie Snodgress, Charles Durning, May Irbing, Fiona Lewis, Andrew Stevens, Carol Rossen, Ruryana Alda, Joyce Easton, William Finley, Jane Lambert, Sam Laws, J. Patrick McNamara, Alice Nunn, Melody Thomas, Hillary Thompson, Patrick Billingsley.

Peter Sandza arbeitet seit mehreren Jahren in der Spionageabwehrorganisation seines Freundes Childress. Childress beschäftigt sich seit längerem mit der Parapsychologie, um herauszufinden, inwieweit sie im politischen Bereich anwendbar ist. Aus diesem Grund ist Peters Sohn Robin, der über geheimnisvolle, übersinnliche Fähigkeiten verfügt, für ihn von höchstem Interesse. Während eines gemeinsamen Urlaubs in Israel läßt er durch einen vorgetäuschten Palästinenserüberfall Robin entführen. Peter, der Robin tot glaubt, kehrt wieder nach New York zurück und versucht, seinen Sohn zu finden. Er weiß natürlich nicht, daß Childress ihn in seinem geheimen Versuchslabor versteckt hält.

Peters Geliebte Hester arbeitet im Paragon Institut, wo unter der Leitung von Professor McKeever wissenschaftliche Untersuchungen zu Fragen der Parapsychologie durchgeführt werden. Hester hat ihm versprochen, ihm bei seinen Bemühungen behilflich zu sein.

Der Zufall will es, daß ein junges Mädchen, Gillian, ins Institut kommt, die über gefährliche, übernatürliche Kräfte verfügt. Childress, der an dem Mädchen sofort brennend interessiert ist, bittet McKeever, sie in sein Labor holen zu dürfen. Trotz Bedenken willigt McKeever schließlich ein. Mit Hilfe Hesters wird dieses Vorhaben jedoch vereitelt; Peter gelingt es, Gillian vor Childress' Zugriff zu bewahren und ihr zur Flucht zu verhelfen. Gillian, die mit Robin in telepathischem Kontakt steht, führt Peter an den Aufenthaltsort seines Sohnes.

Zu seinem Entsetzen muß Peter feststellen, daß Robin durch Childress' Experimente zu einem monströsen Ungeheuer geworden ist und ihn nicht wiedererkennt. Er erfährt, daß sein Sohn bereits seine Geliebte, Doktor Susan Charles, nicht nur umgebracht, sondern auch wie ein Vampir ausgesaugt hat. Als Robin seinen Vater sieht, wirft er sich unvermittelt auf ihn, um ihn zu töten. Dabei stürzt er jedoch aus dem Fenster und stirbt. Peter, der ihn vom Fenstersims aus irgendwie noch festhalten will, verliert ebenfalls das Gleichgewicht und stürzt in die Tiefe.

Gillian wird klar, daß Childress für dieses Unglück verantwortlich ist. Obwohl es ihr widerstrebt, sich ihrer übernatürlichen Kräfte zu bedienen, tötet sie Childress, um Peter zu rächen. Er war der einzige Mensch, der sich ihrer angenommen hatte.

63. The Villain. USA, 1979.

P: Ralstar, Mort Engelberg. Pl: Paul Maslansky. R: Hal Needham. DB: Robert G. Kane. K: Bobby Byrne (Farbfilm). M: Bill Justis. S: Walter Hannemann. A: Carl Anderson. V: Columbia Pictures. Lz: 93. Besetzung: *Kirk Douglas* (Cactus Jack), Ann-Margret, Arnold Schwarzenegger, Paul Lynde, Foster Brooks, Ruth Buzzi, Jack Elam, Strother Martin, Robert Tessier, Mel Tillis, Laura Lizer Sommers.

64. Saturn III. USA, 1979.

P und R: Stanley Donen. Pl: Lew Grade und Martin Starger. DB: Martin Amis (nach einer Erzählung von John Barry). K: Billy Williams. Dek: John Barry. V: ITC Entertainment. Besetzung: *Kirk Douglas* (Adam), Farrah Fawcett-Majors, Harvey Keitel.

65. Dr. Jekyll and Mr. Hyde. USA, 1973.

P: Burt Rosen für Timex-N.B.C. R: David Winters. DB: Sherman Yellen. M und Ch: Lionel Bart, Mel Mandel, Norman Sachs. Lz: 90. Sendung am 7. März 1973 im amerikanischen Fernsehen. Besetzung: *Kirk Douglas* (Dr. Jekyll/Mr. Hyde), Susan George, Susan Hampshire, Stanley Holloway, Sir Michael Redgrave, Donald Pleasence und Geoffrey Chater, John J. Moore, Geoffrey Wright, Judi Bowker.

66. Moneychangers. Vierteilige Fernsehsendung.
R: Borris Sagal. DB: Dean Riesner, Stanford Whitmore (nach dem Roman von Arthur Hailey). M: Henry Mancini. Besetzung: *Kirk Douglas* (Alex Vandervoort), Christopher Plummer, Susan Flannery, Timothy Bottoms, Percy Rodrigues, Patrick O'Neil, Anne Baxter, Jean Peters, Lorne Greene, Joan Collins, Helen Hayes, Marisa Pavan, Ralph Bellamy, Leonardo Cimino, Steven Keats, Vincent Schiavelli, Douglas V. Fowley.

Der Präsident der »First Mercantile American Bank«, Ben Rosselli, eröffnet seinen Mitarbeitern, daß er an Krebs leidet und aus dem Unternehmen ausscheiden wird. Zwei Männer, Alex Vandervoort und Roscoe Hayward, stehen als Nachfolger zur Diskussion und liefern sich einen erbitterten Konkurrenzkampf. Alex, dessen Ehefrau in einem Pflegeheim lebt, ist mit der leidenschaftlich engagierten Anwältin Margot Bracken liiert; wenn er einmal Bankpräsident ist, will er sich dafür einsetzen, daß auch der kleine Mann zu günstigen Bedingungen Kredite aufnehmen kann. Roscoe, der von dem Emporkömmling Austin beraten wird, will sich ausschließlich bereichern.
Miles Eastin, ein junger Mann, der in der Bank als Gehilfe des Kontrollbeamten Wainwright tätig ist, deckt bei seinen Nachforschungen ein umfangreiches Netz von Verfehlungen auf. Eine davon betrifft Roscoe, der mit Geldern der Bank ein Geschäft finanziert hat, das zu einem totalen Fiasko geführt hat. Daraufhin verliert Roscoe seine Stellung, Alex hat alle Hände voll zu tun, die aufgebrachten Bankkunden, die nun ihr Geld wiederhaben wollen, zu beruhigen. – Schließlich gelingt es ihm, den guten Ruf der Bank wieder herzustellen. Roscoe hingegen wird mit seiner Situation nicht fertig und begeht Selbstmord.

67. Seconds. USA, 1966.
P: Edward Lewis für *Joel Production*. R: John Frankenheimer. DB: Lewis John Carlino (nach einem Roman von David Ely). K: James Wong Howe. M: Jerry Goldsmith. A: Ted Haworth. Dek: John Austin. Titelvorspann: Saul Bass. V: Joel-Gibraltar-Paramount. Lz: 106. Besetzung: Rock Hudson, Salome Jens, John Randolph, Will Geer, Jeff Corey, Richard Anderson, Murray Hamilton, Wesley Addy.

68. Grand Prix (Grand Prix). USA, 1966.
P: Edward Lewis (*Douglas und Lewis Productions*). R: John Frankenheimer. DB: Robert Alan Arthur. K: Lionel Lindon (Superpanavision-Cinerama-Metrocolor). SpEff: Milt Rice. M: Maurice Jarre. Ber. und Titelvorspann: Saul Bass. V: Joel-JFP-Cherokee-MGM. Lz: 179. Besetzung: James Garner, Eva Marie Saint, Yves Montand, Toshiro Mifune,

Brian Bedford, Jessica Walter, Françoise Hardy, Antonio Sabato, Jack Watson, Geneviève Page, Claude Dauphin, Adolfo Celi.

69. Summertree. USA, 1971.

P: *Kirk Douglas/Bryna-Company-Productions*. R: Anthony Newely. DB: Edward Hume, Stephen Yafa (nach einem Theaterstück von Ron Cowen). K: Richard C. Glousser (Farbfilm). M: David Shire. V: Columbia-Warner-Production. Lz: 89. Besetzung: Michael Douglas, Jack Warden, Brenda Vaccaro, Barbara Bel Geddes, Kirk Callaway, Jeff Siggens, Rob Reiner, William Smith, Bill Vint.

Anmerkungen

1. KAPITEL

1. Zitiert von Kirk Douglas in seiner Unterhaltung mit Michel Ciment und Bertrand Tavernier in: *Positif* Nr. 112 (Januar 1970)
2. »I'm the Last of a Breed«. Interview mit Kirk Douglas von Ken Ferguson. *Photoplay Film Monthly* Nr. 11 (November 1975)
3. *Ciné-Revue* (September 1972)
4. Zitiert von Tony Thomas in *The Films of Kirk Douglas*. Citadel Press (New Jersey, 1972)
5. Gespräch mit Richard Fleischer von Dominique Rabourdin und Philippe Collin. *Cinéma 79* Nr. 245 (Mai)
6. Gespräch mit Robert Aldrich, von Pierre Sauvage in *Positif* Nr. 182 (Juni 1976)
7. Zitiert von Joseph McBride in *Kirk Douglas* (Pyramid Books; New York, 1976)
8. »I'm the Last of a Breed«, a.a.O.
9. Interview mit Kirk Douglas von Gordon Gow in *Films and Filming* (September 1972)
10. Zitiert von Joe Van Cottom in *Ciné-Revue* Nr. 6 (8. Februar 1979)
11. *The Films of Kirk Douglas,* a.a.O.
12. »I'm Just a Simple Millionaire«, Kirk Douglas tells Bert Reisfeld. *Photoplay Film Monthly* Nr. 9 (September 1978)
13. *Ciné-Revue*/1979, a.a.O.
14. *Ciné-Revue*/1972, a.a.O.
15. Lauren Bacall *Par Moi-Même*. Editions Stock (Paris, 1979)
16. *Cinémonde* Nr. 1838 (Juni 1970)
17. Lauren Bacall, a.a.O.
18. *Ciné-Revue* 1979, a.a.O.
19. In Wirklichkeit 1945
20. Lauren Bacall, a.a.O.

2. KAPITEL

1. Siehe *Trente Ans de Cinéma Américain* (Editions CIB 1970) S. 257 und Gespräch mit Kirk Douglas in *Positif* Nr. 112 (Januar 1970)
2. Interview von Gordon Gow, a.a.O.
3. ebenda
4. *La Revue du Cinéma* Nr. 14 (Juni 1948)
5. Gespräch mit Jacques Tourneur in *Présence du Cinéma* Nr. 22/23 (Herbst 1966)
6. ebenda
7. *Crossfire* (Im Kreuzfeuer, 1947) von Edward Dmytryk, *Pursued* (Verfolgt, 1947) von Raoul Walsh, *Desire Me* und *Out of the Past.*

3. KAPITEL

1. »I'm the Last of a Breed«. *Photoplay Film Monthly,* a.a.O.
2. Es ist vielleicht interessant zu erwähnen, daß der Drehbuchautor Ring Lardner jun. 1951 von Frank Tuttle vor dem Ausschuß zur Untersuchung unamerikanischer Um-

triebe als Kommunist denunziert wurde. Vgl. das Interview von Bertrand Tavernier mit Carl Foreman in *Positif* Nr. 102 (Februar 1969)

3. Ausgangspunkt auch für Robert Wise, den Film *Somebody Up There Likes Me* (Die Hölle ist in mir, 1956) zu drehen. Er beschreibt darin den ungewöhnlichen Aufstieg des Boxers Rocky Graziano, der sich aus der New Yorker Unterwelt herauskämpft und Boxweltmeister wird.

   Weitere interessante Übereinstimmung: Auch der Neuling Paul Newman wurde mit dieser Rolle schlagartig berühmt ...

4. Vgl. Interview mit Carl Foreman in *Positif*, a.a.O.

5. In *L'Écran Français* Nr. 210 (Juli 1949)

6. Interview mit Carl Foreman. *Positif*, a.a.O.

7. Edmund H. North verfaßte 1951 das ausgezeichnete Drehbuch zu *The Day the Earth Stood Still* (Der Tag, an dem die Erde still stand, 1951) von Robert Wise.

8. Vgl. Interview mit Carl Foreman. *Positif*, a.a.O.

9. Lauren Bacall. *Par Moi-Même*, a.a.O.

10. Das Leben von Gertrude Lawrence wird 1968 von Robert Wise mit Julie Andrews in der Rolle der berühmten Schauspielerin verfilmt. Der Film heißt *Star!*

4. KAPITEL

1. Der Pulitzer-Preis wird jährlich in den Vereinigten Staaten für besonders herausragende journalistische Arbeiten verliehen.

2. Nachzulesen im Beiblatt zum Film, erschienen in der Serie *Film et Vie*, Blatt 41/42 (November 1968). Billy Wilder nennt ihn wie die gesamte Presse damals ausschließlich »Web«. Die Entstehung dieses mythischen Vornamens ist zweifellos auf einen Druckfehler zurückzuführen, bei dem die beiden Anfangsbuchstaben seines Namens W. B. (William Burke) zu nah aneinander gerückt wurden.

3. Insbesondere »Why Floyd Collins Couldn't Be Rescued« von Skeets Miller in *Courrier Journal*, Sunday Magazine (Louisville, 1. Februar 1942) und »Our Fight To Save Floyd Collins« von William Burke Miller in *Reader's Digest* (April 1960)

4. Vgl. *Film et Vie*, a.a.O.

5. Man denke an *All the King's Men* (1949) von Robert Rossen, *A Face in the Crowd* (Das Gesicht in der Menge, 1957) von Elia Kazan und *Die verlorene Ehre der Katharina Blum* von Volker Schlöndorff.

6. Vgl. *Film et Vie*, a.a.O.

7. Interview mit Kirk Douglas in *Positif*, a.a.O.

8. *Cahiers du Cinéma* Nr. 11 (April 1952)

9. Filmblätter *Téléciné* Nr. 201 (1959)

10. *Panorama du Film Noir Américain*, Éditions des Minuit (Paris 1955)

11. Interview mit Walter Newman in *Focus on Film* Nr. 11 (Herbst 1972)

12. Vgl. »The Private Life of Billy Wilder« von Joseph McBride und Michael Winnington in *Film Quaterly* (Sommer 1970)

13. *Cavers, Caves And Caving*, Verlag Bruce Sloan, Rutgers University Press (New Jersey 1977), vor allem das zwölfte Kapitel »Floyd Collins, Hero of Sand Cave« von Kay F. Reinartz, S. 248–249.

14. Interview mit Raoul Walsh in *Cahiers du Cinéma* Nr. 154 (April 1964)

15. Gespräch mit Philip Yordan, geführt von Bertrand Tavernier in *Cahiers du Cinéma* Nr. 128 (Februar 1962)

16. Felix Feist (1906–1965), bereits seit 1928 in Hollywood tätig, begann 1932, Regie zu führen. Zunächst stellte er Kurzfilme her – von ihm stammen die meisten der berühmten »Fantasies of Pete Smith« –, später wandte er sich dem Spielfilm zu und

hinterließ an die zwanzig unbedeutende Arbeiten (Komödien, Melodramen, Abenteuerfilme). 1955 zog er sich zurück.

17. *Howard Hawks* von Jean A. Gili, Verlag Seghers (Paris 1971)
18. Äußerungen von Howard Hawks, gesammelt von Peter Bogdanovich in *Cahiers du Cinéma* Nr. 139 (Januar 1963)
19. Gespräch mit Howard Hawks, geführt von Jacques Becker, Jacques Rivette und François Truffaut in *Cahiers du Cinéma* Nr. 56 (Februar 1956)
20. »Okay«, soll er geantwortet haben, »dann mache ich die Szene eben mit einem besseren Schauspieler! …«

5. KAPITEL

1. *I Remember It Well,* von Vincente Minnelli. Angus and Robertson (London, 1975)
2. »I'm the Last of a Breed«, a.a.O.
3. »Vincente Minnelli ou le Peintre de la Vie Rêvée«, von Jean-Paul Torok und Jacques Quincey. *Positif* Nr. 50/52 (März 1963)
4. *Vincente Minnelli.* Éditions universitaires (Paris, 1966)
5. Zitiert von Minnelli in *I Remember It Well,* a.a.O.
6. The Films Of Kirk Douglas, a.a.O.
7. *The Films of Anthony Quinn,* von Alvin H. Marill. Citadel Press (New Jersey, 1975)
8. *L'Écran Fantastique* Nr. 9 (Frühjahr 1979), Paris
9. Le Cinéma Americain 1955–1970. Éditions L'Age d'Homme (Lausanne, 1974)
10. »J'avais Oublié le Vrai Visage de la Femme Idéale«. *Ciné-Revue*
11. *Ciné-Revue* Nr. 9 (März 1956)
12. *Ciné-Revue* Nr. 21 (Mai 1959)

6. KAPITEL

1. Interview mit Kirk Douglas in *Positif,* a.a.O.
2. Zitat von Joseph McBride in *Kirk Douglas.* Pyramid Publications (New York, 1976)
3. und 4. Interview mit Kirk Douglas in *Positif,* a.a.O.
5. Renaud Walter. Fiche filmographique IDHEC Nr. 222
6. *Cahiers du Cinéma* Nr. 136 (Okt. 1962)
7. Zitat von Kirk Douglas in *Ciné Revue* Nr. 3 (Jan. 1972)
8. Walter Matthau hatte sein Debüt einige Monate vorher in Burt Lancasters erster Regiearbeit *The Kentuckian* (Der Mann aus Kentucky, 1955) gegeben.
9. Interview in *The Celluloid View (1969)*
10. Interview mit Kirk Douglas in *Positif,* a.a.O.
11. Zitat von Marion Vidal in *Vincente Minnelli.* Éditions Seghers (Paris, 1973)
12. Es sei daran erinnert, daß sich Technicolor aus technischen Gründen für CinemaScope nicht eignete.
13. Die in Frankreich und Holland (das muß man sich einmal vorstellen!) existierenden Kopien waren schändlicherweise von einem Negativabzug entwickelt worden und hatten natürlich überhaupt nichts mehr mit dem ursprünglich von Young und Minnelli beabsichtigten strahlenden Licht des Films zu tun.
14. *I Remember it Well* von Vincente Minnelli, a.a.O.
15. Im Vorspann des Films heißt es: »Ausgehend von seinen Werken versucht der Film, das Leben und die künstlerische Entwicklung dieses großen Malers der Neuzeit nachzuzeichnen …«
16. Jean-Paul Török und Jacques Quincey in *Positif* Nr. 50/52 (März 1963)

17. François Truchaud. *Vincente Minnelli*. Éditions Universitaires (Paris 1966)
18. *Le Cinéma Américain 1955–1970*, a.a.O.
19. Gilbert Salachas in *Téléciné* Nr. 66 (Juni 1957)
20. »Impact«. Interview mit Kirk Douglas von Gordon Gow in *Films and Filming*, a.a.O.

7. KAPITEL

1. *Burt Lancaster* von Tony Thomas. Pyramid Publications (New York, 1975)
2. Zitat aus W. N. Burns' Biographie über Doc Holliday (1947)
3. *Cinéma 62*, Nr. 68 (Juli/August)
4. U.S.A. meint hier »United States Army«
5. Die Liste aller fehlgeschlagenen Projekte ist in der vortrefflichen Arbeit *Kirk Douglas* von Joseph McBride nachzulesen, Pyramid Publications, a.a.O.
6. Edward Lewis produzierte für die Bryna: *Spartacus* (1960), *The Last Sunset* (1961), *Lonely are the Brave* (1962), *The List of Adrian Messenger* (1963) und *Seven Days in May* (1964)
7. »Propos de Stanley Kubrick« von Raymond Haine in *Cahiers du Cinéma* Nr. 73 (Juli 1957)
8. ebenda
9. Patrick Gaulier. *Saison Cinématographique* 1975
10. »New York Harold Tribune« (26. Dezember 1957)
11. *Le Cinéma Américain 1955–1970*, a.a.O.
12. *Trente Ans de Cinéma Américain*, Éditions CJB (Paris 1970)
13. Ein Preis, der 1957 unter dem Vorsitz von Marcel Pagnol ins Leben gerufen wurde und dem Film zugesprochen werden sollte, der sich um »den Gedanken der Toleranz verdient gemacht« hat. Man hätte keinen besseren auswählen können!
14. *Ciné-Revue* Nr. 38 (September 1958)
15. *Positif* Nr. 112, a.a.O.
16. inszeniert von John Frankenheimer 1964
17. *Films and Filming* (September 1972)
18. *Ciné-Revue* Nr. 38, a.a.O.
19. Mike Todd hat den berühmten Film *Around the World in Eighty Days* (In achtzig Tagen um die Welt, 1956) produziert. Er starb 1958.
20. Jack Cadiff war von dieser Arbeit dermaßen begeistert, daß er vier Jahre später ein ähnliches Thema selber realisierte und dabei versuchte, den epischen Fluß des Fleischer-Films zu kopieren.
21. Siehe Gespräch mit Robert Aldrich von Pierre Sauvage in *Positif* Nr. 182 (Juni 1976)
22. *Positif* Nr. 30 (Frühjahr 1959)
23. *Trente Ans de Cinéma Américain*, a.a.O.

8. KAPITEL

1. *Ciné-Revue* Nr. 38 (Sept. 1958)
2. *Ciné-Revue*, a.a.O.
3. Zitat von Kirk Douglas in *Positif*, a.a.O.
4. *Cher moi* von Peter Ustinov. Éditions Stock (Paris, 1978)
5. Sein letztes »offizielles« Drehbuch schrieb er für Joseph Loseys *The Prowler* (Dem Satan singt man keine Lieder, 1950) 1956 gewann er unter dem Pseudonym Robert Rick einen Oscar für *The Brave One* (Roter Staub, 1956) Regie: Irving Rapper.

Am 19. Januar 1960 gab Otto Preminger bekannt, daß er Dalton Trumbo für *Exodus* engagiert hatte, unverzüglich einigte er sich mit den Universal-Studios, die Trumbo gerade als Autor von *Spartacus* offiziell anerkannt hatten.

Mit Trumbos Rückkehr auf die Leinwand wurde den beschämenden McCarthy-Auswirkungen ein endgültiges Ende gesetzt. »Die ›schwarze Liste‹ wurde wegen zu großem Talent aufgehoben«, formulierte René Chateau.

6. Interview mit Kirk Douglas in *Films and Filming* (September 1972)
7. Zitat von Anthony Mann, wiedergegeben von Jean-Claude Missiaeu in *Cahiers du Cinéma* Nr. 190 (Mai 1967)
8. Bemerkung von Kirk Douglas in *Positif* Nr. 112, a.a.O.
9. *Cher Moi,* a.a.O.
10. Zitiert nach Joseph Gelmis in *Films Director as Superstar.* Doubleday (New York 1970)
11. Gespräch mit Dalton Trumbo, von René Chateau in *Positif* Nr. 64/65 (Herbst 1964)
12. In der Liste der kommerziell erfolgreichsten Filme, die 1964 in *Cahiers du Cinéma* (Nr. 150/151 Januar) erschienen ist, rangiert *Spartacus* an neunter Stelle, *20000 Leagues under the Sea* an siebenundvierzigster und *The Vikings,* produziert von der Bryna, mit einem Gewinn von sechs Millionen Dollar an achtzigster Stelle.
13. *The Films of Kirk Douglas,* a.a.O.
14. *Positif* Nr. 45 (Mai 1962)
15. Für einige Jahre verzichtete Douglas auf die Firmenbezeichnung Bryna und brachte seine sechs folgenden Filme (angefangen mit *The Last Sunset* bis *Grand Prix*) unter der Bezeichnung »Joel Production« heraus.
16. Gespräch mit Dalton Trumbo in *Cinéma 71* Nr. 158 (Juli/August)
17. »La fonction de Producer« von Robert Aldrich in *Cahiers du Cinéma* 71 Nr. 150/151 (Januar 1964)
18. *Positif* (Mai 1962)

9. KAPITAL

1. *The Films of Kirk Douglas,* a.a.O.
2. Ähnliche Beziehungen zu ihren Pferden haben Gene Hackman im Film *Bite the Bullet* (Siebenhundert Meilen westwärts, 1975) von Richard Brooks, wo Gene einen Kirk Douglas sehr verwandten Cowboy spielt, und Paul Newman in *Cool Hand Luke* (Der Unbeugsame, 1967) von Stuart Rosenberg.
3. *Univers du Western,* von Georges-Albert Astre und Patrick Hoarau. Éditions Seghers (Paris, 1973)
4. Gespräch mit Dalton Trumbo in *Cinéma 71,* a.a.O.
5. »I'm the Last of a Breed«, *Photoplay Film Monthly,* a.a.O.
6. *Ciné-Revue* Nr. 6 (1979)
7. Marion Vidal in *Vincente Minnelli;* Éditions Seghers (Paris 1973)
8. »I'm the Last of a Breed«, a.a.O.
9. *Saison Cinématographique* 1964
10. »I'm just a Simple Millionaire«. *Photoplay Film Monthly,* a.a.O.
11. »Deux entretiens avec Milos Foreman«, von Michel Ciment in *Positif* Nr. 179 (März 1976)
12. John Frankenheimer (1964 34 Jahre alt) und Burt Lancaster ist in etwa die gleiche Paarung wie Stanley Kubrick und Kirk Douglas.
13. Vgl. Rod Serling in *Cahiers du Cinéma* Nr. 155 (Mai 1964)
14. Zitiert von David Shipman in *The Great Movie Stars; The International Years.* St. Martin's Press (New York 1973)

10. KAPITEL

1. Téléciné Nr. 124 (Oktober 1965)
2. *Positif* Nr. 112, a.a.O.
3. Zitat aus einem kurzen Gespräch in *Cahiers du Cinéma* Nr. 169 (August 1965)
4. *Cahiers du Cinéma* Nr. 182 (Sept. 1966)
5. *Positif* Nr. 86 (Juli 1967)

11. KAPITEL

1. *Téléciné* Nr. 163 (Juli 1970)
2. *Le Cinéma Américain d'Aujourd hui,* Éditions Seghers (Paris 1975)
3. *Le Cinéma Américain par ses Auteurs,* Éditions Guy Authier (Paris 1977)
4. Das hat er wörtlich gesagt!
5. *Kazan par Kazan* von Michel Ciment. Éditions Stock (Paris 1975)
6. »Impact« in *Films and Filming,* a. a. O.
7. *Positif* Nr. 112, a. a. O.
8. *Le Cinéma Américain d'Aujourd hui,* a. a. O.
9. *Le Cinéma Américain* – 1955–1970 Éditions l'Age d'Homme, a. a. O.
10. Gilbert Salachas. *Téléciné* Nr. 168 (März/April 1971)
11. Freddy Buache. *Le Cinéma Américain,* a. a. O.
12. Gespräch mit Kirk Douglas in *Positif,* a. a. O.
13. »There's a little bit of bad in every good man.«
14. »Impact« in *Films and Filming,* a. a. O.
15. George Albert Astre und Patrick Hoarau: *Univers du Western,* a. a. O.
16. Tony Thomas: *The Films of Kirk Douglas,* a. a. O.
17. *Ecran* 73 Nr. 19 (Nov. 1973)

12. KAPITEL

1. *Positif* Nr. 112, a. a. O.
2. Das Thema wude mittlerweile von Martin Ritt aufgenommen und mit Woody Allen und Zero Mostel in dem Film *The Front* (Der Strohmann, 1975) nach einem Drehbuch von Walter Bernstein, behandelt.
3. »Why Kirk Wanted to Direct« von Barbara Paskin. *Photoplay* Nr. 12 (Dez. 1973)
4. »Impact«. *Films and Filming,* a. a. O.
5. »Why Kirk Wantet to Direct« *Photoplay,* a. a. O.
6. »I'm the Last of a Breed« *Photoplay* Nr. 11, a. a. O.
7. »Why Kirk Wanted to Direct« *Photoplay,* a. a. O.
8. *Cinema TV – ToDay* Nr. 10084 (25. Mai 1974)
9. Guy Brancourt. *Ecran* 76 Nr. 50 (Sept.)
10. *Le Figaro* (4. August 1976)
11. »I'm the Last of a Breed« *Photoplay,* a. a. O.
12. »Why Kirk Wantet to Direct« *Photoplay,* a. a. O.

13. KAPITEL

1. *Saison Cinématographique* 1972
2. am 18. April 1976
  L'Ecran Fantastique Nr. 7 (Dezember 1978)
4. Le Parisien Libéré vom 25. Januar 1979

SCHLUSSWORT

1. »I'm Just a Simple Millionaire.« *Photoplay,* a.a.O.
2. Die bekanntesten sind: Rory Calhoun, Steve Cochran, Joan Crawford, Henry Fonda, Alan Ladd, Burt Lancaster, Robert Mitchum, Kim Novak, Edmund O'Brian, Gregory Peck, Frank Sinatra, Richard Widmark, Cornel Wilde ...
3. *Ciné-Revue* Nr. 6 (Februar 1979)
4. Zitiert von Tony Thomas. *The Films of Kirk Douglas,* a.a.O.
5. »I'm Just a Simple Millionaire«, a.a.O.
6. Diese Äußerung des Schauspielers erschien in *Télé-Sept-Jours* (25. Sept. – 1. Okt. 1978)
7. »Why Kirk Wanted to Direct« *Photoplay,* a.a.O.
8. ebenda
9. »I'm The Last of a Breed«, a.a.O.
10. »I'm Just a Simple Millionaire«, a.a.O.
11. Zitiert von Joan MacTrevor in *Ciné-Revue* Nr. 13 (März 1959)
12. *The Films of Kirk Douglas,* a.a.O.
13. »I'm Just a Simple Millionaire«, a.a.O.
14. »Impact« in *Films and Filming,* a.a.O.

Register

Das Gesamtverzeichnis der Heyne-Taschenbücher informiert Sie ausführlich über alle lieferbaren Titel. Sie erhalten es von Ihrer Buchhandlung oder direkt vom Verlag.

Wilhelm Heyne Verlag, Postfach 20 12 04, 8000 München 2